WOLFRAM VON SODEN
EINFÜHRUNG IN DIE ALTORIENTALISTIK

ORIENTALISTISCHE EINFÜHRUNGEN

in Gegenstand, Ergebnisse und Perspektiven
der Einzelgebiete

WISSENSCHAFTLICHE BUCHGESELLSCHAFT
DARMSTADT

WOLFRAM VON SODEN

EINFÜHRUNG IN DIE ALTORIENTALISTIK

WISSENSCHAFTLICHE BUCHGESELLSCHAFT
DARMSTADT

Einbandgestaltung: Neil McBeath, Stuttgart.

1. Auflage 1985

Die Deutsche Bibliothek – CIP-Einheitsaufnahme

Soden, Wolfram von:
Einführung in die Altorientalistik / Wolfram von Soden. – 2., unveränd. Aufl. – Darmstadt: Wiss. Buchges., 1992
(Orientalistische Einführungen in Gegenstand, Ergebnisse und Perspektiven der Einzelgebiete)
ISBN 3-534-07627-3

Bestellnummer 07627-3

Das Werk ist in allen seinen Teilen urheberrechtlich geschützt.
Jede Verwertung ist ohne Zustimmung des Verlages unzulässig.
Das gilt insbesondere für Vervielfältigungen,
Übersetzungen, Mikroverfilmungen und die Einspeicherung in
und Verarbeitung durch elektronische Systeme.

2., unveränderte Auflage 1992
© 1985 by Wissenschaftliche Buchgesellschaft, Darmstadt
Gedruckt auf säurefreiem und alterungsbeständigem Offsetpapier
Satz: Fotosatz Janß, Pfungstadt
Druck und Einband: Wissenschaftliche Buchgesellschaft, Darmstadt
Printed in Germany
Schrift: Linotype Garamond, 10/11

ISSN 0177-8595
ISBN 3-534-07627-3

INHALT

Vorwort IX
Abkürzungen XI
I. Der Begriff 'Alter Orient' und seine Abgrenzung 1
II. Der Schauplatz 5
III. Völker und Kulturen im Alten Orient 11
   1. Die altorientalischen Kulturen vor 3000. Die Sumerer 13
   2. Die Semiten in Vorderasien 16
      a) Nordost- und Nordsemiten 16
      b) Die Nordwestsemiten: Kanaanäer und Aramäer . . 19
      c) Die Südaraber und die Nordaraber 22
   3. Hurriter und Urartäer 23
   4. Völker und Kulturen in Westiran 24
      a) Elamier, Gutium und Kassiten 24
      b) Indoarier, Meder, Kimmerier und Perser 26
   5. Kleinasien: Protohattier, Luwier und Hethiter . . . 26
   6. Das Zusammenwachsen der Völker 27

IV. Schrift und Schriftsysteme 30
   1. Die sumerische Schrift und die Keilschrift 30
   2. Die hethitischen Hieroglyphen (Bild-Luwisch) . . . 35
   3. Die phönizische Buchstabenschrift und ihre Vorläufer 36
      a) Schriften des frühen 2. Jahrtausends in Syrien-Palästina 36
      b) Die phönizische und die anderen semitischen Buchstabenschriften 36
   4. Buchstabenschriften in Keilschrift: Die ugaritische und die altpersische Schrift 38

V. Zur Geschichte Altvorderasiens. Die Geschichtsquellen . . 40
   1. Die Chronologie. Königs-, Daten- und Eponymenlisten 40
   2. Quellen für die politische Geschichte 43
   3. Die frühsumerische und die frühdynastische Zeit . . . 44
   4. Das Großreich von Akkade und die neusumerische Zeit 45

VI Inhalt

5. Die Anfänge Assyriens und seine Handelskolonien . . 47
6. Die altbabylonische Zeit 47
7. Der Alte Orient zwischen etwa 1530 und 1000 . . . 50
8. Vorderasien 1000–750 und der Aufstieg des Assyrerreichs 53
9. Das neuassyrische Großreich: größte Macht und Untergang. Tiglatpilesar III. und die Sargoniden 54
10. Das neubabylonische Chaldäerreich (626–539) . . . 56
11. Perser, Makedonier, Griechen und Parther in Vorderasien 57

VI. Staat und Gesellschaft. Das Königtum 59
1. Das Königtum 59
2. Königsvergöttlichung 63
3. Stadt, Staat und Verwaltung 65
4. Gesellschaft und gesellschaftliche Gruppen 67
   a) Mann und Frau, Ehe, Familie, Sippe 67
   b) Freie und Sklaven 70
   c) Seßhafte und Nichtseßhafte (Nomaden und Halbnomaden) 72
   d) Die großen Tempel. Lehnswesen und Feudalismus 75
5. Heer- und Kriegswesen 78

VII. Ernährung und Landwirtschaft. Die Tierzucht 83
1. Fisch- und Vogelfang. Die Jagd 84
2. Die Tierzucht 85
   a) Hunde, Katzen, Mungos 85
   b) Equiden, Kamele 86
   c) Rinder, Schafe, Ziegen, Schweine 88
   d) Geflügel 91
3. Die Land- und Gartenwirtschaft 91
   a) Die Voraussetzungen 91
   b) Die Methoden 93
   c) Getreidearten; Flachs, Sesam und Erbsen 95
   d) Gärten: Dattelpalmen, Obstbäume, Gemüse . . . 96

VIII. Das Handwerk 99
1. Begriff, Organisation, Lehre. Die Schule 99
2. Spinnen, Weben, Nähen, Sticken 100
3. Die Bearbeitung von Häuten. Das Leder 101
4. Rohrbearbeitung: Flechtarbeiten 103
5. Holzbearbeitung: Zimmermanns- und Tischlerarbeiten 104
6. Lehm und Ton. Ziegel, Keramik und Kleinplastik . . 106
7. Stein für Geräte, Groß- und Kleinplastik und Bauten . 109
8. Die Verarbeitung von Metallen 111

Inhalt VII

IX. Handel und Verkehr	114
1. Wege und Straßen	114
2. Die Wasserwege	115
3. Grundbegriffe des Handels: Kauf und Verkauf. Das Geld	116
4. Die Organisation des Handels. Der Kaufmann	118
5. Die Handelswaren	122
X. Das Recht	125
1. Rechtsverordnungen und Gesetzsammlungen	125
a) Grundbegriffe, Allgemeines zu den Gesetzen. Sumerische Gesetze	125
b) Eschnunna-Gesetz und Kodex Hammurabi. Rechtsedikte	127
c) Gesetze in Kleinasien und Assyrien	129
2. Urkunden und andere Rechtsquellen. Zur Rechtspraxis	131
3. Richter und Gerichtswesen	134
XI. Sumerische und babylonische Wissenschaft	138
1. Die sumerische Listenwissenschaft als Ordnungswissenschaft	138
2. Zweisprachige lexikalische Listen in Ebla und Babylonien. Drei- und viersprachige Listen in Kleinasien und Syrien	140
3. Weitere Funktionen babylonischer Wort- und Namenlisten: Bestandsaufnahmen und Zuordnungen verschiedener Art	143
4. Listen von gleichartigen Satzaussagen	145
5. Die babylonische Vorzeichenwissenschaft	145
6. Theologie, Geschichtsschreibung und Geographie	150
7. Ansätze zu Naturwissenschaften	152
8. Wissenschaften vom Menschen. Medizin und Pharmazie	154
9. Mathematik und Astronomie	157
XII. Religion und Magie	165
1. Einige Grundprobleme	165
2. Die Götter der Sumerer	166
3. Götter der Babylonier und Assyrer	169
a) Hauptgötter der altsemitischen Völker. Götter Nordbabyloniens zur Sumererzeit	169
b) Babylonischer Götterglaube. Die Gleichsetzungstheologie	171
c) Götterglaube und politische Religion in Assyrien	174
4. Gott und Mensch, Sünde und Ethik, Theodizee, Leben nach dem Tode	175

Inhalt

5. Kulte und Opfer. Priester, Kultdiener, Propheten . . 179
   a) Allgemeines. Quellen 179
   b) Die Kulte in der Sumererzeit. Die Heilige Hochzeit 180
   c) Kulte in Babylonien 182
   d) Kulte in Assyrien. Ersatzopfer und Ersatzkönigskult 184
   e) Priester und Kultpersonal. Kultische Prophetie . . 185
   f) Reinigungen im Kult und in der Magie 188
6. Die Magie. Dämonen, böse Kräfte, Zauber 189
7. Tod und Bestattung 192

XIII. Die Literaturen 194
   1. Allgemeines. Tafelserien; Prosa und Dichtung . . . 194
   2. Königsinschriften 196
   3. Mythen und Epen 199
      a) Einige allgemeine Fragen. Historische Epen . . . 199
      b) Schöpfungs- und Weltordnungsmythen. Die Sintflut 200
      c) Auseinandersetzungen und Kämpfe zwischen Göttern 203
      d) Sumerische Heroenmythen: Enmerkar, Lugalbanda, Gilgamesch 205
      e) Babylonische Lebenssuchermythen: Gilgamesch, Etana, Adapa 206
      f) Konstruierte Mythen 209
   4. Die Weisheitsliteratur und humoristische Dichtungen . 211
      a) Der literarische Begriff 'Weisheit' 211
      b) Spruchdichtung und Spruchsammlungen 212
      c) Streitgespräche und Tierfabeln 212
      d) Humoristische Erzählungen 214
   5. Hymnen, Gebete, Klagelieder und Beschwörungen . . 215
      a) Schwierigkeiten bei der Gattungsbestimmung . . 215
      b) Sumerische Götter- und Königshymnen, Klagelieder, Gebete und Gottesbriefe 215
      c) Babylonische Hymnen und Gebete 217
      d) Sumerische und babylonische Beschwörungen . . 220
   6. Zur wissenschaftlichen Literatur 221

XIV. Zur Bau- und Bildkunst und zur Musik 222
   1. Kultbauten und Paläste: Gestalt und Wandschmuck . . 222
   2. Plastik, Einlegearbeiten und Kleinkunst 227
   3. Musik und Musikinstrumente 232

XV. Schlußbemerkungen und Ausblick 234

Register 239
   1. Namen 239
   2. Wichtige Begriffe 245

VORWORT

Erst mit mehrjähriger Verspätung kann ich die ›Einführung in die Altorientalistik‹ vorlegen. Angesichts des Vielen, das nicht gesagt oder nur angedeutet werden konnte, kann die vorliegende Kurzdarstellung mich selbst am wenigsten befriedigen. Einige wesentliche Gesichtspunkte, von denen ich mich bei der Stoffauswahl habe leiten lassen, habe ich in den Kapiteln I und XV genannt. Wichtig war mir, für die hier ausgewählten Themen zu zeigen, was die Altorientalistik in wenig über 100 Jahren bereits geleistet hat und wieviel noch zu tun ist; es würde mich freuen, wenn die eine oder andere der Anregungen zur Weiterarbeit bald von Jüngeren aufgegriffen würde. Besonders betrüblich ist, daß der geringe Umfang weder die Beigabe von Abbildungen zuließ noch die Illustrierung des Textes durch Übersetzungsproben. Daher ist in den Anmerkungen, die natürlich nur einen ganz kleinen Teil der wichtigsten wissenschaftlichen Literatur aufführen können, besonders auch auf Übersetzungswerke aus den letzten Jahrzehnten hingewiesen worden. Auf ein Kapitel über die Forschungsgeschichte mußte ich ganz verzichten. Die Nennung von Namen, Jahreszahlen und einigen besonderen Leistungen allein hätte wenig erbracht ohne ihre in wenigen Sätzen nicht mögliche wissenschaftsgeschichtliche Einordnung. Von den bereits um die Jahrhundertwende tätigen Forschern, denen wir auch heute noch viel zu danken haben, möchte ich stellvertretend hier nur den Begründer der altorientalischen Religionsgeschichte Heinrich Zimmern (1862-1931), den Verfasser der ersten großen Darstellung der babylonisch-assyrischen Kultur Bruno Meissner (1868-1947) und den Meister der Philologie auf vielen Gebieten François Thureau-Dangin (1872-1944) nennen.

Bei den alten Namen habe ich mich an die in Deutschland üblichen Schreibungen gehalten, ohne die besonderen Umschriftzeichen zu verwenden, schreibe also Gilgamesch und nicht Gilgameš. Wörter der alten Sprachen werden im Anschluß an die originalen Schreibweisen umschrieben; š = sch, ǧ = dsch, ḫ = (hartes) ch, ḥ und ᶜ sind pharyngale Reibelaute, ṣ das „emphatische" stimmlose s, z = stimmhaftes s, q ein velares k, ṯ und ḏ das stimmlose bzw. stimmhafte englische th.

ABKÜRZUNGEN

1. allgemeines:
akk. akkadisch
arab. arabisch
aram. aramäisch
ass. assyrisch
bab. babylonisch
gr. griechisch

hebr. hebräisch
heth. hethitisch
Jh. Jahrhundert
Jt. Jahrtausend
lat. lateinisch
sum. sumerisch

2. Zeitschriften und Serien:
AfO Archiv für Orientforschung (Graz bzw. Horn, N. Ö.)
AHw. W. von Soden, Akkadisches Handwörterbuch I–III (Wiesbaden 1958–1981)
ANET Ancient Near Eastern Texts (s. S. 196, Anm. 1)
AOAT Alter Orient und Altes Testament (Kevelaer und Neukirchen-Vluyn)
CAD Chicago Assyrian Dictionary (Chicago 1956 ff.)
JCS Journal of Cuneiform Studies (New Haven, Cambridge, Mass., Philadelphia)
JNES Journal of Near Eastern Studies (Chicago)
MDOG Mitteilungen der Deutschen Orientgesellschaft (Berlin)
Or. (NS) Orientalia (Nova Series) (Rom)
OrAnt. Oriens Antiquus (Rom)
RA Revue d'Assyriologie et d'Archéologie orientale (Paris)
RlAss. Reallexikon der Assyriologie (Berlin; bisher Band I–VI)
RSO Rivista degli Studi orientali (Rom)
UF Ugarit-Forschungen (Kevelaer und Neukirchen-Vluyn)
WZKM Wiener Zeitschrift für die Kunde des Morgenlands (Wien)
ZA Zeitschrift für Assyriologie und Vorderasiatische Archäologie (Berlin)

Andere Zeitschriften werden nicht abgekürzt zitiert.

Vgl. noch R. Borger, HKL = Handbuch der Keilschriftliteratur I–III (Berlin 1967–1975).

Bei den Jahreszahlen wird die Angabe v. Chr. normalerweise weggelassen.

I. DER BEGRIFF 'ALTER ORIENT' UND SEINE ABGRENZUNG

Orient ist ebenso wie die in etwa den gleichen Raum umgreifende Bezeichnung Naher Osten kein Begriff der physischen Geographie; es gibt daher für ihn keine klare geographische Abgrenzung. Nach unserem Sprachgebrauch umfaßt der Orient Vorderasien mit Einschluß des Iran und Ägyptens. Leidlich klare natürliche Grenzen bilden im Norden das Schwarze Meer, der Kaukasus und das Kaspische Meer sowie im Südosten der Indische Ozean. Im Mittelmeerbereich, in Nordostafrika und in Ostiran waren die Grenzen des Orients gegen die benachbarten Kulturkreise des Mittelmeerraums bzw. später des Okzidents, Innerasiens und Indiens sowie in Afrika keineswegs immer die gleichen. Während nun im Mittelalter die für den Orient bestimmende Macht der – vielfach über ihn hinausgreifende – Islam war, gab es in den Gebieten des vorhellenistischen Alten Orients keine vergleichbare Dominante; denn trotz wichtiger Gemeinsamkeiten waren die Unterschiede zwischen den Kulturen dieses Raumes zu groß, die Grenzen zu unstabil. Da Ägypten, nach Osten durch das Rote Meer und die Sinai-Wüste eindeutig abgegrenzt, sich die Hieroglyphen als ein nur dort verwendetes Schriftsystem schuf und in sehr vielem eine ganz eigene Entwicklung nahm, hat es sich eingebürgert, es nur im weiteren Sinn des Wortes dem Alten Orient zuzurechnen und diesen Begriff normalerweise lediglich für Alt-Vorderasien ohne Westkleinasien, aber mit Westiran zu verwenden.

Eine Sonderstellung in der Wissenschaft nimmt seit jeher das Volk Israel als der Träger der ältesten Offenbarungsreligion ein. Mit ihm beschäftigt sich seit Jahrhunderten schon die Bibelwissenschaft der Christen und der Juden. Der Alte Orient ist für sie die Umwelt der Bibel. Viele Altorientalisten vor allem der Frühzeit unserer Wissenschaft im 19. Jahrhundert waren daher nicht nur zufällig Theologen. Wegen der Gegenwartsbedeutung seiner Religion bleibt Israel ein zentrales Thema der Bibelwissenschaft und gehört demgemäß für die Altorientalistik nicht zu ihren Hauptarbeitsgebieten. Auch hier müssen für Israel gelegentliche Hinweise genügen.

Die Altorientalistik ist aus der auch heute noch oft so genannten

2 Der Begriff 'Alter Orient' und seine Abgrenzung

Assyriologie herausgewachsen, also der Wissenschaft vom alten Zweistromland, in dem vor etwa 5000 Jahren die älteste Schrift der Menschheit, die spätere Keilschrift, entstand. Damit stehen auch für sie Babylonien und Assyrien mit ihrer weit ausstrahlenden Hochkultur im Mittelpunkt, dürfen aber nicht ganz isoliert von den anderen Kulturen Altvorderasiens betrachtet werden, die wir wegen der dort lange Zeit ausschließlich oder ganz überwiegend verwendeten Schrift auch Keilschriftkulturen nennen. Da diese Kulturen je nach dem Stand der Erschließung ihrer Sprachen und Literaturen uns vor vielfältige eigene Probleme stellen, kann kein Forscher sich mehr gleichzeitig mit allen gründlich genug beschäftigen, und noch weniger kann eine so knappe Einführung wie diese ihnen allen gerecht werden. Daher wird dieser Band durch einige weitere entlastet werden. Eine eigene Behandlung erfahren soll insbesondere das hethitische Altkleinasien, in dem vorwiegend indogermanische Sprachen gesprochen wurden. Themen aus dem Bereich des Alten Orients zum Gegenstand haben fernerhin einige Bändchen der ›Grundzüge‹.[1] Hier muß daher außer Babylonien, Assyrien und Mesopotamien noch das frühe Nordsyrien einbezogen werden, ferner in einigen Abschnitten auch Elam im Südosten und im Norden das vorarmenische Urartu.

An die Stelle der Keilschrift trat nach etwa 1200 in Syrien-Palästina die phönizische Buchstabenschrift, die nicht nur von den Angehörigen einer intensiv geschulten Schreiberkaste genutzt werden konnte. In etwas veränderter Gestalt wurde sie früh von den bis dahin, soweit wir wissen, schriftlosen Südarabern übernommen. Da der Jemen als das Zentrum der altsüdarabischen Kultur von Babylonien wie von Syrien und Ägypten weit entfernt ist, wirkte sich dort die Beeinflussung durch die viel älteren Kulturen nicht so stark aus, und es bildete sich eine in vielem sehr eigenständige Kultur heraus, die einer eigenen Behandlung bedarf; hier kann nur gelegentlich auf sie hingewiesen werden. Syrien hingegen blieb auch nach der Übernahme der Buchstabenschrift ein Teil des altvorderasiatischen Kulturkreises und kann daher hier nicht ganz übergangen werden. Der Kultur von Ugarit und der Geschichte der Phönizier,

---

[1] Erschienen sind von diesen G. Wilhelm, Grundzüge der Geschichte und Kultur der Hurriter, und H. J. Nissen, Grundzüge einer Geschichte der Frühzeit des Vorderen Orients, Darmstadt: Wissenschaftliche Buchgesellschaft 1982 u. 1983. Vgl. ferner A. Moortgat, Einführung in die Vorderasiatische Archäologie, ebd. 1971.

die mit ihrer Kolonisation in weiten Teilen des Mittelmeerraumes über den Bereich des alten Orients hinauswuchsen, sollen besondere Darstellungen gewidmet werden.

Eine Einführung in ein so weites Gebiet hat nicht die Aufgabe, nach Art eines Kompendiums möglichst viele Tatsachen, Einzelbeobachtungen und Funde zusammenzustellen. Sie muß davon ausgehen, daß die von niemandem mehr ganz zu überschauende Fülle der Schriftquellen, Bilddarstellungen und Bauwerke immer mehr zur Spezialisierung zwingt und damit die Gefahr heraufbeschwört, daß der Blick auf das Ganze des Alten Orients verlorengeht. Es muß daher hier mit Vorrang darum gehen, das den Geschichtsperioden, Kulturen und Regionen Gemeinsame aufzuzeigen und zugleich die oft sehr wesentlichen Verschiedenheiten, die nicht selten vernachlässigt wurden, bewußt zu machen. Das alles kann nur an ausgewählten Beispielen durchgeführt werden. Sie sollen sichtbar machen, daß bei einer zu engen Beschränkung auf bestimmte Perioden oder Sachbereiche auch dem sorgfältig arbeitenden Spezialisten wesentliche Erkenntnisse nicht zuletzt für sein eigenes Arbeitsgebiet entgehen, ja manchmal unerreichbar bleiben. Dabei muß der besonderen Situation unserer Wissenschaft in der Gegenwart Rechnung getragen werden.

Wegen der engen Beziehungen zur Bibelwissenschaft standen lange Zeit historische und religionsgeschichtliche Fragen etwas zu sehr im Vordergrund. Die Auffindung der Gesetzesstele des Hammurabi und Tausender von Rechtsurkunden lenkten darüber hinaus frühzeitig den Blick der Rechtshistoriker auf den Alten Orient. Die Zehntausende von Wirtschaftsurkunden hingegen wurden lange viel weniger intensiv studiert. Seit etwa vierzig Jahren ist das anders geworden. Nun trat die Erforschung der materiellen Grundlagen des Lebens sehr stark in den Vordergrund. Auch die Bedeutung der Natur des Landes für den Menschen fand eine erhöhte Beachtung. Das führte zu sehr wichtigen neuen Erkenntnissen und öffnete den Blick für manche früher kaum beachtete Fragestellung. Die nun mit Vorrang betriebenen sozialgeschichtlichen Untersuchungen drängten aber das Studium der geistesgeschichtlichen Problematik oft zu sehr in den Hintergrund, ja man erklärte diese bisweilen sogar als weniger relevant. Demgegenüber erscheint es mir wesentlich, auch im Alten Orient nach dem Menschen in seiner Ganzheit zu fragen und z. B. das Phänomen der babylonischen Wissenschaft ganz ernst zu nehmen. Das führt dann gegenüber manchen anderen Darstellungen der letzten Jahrzehnte zu Schwerpunktverschiebungen.

Textaussagen und Erscheinungen, die oft nur unzureichend gewürdigt werden, müssen hier stärker hervorgehoben werden. Mit einbezogen werden müssen auch einige wesentliche Aspekte der altorientalischen Kunst. Die fortschreitende Auseinanderentwicklung der philologisch-historischen Forschung und des Studiums der Kunstdenkmäler in der Altorientalistik wirkt sich sehr ungünstig aus.[2]

---

[2] Das einzige umfassende Werk über das *Zweistromland* mit vielen Textproben ist immer noch Br. Meissner, Babylonien und Assyrien, 2 Bände, Heidelberg 1920–25. *Altvorderasien und Ägypten* behandelt (mit viel Literatur) das große Werk ›L'Alba della civiltà‹ (Turin 1976), hrsg. von S. Moscati zusammen mit F. M. Fales, P. Fronzaroli, G. Garbini, M. Liverani, P. Matthiae, Fr. Pintore und G. Zaccagnini: Vol. I: La società; II: L'economia; III: Il pensiero. Vgl. ferner u. a. H. Schmökel, H. Otten, V. Maag und Th. Beran, Kulturgeschichte des Alten Orients: Mesopotamien, Hethiterreich, Syrien-Palästina, Urartu, Stuttgart 1961; A. L. Oppenheim, Ancient Mesopotamia: Portrait of a Dead Civilization, Chicago 1964; H. W. F. Saggs, Mesopotamien: Assyrer, Babylonier, Sumerer, Zürich 1966; s. S. 24, Anm. 19 und S. 40, Anm. 1.

II. DER SCHAUPLATZ

Vorderasien, der Schauplatz der altorientalischen Kulturen, ist der Südwestteil der gewaltigen Landmasse Asiens und umfaßt Landschaften sehr unterschiedlichen Charakters und sehr ungleicher Kultivierungsmöglichkeiten. Euphrat und Tigris, die beiden einzigen großen Flüsse des Gebietes, durchfließen nach dem Austritt aus dem ostanatolischen Hochgebirgsland mit ihren wenigen größeren Nebenflüssen zuerst das großenteils hügelige Mesopotamien und dann das fast ganz flache Schwemmland des südlichen Iraq. Da hier ähnlich wie im unteren Niltal und in der Indus-Ebene schon vor 5000 Jahren der Übergang zur Hochkultur erfolgte, vertrat man lange die Meinung, daß auch in noch älterer Zeit die großen Flußebenen die günstigsten Voraussetzungen für die Entstehung von Ackerbaukulturen geboten hätten. Wir wissen heute, daß das nicht zutrifft. Tatsächlich waren die Schwemmlandebenen auch im Iraq sehr lange Zeit großenteils unbewohnbar, weil die Menschen weder das Hochwasser der Flüsse zähmen und für sich nutzbar machen noch für die Monate der Trockenheit Vorsorge treffen konnten. Weitaus günstigere Bedingungen boten hingegen einige kleinere Randebenen der Hochgebirge, die deswegen auch viel früher besiedelt wurden. Von ihnen aus stiegen die Menschen erst nach und nach in die Flußebenen hinunter, um sie bewohnbar zu machen.[1]

Einen erheblich größeren Raum nehmen in Vorderasien die Hochgebirge ein mit den eingelagerten Hochsteppen und in Arabien und Iran auch die großen Wüsten. Dazu kommen vorwiegend im westlichen Teil mehrere Mittelgebirgszonen mit oft günstigen Siedlungsbedingungen. Die vielfach schroffen und paßarmen, stellenweise vulkanischen Hochgebirge erreichen in Ostanatolien und in Iran sowie im Kaukasus Höhen über 5000 m, über 3000 m aber

---

[1] Auch für Altvorderasien wichtig sind u. a. folgende Werke zur Länderkunde: E. Wirth, Agrargeographie des Irak, Hamburg 1962; ders., Syrien. Eine geographische Landeskunde, Darmstadt 1971; W.-D. Hütteroth, Türkei, ebd. 1982; E. Ehlers, Iran. Grundzüge einer geographischen Landeskunde, ebd. 1980.

auch im Jemen und in Oman sowie vielfach in Kleinasien und stellenweise in Syrien. In Arabien bot die riesige Wüstensteppe im Inneren bis in die Gegenwart nur geringe Besiedlungsmöglichkeiten. Im Bereich des westlichen Randgebirges sind die natürlichen Vorbedingungen für ständige Siedlungen an verschiedenen Stellen gegeben, ebenso stellenweise in von der Küste nicht zu weit entfernten Gebieten im Osten. Wenn wir recht sehen, wurde der Jemen frühzeitig zur bedeutendsten Kulturlandschaft. Über den kupferreichen Oman in alter Zeit ist zu wenig bekannt.

In Iran und Kleinasien wechseln überwiegend hoch gelegene Großlandschaften mit leidlichen Verkehrsmöglichkeiten mit kleineren, durch hohe Bergketten gegeneinander abgeschlossenen Tallandschaften, die nur schwer von Zentralen aus beherrschbar sind. Einige dieser Täler sind von sehr großen Seen teilweise ausgefüllt. Abflußlose Salzseen sind der sehr tiefe Van-See und der flache Urmia- oder Resayeh-See, während der Sewan- oder Göktscha-See einen Abfluß nach Norden hat.

Obwohl den größten Teil der Begrenzung Vorderasiens Meere bilden, hatten diese für die Anliegerländer nur teilweise eine größere Bedeutung. Für etwaigen Verkehr auf dem Kaspischen Meer fehlen uns Quellen; das Schwarze Meer wurde wohl erst von den Griechen in größerem Umfang befahren. Ganz anders stand es mit dem Mittelmeer und dem Ägäischen Meer, gegen das Kleinasiens reich gegliederte Westküste überall offen war. An der Südküste Kleinasiens gab es allerdings keine größeren Häfen, um so mehr dafür an der syrischen Küste, obwohl auch diese für das Binnenland jenseits der Küstengebirge von begrenzter Bedeutung waren. Die Küsten des Indischen Ozeans sind ebenso wie die des Roten Meeres und des Persischen Golfes im Sommer extrem heiß und daher für Dauersiedlungen nur stellenweise geeignet. Trotzdem muß die Seeschiffahrt um Arabien herum und bis zum Indusdelta hin schon früh eine beträchtliche Rolle gespielt haben.

Während sich das vor allem durch die Gebirge und die Meere bestimmte Relief der Großlandschaften in Vorderasien in den letzten etwa 6000 Jahren nur an einzelnen Stellen stärker geändert haben dürfte, gab es im Klima und damit im Wasserhaushalt und bei den Flüssen und Seen sicher einige Veränderungen auch vor den großen Eingriffen des Menschen in der neuesten Zeit. Die Erforschung dieser Veränderungen durch Geographen und Klimatologen steht heute erst in den Anfängen, muß aber von den Altorientalisten, die zu einigen Problemen auch ihrerseits etwas beitragen können, gebührend beachtet werden. Seit langem bekannt ist, daß in der Ebene Euphrat und Tigris sowie manche Flüsse, die in Wüsten und Steppen nicht ständig Wasser führen, ihr Bett öfter geändert haben und daß durch Flußanschwemmungen der Persische Golf erheblich zurückgedrängt wurde. Dieser letztere Vorgang wurde freilich lange Zeit zu sehr als ein kontinuierlicher aufgefaßt, weil es an exakten Beobachtungen an den Flüssen und im Golf mangelte. Wie anderswo wirken im Flußmündungsbereich die Gezeiten stark ein und beeinflussen in Wechselwirkung mit den Flüssen den Salzhaushalt und damit die Getreideanbaumöglichkeiten in den Überschwemmungsgebieten. Die komplizierten Vorgänge im einzelnen darzustellen, ist hier nicht der Platz. Es muß aber darauf hingewiesen werden, daß sie bisweilen auch politische Auseinandersetzungen beeinflußt haben.

Der wichtigste auslösende Faktor für die angedeuteten Veränderungen an den Flüssen des Iraq und anderswo war und ist das Klima, dessen Erforschung in der fernen Vergangenheit sich die neue Wissenschaft der Paläoklimatologie in Zusammenarbeit mit der Paläobotanik und anderen Wissenschaften zur Aufgabe gemacht hat.[2] Wenn der Meeresspiegel am Ende der letzten Eiszeit etwa 110 m unter dem heutigen lag, weil das Eis große Teile des Wassers dem Kreislauf entzogen hatte, müssen die Flüsse, soweit sie nicht vorher versickerten, durch tiefe Cañons den Weg zum Meer gesucht haben. Seit etwa 16000 Jahren begann das langsam wieder ansteigende Meer den Persischen Golf erneut zu füllen. Um 4000 bewirkten besonders reichliche Regenfälle und das abschmelzende Eis, daß das Wasser im Meer zeitweilig höher stand als heute. Damals wurden große Teile der Trockenwüsten zu passierbaren Steppen und Steppen zu nutzbarem Land. Das wiederum ermöglichte Wanderungsbewegungen, von denen wir noch sprechen müssen. Regenfeldbau war damals in sehr weiten Gebieten Vorderasiens möglich, die danach wieder versteppten und auf künstliche Bewässerung angewiesen waren. Nach etwa 3000 folgte eine sehr langsam voranschrei-

---

[2] Unter Ausnutzung der Messungsergebnisse, die das deutsche Forschungsschiff „Meteor" erzielte, hat in den letzten Jahren W. Nützel u. a. in den MDOG Nr. 107, 109, 112 und 113 (1975–81) wichtige Untersuchungen zum Wiederansteigen des Wassers im Persischen Golf nach der letzten Eiszeit und zum Verhältnis von Entwässerung und Entsalzung in Südiraq vorgelegt; vgl. ferner seinen Aufsatz ›Kann die Naturwissenschaft der mesopotamischen Archäologie neue Impulse geben?‹, ZA 66 (1976) 120ff.

tende Austrocknungsphase, während derer die Möglichkeiten für den Regenfeldbau sich immer mehr verringerten und in Babylonien nach und nach fast ganz ausfielen. Heute verläuft die Südgrenze für den Regenfeldbau, der Mindestregenmengen von 250–350 mm jährlich erfordert, durch das nördliche Mesopotamien. In alten Zeiten mag sie zeitweise nördlicher oder südlicher verlaufen sein. Exakte Untersuchungen über dieses Problem fehlen m. W. noch. Nicht im einzelnen bekannt ist auch, ob in Kleinasien und Iran außerhalb der Wüsten und Salzsteppen überall und zu allen Zeiten Regenfeldbau möglich war.

Ein genaues Studium der Angaben über Regen in den alten Texten kann für den Ackerbau in Gebieten ohne ein großes Kanalnetz sicher noch wichtige Erkenntnisse vermitteln. Für Babylonien deutet die Tatsache, daß das akkadische Wort für den Sandsturm, *ašamšūtu*, gemessen an den heutigen Verhältnissen, nicht sehr häufig bezeugt ist, darauf hin, daß westlich des unteren Euphrats Wüste und Wüstensteppe viel weniger weit vorgedrungen waren als in der Neuzeit vor dem Einsetzen der großen Bewässerungsmaßnahmen in den letzten Jahrzehnten. Auch hier verbietet übrigens die so lückenhafte literarische Überlieferung unangemessene, vorzeitige Verallgemeinerungen.[3]

Vorläufig nur zum kleinen Teil beantworten können wir die Fragen, die sich an die Bewaldung knüpfen. Daß die Gebirge Kleinasiens und Irans ebenso wie die Syriens in den entsprechenden Höhenlagen überwiegend bewaldet waren, ist sehr wahrscheinlich, obwohl die Entwaldung durch den Menschen zwecks Gewinnung von Siedlungs- und Anbauflächen schon sehr früh eingesetzt hat. Keilschrifttexte berichten mehrfach von großen, teilweise undurchdringlichen Wäldern in den Randgebirgen des Flachlandes. Trotz aller Abholzungen durch die nach gutem Bauholz suchenden Könige gab es in Syrien und in Südkleinasien noch in der Mitte des ersten Jahrtausends v. Chr. große Zedern- und Zypressenwälder. In welchem Ausmaß die Randgebirge Arabiens in alter Zeit bewaldet waren, bedarf noch der Untersuchung. Für größere Wälder in den Ebenen und Hügelländern fehlen, soweit ich sehen kann, eindeutige Zeugnisse. Die in den Texten sehr oft begegnenden Wörter

[3] Ein kürzlich angelaufenes Arbeitsvorhaben zur Erforschung des Klimawandels nach der letzten Eiszeit unter Ausnutzung auch der schriftlichen Quellen läßt gerade auch für Altvorderasien wichtige Ergebnisse erhoffen.

Der Schauplatz

für Wald bezeichnen gewiß meistens nur größere Baumgruppen oder Wäldchen etwa in der Nähe der Flüsse. Mit den Methoden der Pollenanalyse, die bei Ausgrabungen bisher oft vernachlässigt wurde, wird man an manchen Orten sicher zu klareren Ergebnissen kommen können. Aufforstungen wird es, abgesehen von der Anlage kleinerer Waldungen oder Parks, kaum gegeben haben.

Ein nicht nur historisches, sondern auch geographisches Problem stellen die Siedlungsschwerpunkte dar, die zu verschiedenen Zeiten keineswegs immer an den gleichen Stellen einer Landschaft liegen. Hier kann es zunächst nur um die Untersuchung einzelner Regionen gehen: Warum wurden Städte und dichter besiedelte Bezirke nach von Naturgewalten oder den Menschen verursachten Katastrophen das eine Mal ziemlich bald wieder aufgebaut, in anderen Fällen aber für lange Zeit, nicht selten bis heute, ganz aufgegeben? Die Verlagerung von Gewässern – bisweilen auch durch Menschenhand – war sicher oft ein Hauptgrund für die Errichtung neuer Siedlungen an anderer Stelle. Luftaufnahmen erlauben heute, alte Flußläufe besser zu erkennen, als das früher möglich war. Wenn in einem wegen Wassermangel verlassenen Bereich längere Zeit die regelmäßige Bewässerung ausblieb, war meist eine Bodenversalzung unausbleiblich, die, wie es auch heute noch der Fall ist, einen Neuanfang oft sehr schwierig, ja unter früheren Verhältnissen unmöglich machte. Bei der Erforschung der Ursachen müssen wieder Naturwissenschaft und Archäologie eng zusammenarbeiten. Diese Arbeit steht trotz mancher Survey-Aktionen noch in den Anfängen, auch weil über die geeigneten Methoden teilweise noch keine Einigkeit besteht. Sehr wichtige Aufschlüsse gibt an manchen Orten das Studium der alten Wirtschaftsurkunden, die für einige Perioden und Städte in sehr großer Zahl vorliegen und danach wieder längere Zeit ganz aussetzen.

Im Gebirge können auch andere Gründe zur Verlagerung von Siedlungsschwerpunkten führen, so etwa Bergstürze, die Erschöpfung ergiebiger Rohstoffvorkommen und anderes. Bisweilen haben auch Feinde nicht nur Siedlungen zerstört, sondern auch Ackerland durch Salzstreuen unbrauchbar gemacht. Die feierliche Verfluchung aller derer, die einen Wiederaufbau beginnen sollten, wirkte hingegen wie z. B. bei Hattusas um 1800 in der Regel wohl nur kurze Zeit, obwohl die Macht fremder Götter nicht grundsätzlich angezweifelt wurde.

Ganz kurz muß hier noch auf die Bedeutung der mit den früheren Methoden schon abzubauenden Bodenschätze gerade auch für die

Gebiete mit geringeren Möglichkeiten für Ackerbau und Viehzucht hingewiesen werden, da davon später noch zu sprechen sein wird. Große Teile Vorderasiens vor allem außerhalb der Gebirgszonen sind rohstoffarm und damit wirtschaftlich nicht autark. Ein Handel auch über weite Strecken war für sie lebensnotwendig.

III. VÖLKER UND KULTUREN IM ALTEN ORIENT

Die Ausgrabungen der letzten 140 Jahre und die gleichzeitig intensiv betriebenen Raubgrabungen haben uns mit einer für niemanden mehr überschaubaren Überfülle von Kulturgütern der alten Völker im weitesten Sinne des Wortes bekannt gemacht. Sehr viel davon liegt noch unveröffentlicht in den Museen. Aber das so gewaltige Fundmaterial verteilt sich über den Raum ebenso wie über die Geschichtsperioden sehr ungleichmäßig. Selbst in Babylonien und Assyrien gibt es Zeiträume, über die wir nur sehr mangelhaft unterrichtet sind. Für die übrigen Gebiete sind die Lücken unserer Kenntnisse noch viel größer. Da wir in vielen Bereichen von der Zufälligkeit sehr umfangreicher, kleinerer oder auch fast ganz fehlender Funde abhängen, ist eine allseitig ausgewogene, überall das Wesentliche heraushebende Darstellung der Geschichte und der Kulturen unmöglich und wird noch lange unmöglich bleiben. Schwerpunkte wie Lücken in der Darstellung werden immer teilweise durch das verfügbare Material bestimmt sein. Wir tun gut, wenn wir uns dieser Tatsache immer bewußtbleiben.

Da es uns in diesem Überblick ganz überwiegend um die Zeiträume geht, die wir geschichtlich nennen, ist eine ganz kurze Besinnung darüber notwendig, wie der Begriff Geschichte hier sinnvoll gebraucht werden kann. Ereignisse von erheblicher geschichtlicher Tragweite hat es seit vielen Jahrtausenden überall auf der Erde immer wieder gegeben. Im vollen Sinn des Wortes historisch werden sie allerdings erst dadurch, daß sie in der Regel schriftlich, seltener bildlich, aufgezeichnet werden, sei es nun alsbald nach ihrem Eintreten oder bei geschichtsbewußten Völkern später, aufgrund von mündlichen Traditionen. Das nie Aufgezeichnete, ganz in Vergessenheit Geratene bleibt nur in eingeschränktem Sinn ein historisches Ereignis. Wir nennen daher die Zeiten, in denen noch nichts aufgezeichnet werden konnte, vorgeschichtlich oder prähistorisch, unterstellen damit aber nicht, es habe damals Vorgänge von großer Bedeutung nicht gegeben. Die eigentlich geschichtliche Zeit setzt in Babylonien und Ägypten mit zunächst noch dürftiger Bezeugung um 3000 ein, in Nordsyrien, in Teilen Mesopotamiens und Elam nach 2500 und anderswo noch später, mancherorts erst nach 1000.

Seit langem hat man nun schon versucht, besonders folgenschwere Vorgänge wie etwa Völkerbewegungen aus kulturellen Veränderungen zu erschließen, die aus den Bodenfunden, insbesondere der Keramik, abzulesen sind. Dabei hat man aber die Bodenfunde historisch lange stark überinterpretiert. Einen Wandel keramischer Stile gibt es oft genug auch dann, wenn kein anderes Volk auf den Schauplatz getreten ist. Andererseits lassen sich sehr wichtige Ereignisse wie das Eindringen der später Hethiter genannten Indogermanen in Kleinasien an den Bodenfunden gar nicht ablesen. Schlüsse aus der Keramik und Kleinkunst auf Wanderungen werden daher nur ganz selten mit großer Vorsicht gezogen werden können. Zu diesen seltenen Fällen würde ich in Mesopotamien und Assyrien den Übergang von der bemalten Samarra-Keramik zur Tell-Halaf-Keramik im fünften Jahrtausend rechnen. In diesem Fall sind die Unterschiede in Darstellungsart und Thematik so groß, daß die Annahme eines Stilwandels allein als Erklärung nicht ausreicht. Es muß sich um zwei Kulturen von sehr verschiedener Art gehandelt haben.[1]

Bessere Möglichkeiten für Schlüsse auf Wanderungen in vorgeschichtlicher Zeit bietet das Studium der Sprachen und die Sprachvergleichung. Neue Sprachen setzen sich nirgends ohne die Einwanderung anderer Volksgruppen durch. Einwirkungen anderer Sprachen kann man am Wortschatz und bestimmten grammatischen Erscheinungen feststellen. Im Lande ältere Sprachen wirken nicht zuletzt im Lautstand auf dort jüngere Sprachen als Substrate oft auch dann noch ein, wenn sie nicht mehr gesprochen werden; neue Oberschichten aber beeinflussen die Sprachen der Unterworfenen in mancherlei Weise als Superstrate (vgl. S. 14. 18. 20). Substrat- wie Superstratwirkungen sind in der Frühzeit immer nur zum Teil erkennbar.

Erhebliche Schwierigkeiten mit einer zu wenig differenzierten Terminologie haben wir, wenn wir die in den Quellen bezeugten Bevölkerungen angemessen bezeichnen wollen. Mangels besserer Begriffe sprechen wir von Völkern auch dann, wenn die so benannten großen Lebensgemeinschaften gleicher Sprache und Kultur besser mit einem neutraleren, inhaltlich weniger gefüllten Begriff gekennzeichnet würden. Besser paßte meistens ein Begriff wie Volksgruppe, obwohl dieser heute überwiegend für die Benennung von

---

[1] Zur Samarra- und Tell Halaf-Ware vgl. A. Parrot, Sumer, München 1960, 44 ff. mit Abbildungen.

Minderheitengruppen im Gegensatz zum Staatsvolk gebraucht wird. Mit (Volks-)Stämmen haben wir es bei den politischen Einheiten im Alten Orient nur selten noch zu tun. Für das Altertum gar nicht verwendbar ist der moderne Begriff der Nation. Zum Sprachgebrauch im Alten Orient selbst muß schon hier bemerkt werden, daß nur Israel einen eindeutigen Volksbegriff ausgebildet hat, der durch seine Geschichte bestimmt ist. Überall sonst werden die Menschen nur nach ihrer Herkunft aus einem bestimmten Land oder ihrer Zugehörigkeit zu einer sozialen Gruppe gekennzeichnet, sofern man nicht schlicht nur von Menschen spricht.

1. Die altorientalischen Kulturen vor 3000. Die Sumerer

Überwiegend wohl nicht ständig bewohnte kleinere Siedlungen von Sammlern und Jägern gab es in den Gebirgszonen Vorderasiens schon in der Altsteinzeit. Aber erst der Beginn des Regenfeldbaus in günstigen Lagen um 6000 schuf in der vorkeramischen Jungsteinzeit die Voraussetzungen für Dauersiedlungen, wie sie sich gegen Ende des sechsten Jahrtausends auch in Mesopotamien finden. Nach etwa 5000 entstehen in der Kupfersteinzeit jene reichen Buntkeramikkulturen, die nach und nach in einer Entwicklung sicher nicht ohne Rückschläge in die mesopotamische Hochkultur der Schrifterfindungszeit übergingen. Die mannigfachen Leistungen dieser frühen Kulturen, die hier nicht im einzelnen dargestellt werden können,[2] haben zur Voraussetzung den Ausbau einer arbeitsteiligen Gesellschaft, die große Gruppen der Bevölkerung wie etwa Handwerker, Handeltreibende, Kult- und Verwaltungspersonal von der Arbeit an der Nahrungserzeugung freistellte, sowie eine fortgeschrittene Technologie etwa für die Herstellung von Tongefäßen auf der Töpferscheibe, die Metallbearbeitung und die Massenherstellung viel gebrauchter Gegenstände. Für das uralte Bemühen um künstlerische Gestaltung eröffneten sich viele neue Möglichkeiten. Kunsthandwerk, Bildkunst und Reste von Kultbauten bezeugen differenzierte religiöse Vorstellungen (s. dazu S. 228). Lediglich für die Geschichte des fünften und vierten Jahrtausends können wir den so reichen Bodenfunden vorläufig kaum etwas ent-

[2] Vgl. dazu H. J. Nissen (s. S. 2, Anm. 1), S. 41 ff. und A. Moortgat, Die Entstehung der sumerischen Hochkultur (Leipzig 1945).

nehmen. Die Möglichkeiten zu einigen Rückschlüssen aus jüngeren Textaussagen sind nur sehr dürftig.

Über die vermutlich immer hellhäutigen Bewohner Vorderasiens während der Kupfersteinzeit können wir zunächst negativ mit großer Wahrscheinlichkeit aussagen, daß vor den letzten Jahrhunderten des vierten Jahrtausends weder semitisch sprechende Gruppen noch Sumerer zu ihnen gehörten. Einige Schlüsse auf ihre Sprachen erlauben alte geographische Namen sowie vorsumerische Lehnwörter und da und dort andere Substraterscheinungen im Sumerischen und Akkadischen. Einzeluntersuchungen dazu fehlen noch. Über größere Gebiete verbreitet sind z. B. Ortsnamen auf *-alill-* wie in Babylonien *Kazallu* und *Babillu* (später akkadisch als *Bāb-ili* „Gottestor" gedeutet), in Assyrien *Urbillu/Arbela* und in Kleinasien *Hapalla*. Mit Schwerpunkt in Kleinasien bis nach Griechenland verbreitet sind die Namen auf *-alilutt-*, die später meist nasalierte Formen zeigen. Ich nenne hier nur in Mesopotamien und Syrien *Kaḫat*, *Elu/aḫulat* und *Ugarit*, in Kleinasien *Burušḫattum/ Burušḫanta*, *Šinaḫuttum* und *Lalanta* sowie in Makedonien und Griechenland Olynth und Korinth. Schließlich gibt es ein ausgedehntes Gebiet, das von Kleinasien über Syrien bis nach Ägypten reicht, in dem die Substratsprache *l* und *r* vor allem am Wortanfang weithin nicht unterscheidet. Für eine historische Ausdeutung dieser und anderer sprachlicher Erscheinungen, die in weiten Teilen Vorderasiens zu beobachten sind, ist es heute noch viel zu früh; sie wird aber eine wichtige Aufgabe für die weitere Forschung sein.

Nicht nur aus geographischen Namen zu erschließen sind in Babylonien charakteristische Teile des nominalen Wortschatzes einer im vierten Jahrtausend gesprochenen Sprache, die nach dem Vorgang von B. Landsberger manchmal als Protoeuphratisch bezeichnet wird. Das Sumerische hat aus dieser u. a. Berufsbezeichnungen wie nangar „Zimmermann", ašgab „Lederarbeiter" und sanga „Priester" entlehnt, die uns zeigen, wie weit fortgeschritten damals schon die Arbeitsteilung in Babylonien war. In Assyrien und im westlichen Zagros wurden, wie es scheint, Dialekte einer anderen Sprache gesprochen, die Prototigridisch oder auch, wegen der nicht eindeutigen Bezeichnung weniger gut, Subaräisch[3] genannt wird.

---

[3] Zugrunde liegt akk. Schubartum, jünger Subartu, das ursprünglich Assyrien bezeichnete, später ein viel größeres Gebiet. Subaräisch wurde früher das Hurritische genannt; heute ist es ein Sammelbegriff für uns unbekannte Sprachen im Zagros-Bereich vor allem der Frühzeit.

Der Verschiedenheit der Sprachen entsprechen erhebliche Unterschiede zwischen den gleichzeitigen und offenbar gleichrangigen Kulturen im Süden und Norden, der Uruk-Kultur und der Tepe-Gaura-Kultur.[4]

Nach der gelehrten Überlieferung in Babylonien trafen die schweren Überschwemmungskatastrophen im vierten Jahrtausend, die den Anlaß für die Entstehung des Sintflutmythos bildeten, auf eine schon sehr alte Stadtkultur im Lande. Die extrem hohen Jahreszahlen für die „Könige vor der Flut" sollten uns nicht verleiten, diese Überlieferung zur Gänze als Phantasieprodukt abzutun (s. S. 44).

Der Name Sumerer ist von der babylonischen Benennung für Südbabylonien Šumer hergeleitet; der sumerische Name des Landes war Kengi(r) „Kulturland". Es ist heute allgemein anerkannt, daß die Sumerer nicht die ältesten Einwohner Babyloniens waren. Über ihre Herkunft gab es verschiedene Meinungen. Seit der Entdeckung der Induskultur vor etwa 60 Jahren wird jedoch fast allgemein die Einwanderung der Sumerer aus dem Osten angenommen. Diese kann sich, wenn die Vorfahren der Sumerer irgendwo im nördlichen Indien saßen, ganz auf dem Lande vollzogen haben, weil im vierten Jahrtausend der Sperriegel für größere Völkerverschiebungen, die ostiranischen Wüsten Lut und Kevir, infolge der viel größeren Feuchtigkeit (s. S. 7) passierbar und stellenweise auch wenigstens auf Zeit bewohnbar waren. Wanderbewegungen durch die wohl auch damals extrem heiße südiranische Küstenregion sind ebensowenig wahrscheinlich wie der lange Seeweg durch den Persischen Golf. Ob Wanderungen über Ostarabien nach Überschreiten des Golfs von Oman denkbar sind, werden vielleicht einmal die erst vor kurzer Zeit begonnenen Grabungen in Oman zeigen können. Schon jetzt steht fest, daß es bereits früh Handelsbeziehungen zwischen dem Indusgebiet und Babylonien gab, mit Zwischenstationen auf den Inseln Bahrein und Failaka. Was zu der Westwanderung von Sumerergruppen, deren Sprache vielleicht mit Dravida-Sprachen Indiens verwandt war, geführt hat, wird sich wohl kaum je erkennen lassen. Ebenso wird sich die Zeit der Wanderung etwa während des letzten Drittels des vierten Jahrtausends wohl schwer genauer festlegen lassen. In Babylonien haben die Sumerer, wie es scheint, nur den Süden etwa bis zur Höhe von Nippur so dicht besiedelt, daß sie ihre Sprache dort durchsetzen konnten. Weiter

---

[4] Vgl. H. J. Nissen (s. S. 2, Anm. 1), S. 71 ff.

nördlich wird es Handelsniederlassungen und vielleicht auch einige Kultzentren gegeben haben. Die sumerische Sprache gibt uns immer noch mancherlei Probleme auf.[5]

2. Die Semiten in Vorderasien

a) Nordost- und Nordsemiten

Unter der Bezeichnung Semiten fassen wir die Völker zusammen, die semitische Sprachen sprechen. Man nahm sehr lange an, daß die Urheimat der Semiten in Arabien lag, weil Arabien schon früh zum Ausgangspunkt von Semiten-Wanderungen wurde. Dagegen spricht einmal, daß sich das größtenteils sehr trockene Arabien wenig zu einer Völkerwiege eignet. Wichtiger noch ist aber, daß die semitischen Sprachen flektierende, d. h. wurzelverändernde Sprachen sind. Sie teilen diese Eigentümlichkeit nur mit den hamitischen Sprachen Afrikas und den indogermanischen oder indoeuropäischen Sprachen Europas und Asiens. Das zwingt zu der Annahme, daß diese drei Sprachstämme sich in benachbarten Räumen herausgebildet haben, weil die Entstehung des flektierenden Sprachtypus als ein einmaliger Vorgang in der Sprachgeschichte angesehen werden muß.[6] Da Semiten und Hamiten von Nordwestafrika ausgegangen sein dürften, liegt es nahe, die ältesten Sprecher flektierender Sprachen im Raum Nordwestafrika–Westeuropa zu suchen. Vor etwa neun- bis zwölftausend Jahren müssen sich dort zunächst die Semito-Hamiten, die sich von den Indogermanen viel stärker unterscheiden als untereinander, verselbständigt und nach und nach auseinanderentwickelt haben. Über die Frühformen der untereinander sehr verschiedenen hamitischen Sprachen ist wegen des Feh-

---

[5] Das agglutinierende, d. h. die Wortwurzeln nicht verändernde Sumerische wird zu den Ergativsprachen gerechnet, für die eine passivische Verbalauffassung bezeichnend ist. Die mit ihren Präfixketten oft schwer zu analysierenden Verbalformen werden seit einiger Zeit wieder vielfältig diskutiert. Vgl. zum Sprachbau W. H. Ph. Römer, Einführung in die Sumerologie, Nimwegen ²1982, 27ff. und die Literaturübersicht S. 17ff; M.-L. Thomsen, The Sumerian Language. An Introduction to its History and Grammatical Structure, Kopenhagen 1984. Ein die vielen Einzelstudien und Glossare zusammenfassendes Lexikon fehlt; einige größere Projekte sind in Arbeit [A. Sjöberg, The Sumerian Dictionary 2, Philadelphia 1984].

[6] Alle anderen Sprachen sind agglutinierend (vgl. Anm. 5).

lens schriftlicher Quellen fast nichts bekannt. Die Hamiten müssen früh weite Teile Nordafrikas besetzt haben und blieben dort größtenteils lange ohne nähere Berührungen mit den Hochkulturen des Mittelmeerraums.

Von den Semiten blieben die Vorfahren der späteren Berber in Nordwestafrika und damit im Kontakt mit Nordwesthamiten. Andere Gruppen wanderten nach Osten ab. Die Bedingungen für die Durchwanderung späterer Wüstengebiete waren infolge des besonders feuchten Klimas nach der Mitte des fünften Jahrtausends (s. S. 7) ungewöhnlich günstig. Größere Gruppen wurden in Ägypten ansässig. Im Altägyptischen sind semitische und hamitische Elemente feststellbar. Andere Semitengruppen gelangten während des vierten Jahrtausends nach Vorderasien. Aus dem libyschen Raum mag Teile von ihnen der Weg über Unterägypten und die Sinai-Halbinsel geführt haben, während andere über Nubien oder Südägypten und das Rote Meer nach Westarabien gelangt sein könnten. Für genauere Angaben fehlen vorläufig alle Anhaltspunkte. Frühsemitische Sprachdenkmäler aus der Mitte des dritten Jahrtausends kannten wir bis vor kurzem nur aus Babylonien. 1975 wurde nun ein umfangreiches Tontafelarchiv auf dem Tell Mardich etwa 60 km südwestlich von Aleppo im alten Ebla aufgefunden; es zeigte zu unserer Überraschung, daß es dort schon um 2400 ein Reich gab, dessen Bewohner großenteils eine semitische Sprache sprachen und schrieben. Dieser großartige Fund erbrachte viele ganz neue Erkenntnisse, stellte uns aber auch vor mannigfache neue Probleme.[7]

Bisher stand außer Zweifel, daß das als Nordostsemitisch bezeichnete Akkadische neben der semitischen Komponente des Altägyptischen die älteste semitische Kultursprache darstellte. Wir haben Anlaß zu der Annahme, daß die ersten Semiten nach Mesopotamien und Nordbabylonien nicht viel später kamen als die Sumerer in den Süden, also gegen Ende des vierten Jahrtausends. In der nach einem Fundort bei Kisch so genannten Dschemdet-Nasr-Zeit, die auf die Zeit der Schrifterfindung folgt, könnte es schon von Semiten beherrschte Staaten, ja zeitweise vielleicht sogar ein Semi-

---

[7] Über die ersten Arbeiten berichten G. Pettinato, Ebla, Un impero inciso nell'argilla, Mailand 1979; ders., The Archives of Ebla. An Empire Inscribed in Clay, Garden City, N. Y. 1981; P. Matthiae, Ebla. An Empire Rediscovered, London–New York 1980/81. Zahlreiche Texte wurden mit Wörterverzeichnissen oder Indices bereits veröffentlicht; Grammatik und Lexikon stehen noch aus.

tenreich gegeben haben. Sehr alte semitische Lehnwörter im Sumerischen begünstigen eine solche Annahme. Nach der bis vor kurzem vorherrschenden Meinung galten als die nächste Semitenwelle die seit etwa 2000 in Vorderasien nachweisbaren Kanaanäer (vgl. dazu S. 19). Ich hatte demgegenüber aus vielen hundert semitischen Namen der Frühzeit, die weder akkadisch noch kanaanäisch sind, erschlossen, daß wir noch mit einer weiteren großen Gruppe von Semiten rechnen müssen. Als Bezeichnung für sie hatte ich zunächst Altamoriter vorgeschlagen, später aber den neutraleren Ausdruck Nordsemiten.[8] Jetzt haben wir nun aus dem Archiv von Ebla gelernt, daß in Nordsyrien in der Mitte des dritten Jahrtausends mindestens vorwiegend Nordsemiten herrschten und nicht, wie zunächst vermutet wurde, Kanaanäer oder Nordostsemiten mit einer „westakkadischen" Sprache; für das Verhältnis des Eblaitischen zu dem jüngeren Ugaritischen vgl. S. 20. Da in den Texten die starke Einwirkung eines nichtsemitischen Substrats auf das Eblaitische erkennbar ist, müssen wir annehmen, daß Nordsemiten schon lange vor 2400 in Nordsyrien siedelten. Das aber führt zu der Frage, ob die Nordsemiten wirklich erst nach den Nordostsemiten nach Syrien-Mesopotamien einwanderten oder nicht doch schon vor ihnen. Wenn das letztere zutrifft, müßten auch die frühesten Semiten in Babylonien, über deren Sprache wir nichts Sicheres wissen, Nordsemiten gewesen sein; sie wären dann etwa 500 Jahre später von den nordostsemitischen Akkadern überlagert worden. Für diese Möglichkeit könnte sprechen, daß im frühen Altakkadischen bis hin zur Zeit der Akkade-Dynastie um 2300 Substrateinwirkungen z. B. auf die Aussprache spezifisch semitischer Laute wie der Laryngale von seiten nichtsemitischer Sprachen viel seltener zu beobachten sind als im Eblaitischen. Wir können die Frage nach den Einwanderungszeiten von Nordost- und Nordsemiten für Syrien und Mesopotamien vorläufig nur stellen, weil die Erforschung des Eblaitischen erst in den Anfängen steht und das frühe Altakkadische auch ungenügend bekannt ist. Ohne neue Funde aus der Mitte des dritten Jahrtausends in Nordbabylonien werden wir kaum mehr Klarheit gewinnen können. Das Akkadische hat sich in Babylonien und Assyrien in manchem verschieden entwickelt.[9]

[8] Vgl. vorläufig W. von Soden, Das Nordsemitische in Babylonien und Syrien (La Lingua di Ebla, Neapel 1981, 355 ff.); weitere Studien sind im Druck.
[9] Für die Grammatik vgl. W. von Soden, Grundriß der akkadischen

b) Die Nordwestsemiten: Kanaanäer und Aramäer

Während uns die ältesten Semiten vorläufig nur als Seßhafte zumeist in Städten historisch greifbar sind, wird das Bild bei den jüngeren Semitengruppen viel bunter und damit wirklichkeitsnäher. Vermutlich kurz vor 2000 wurde im Raum Westarabien-Südpalästina erneut ein Zwang zur Abwanderung wirksam. Kriege und in Gebieten zurückgehender Fruchtbarkeit ein Bevölkerungsüberdruck mögen die Ursache dafür gewesen sein. Hauptziele der Wanderungen waren auch weiterhin noch lange Syrien und Mesopotamien. Manche Stämme blieben sehr lange Wanderhirten, andere betrieben als Halbnomaden auch zeitweilig den Getreideanbau. Wieder andere konnten in den Städten Fuß fassen und dort oft sogar die politische Führung an sich reißen; die von ihnen gesprochenen nordwestsemitisch-altkanaanäischen Dialekte wurden aber, soweit wir wissen, nirgends zur Schriftsprache, obwohl sich in den babylonischen Texten vor allem aus Mari am mittleren Euphrat viele kanaanäische Wörter finden. Nach Ausweis ihrer kanaanäischen Namen kamen schon zur Zeit der 3. Dynastie von Ur bald nach 2000 viele Altkanaanäer als Söldner und Arbeiter nach Babylonien, wo man sie Amurru (= West)-Leute nannte; heute spricht man demgemäß viele von ihnen als Amoriter.[10] Auch in Babylonien konnten sich manche Amurru-Leute auf dem Wege über militärische Kommandostellen zu Stadtfürsten und sogar Königen größerer Gebiete aufschwingen; auch Hammurabi von Babylon stammte aus einer Kanaanäerfamilie. Da durch viele Jahrzehnte hindurch Kanaanäer immer wieder neu nach Babylonien kamen, blieb die Masse der Amurru-Leute eine abhängige Bevölkerungsschicht von oft gedrückter Stellung.

Nach der Mitte des zweiten Jahrtausends treten die (Alt-)Kanaanäer in Babylonien und Mesopotamien als eigene Bevölkerungs-

---

Grammatik, 2. Aufl. mit Nachträgen, Rom 1969. Die neuen Wörterbücher sind ›The Assyrian Dictionary of the Oriental Institute of the University of Chicago‹ (Hauptrsg. A. L. Oppenheim und E. Reiner, Chicago 1956ff., bisher 18 Bände von etwa 25 geplanten) und W. von Soden, Akkadisches Handwörterbuch, 3 Bände, Wiesbaden 1958–1981.

[10] Die Amoriter in diesem Sinn sind nicht identisch mit den im Alten Testament oft genannten Amoritern; die Schreibung Amurriter oder die Bezeichnung Altkanaanäer – früher weniger gut Ostkanaanäer – ist daher vorzuziehen. Vgl. dazu G. Buccellati, The Amorites of the Ur III Period, Neapel 1966.

gruppe nicht mehr in Erscheinung, setzen sich aber in Syrien-Palästina in ständiger Auseinandersetzung mit zugewanderten Hurritergruppen (s. S. 23) immer mehr durch, wahrscheinlich verstärkt durch aus dem Süden nachgewanderte Clans gleicher Sprache. Bestimmend wurden sie vor allem in den Küstenstädten südlich von Latakia. Hier nennen wir sie im Anschluß an die Griechen Phönizier oder Phoiniker und ihre Sprache Phönizisch. Über die Bevölkerungsschichtung im damaligen Syrien ist kaum etwas bekannt; sie war in den Küstenstädten und im Binnenland sicher recht verschieden. Clans von Halbnomaden im Bereich der Ackersteppen und Nomaden in den Wüstensteppen des Ostens sorgten gewiß vielerorts für Unruhe.

Eine Sonderstellung nahm die Hafenstadt Ugarit bei Latakia mit ihrem Hinterland ein. Hier wurde zwischen etwa 1400 und 1200 neben dem Akkadischen und (seltener) Hurritischen das Ugaritische geschrieben und gesprochen, das ursprünglich wohl eine nordsemitische Sprache (s. dazu S. 18) war, später aber auch durch kanaanäische Superstrate beeinflußt wurde, ohne deswegen, wie viele es meinen, zu einer kanaanäischen Sprache zu werden.[11] Nach der Zerstörung von Ugarit um 1200 kam das Ugaritische wohl bald außer Gebrauch.

Eine kanaanäische Sprache, das Hebräische, sprach auch das Volk Israel, dessen Stämme wohl überwiegend zu den Kanaanäern gerechnet werden dürfen. Auf die überaus komplizierten Verhältnisse in Palästina nach 1400 kann hier nicht eingegangen werden.

Ganz aus dem Alten Orient heraus führte schließlich die Kolonisation der zu Seefahrern gewordenen Phönizier nach 1200 im gesamten Mittelmeergebiet und darüber hinaus. Die offizielle Sprache in den meisten dieser später sich verselbständigenden Kolonien war das Punische, ursprünglich ein phönizischer Dialekt, das uns vor allem aus Nordafrika bekannt ist. Ob auch in Kreta in minoischer Zeit Semiten ein wesentliches Element der Bevölkerung bildeten, wie einige meinen, ist ganz fraglich.[12]

Ab etwa 1300 treten in Mesopotamien den Assyrern neue semi-

---

[11] Vgl. C. H. Gordon, Ugaritic Textbook, Rom 1965, mit Grammatik und Glossar; ein Lexikon fehlt noch.
[12] Vgl. J. Friedrich–W. Röllig, Phönizisch-punische Grammatik, Rom 1970; St. Segert, A Grammar of Phoenician and Punic, München 1976, s. S. 21, Anm. 14; für Kreta, babyl. Kaptaru, hebr. Kaphthor, vgl. M. Weippert – V. Herrmann, Kreta, RlAss. VI (1981) 225 ff.

tische Nomadengruppen gegenüber, die in den Flußtälern bald auch befestigte Siedlungen anlegen. Die Assyrer nennen sie zunächst *Aḫlamu* „Jungmannschaft" und später *Aramu* „Aramäer".[13] Bis etwa 1050 gelingt es, sie von Babylonien und Assyrien fernzuhalten. Da sie aber trotz verheerender Kriege mindestens teilweise durch weitere Zuwanderung aus dem arabischen Raum immer zahlreicher werden, besetzen sie nach 1000 in Babylonien nach und nach das ganze flache Land und die kleineren Städte, setzen sich aber auch in Assyrien stellenweise fest und bilden dort nach 900 vor allem durch die großen Deportationen einen immer größeren Teil der Bevölkerung. In Syrien entstehen die ersten Aramäerstaaten wohl schon vor 1000 – wir wissen über sie fast nichts –; besonders mächtig wurde der Staat von Damaskus. In Nordsyrien unterwandern die Aramäer immer mehr die Reststaaten des Hethiterreichs und okkupieren diese schließlich ganz.

Über die Sprache(n) der Aramäer vor etwa 900 wissen wir fast nichts, da nur wenige Namen überliefert sind. Inschriften in der phönizischen Buchstabenschrift setzen erst nach 850 in kleiner Zahl ein. Ergänzende, bisher nur wenig ausgenützte Quellen bilden die Namen und aramäische Fremdwörter in den assyrischen und babylonischen Texten. Durch das Assyrerreich und mehr noch danach durch das Chaldäer- und Achämenidenreich wurde das Altaramäische zu einer Art von 'lingua franca' in ganz Vorderasien, unter den Achämeniden darüber hinaus sogar zur Verwaltungssprache im Westteil des Reiches; wir nennen diese Verwaltungs- und Literatursprache Reichsaramäisch.[14] Aus ihm entwickeln sich dann später die Literatursprachen der Juden, Christen und Mandäer, deren Studium nicht mehr zum Arbeitsgebiet der Altorientalistik gehört. Von einem Volk der Aramäer kann man zu keiner Zeit sprechen.

Aramäerstämme waren seit etwa 1100 die ersten Kamel-Beduinen in Vorderasien. Ob sie oder weiter südlich Araber das Dromedar

---

[13] Die Herkunft des Wortes Aramu ist unbekannt. Das Altaramäische ist für uns zuerst um 900 bezeugt; vgl. dazu und zum Reichsaramäischen St. Segert, Altaramäische Grammatik mit Bibliographie, Chrestomathie und Glossar, Leipzig 1975.
[14] Das Reichsaramäische im Alten Testament wird Biblisch-Aramäisch genannt. Vgl. hier, Anm. 13, und Ch.-F. Jean-J. Hoftijzer, Dictionnaire des Inscriptions sémitiques de l'Ouest, Leiden 1960, für das Phönizisch-Punische und das frühe Aramäische.

zuerst domestizierten, so daß es Esel und Onager als Lasttier über große Wüstenstrecken ablösen konnte, ist noch nicht bekannt.[15] Im Zusammenhang mit den ältesten Aramäern im zweiten Jahrtausend und ihrem Verhältnis zu den Kanaanäern gibt es noch strittige Fragen. Einige meinen, es gäbe Hinweise auf „Proto-Aramäer" schon im frühen zweiten Jahrtausend, z. B. in den altbabylonischen Briefen aus Mari. Daraus wird geschlossen, daß auch die Israelstämme teilweise Aramäer gewesen seien. Auch eine besondere aramäische Sprachfamilie innerhalb des Nordwestsemitischen wird nicht von allen anerkannt. Die hierbei vorgebrachten Argumente können hier nicht erörtert werden, da dafür sehr viel Raum erforderlich wäre.[16]

c) Die Südaraber und die Nordaraber

Bei den nicht nach Norden abgewanderten Semiten entwickelte sich ein eigener semitischer Sprachtyp, der Südwestsemitisch genannt wird. Der für uns älteste Vertreter ist das Altsüdarabische mit den Hauptdialekten Sabäisch, Minäisch, Katabanisch und Hadramautisch, das wir aus Tausenden von Stein- und Metallinschriften aus der Zeit etwa zwischen 1000 v. Chr. und 600 n. Chr. kennen; über die noch ältere Zeit wissen wir fast nichts. Die Südaraber bewohnten den Südwestteil Arabiens mit dem teilweise fruchtbaren Hochgebirgsland Jemen im Mittelpunkt. Verwandte Gruppen siedelten jenseits des Roten Meeres in Nubien und wurden die Ahnen der späteren Äthiopier.[17] Infolge der sehr großen Entfernungen und der großen Wüsten, die sie von den anderen Kulturzentren des Alten Orients trennten, hatten die Südaraber nicht viele Kontakte mit dem übrigen Vorderasien über den Handel und vereinzelte kriegerische Berührungen hinaus. Die Sabäistik ist daher ein Son-

[15] Vgl. W. Heimpel, Artikel: Kamel, RlAss. V (1980) 330ff. (S. 88, Anm. 13).
[16] Vgl. dazu S. Moscati, A. Spitaler, E. Ullendorff, W. von Soden, An Introduction to the Comparative Grammar of the Semitic Languages, Wiesbaden 1964, 7ff. und 171 ff. (Bibliography).
[17] Trotz einer Fülle von Einzeluntersuchungen gibt es noch keine zusammenfassende Darstellung von Geschichte und Kultur der Südaraber im Altertum. Wann zuerst Semiten nach Nubien und später weiter südlich nach Äthiopien gelangten, ist noch nicht geklärt; vgl. vorläufig C. Conti Rossini, Storia d'Etiopia I, Bergamo 1928. Möglicherweise ist mit einigen Einwanderungsschüben zu rechnen.

dergebiet der Altorientalistik, dem nur eine besondere Darstellung gerecht werden kann.

Die West- und Nordaraber der zentralen Gebiete Arabiens, deren Sprache, der wichtigste Vertreter des Jungsemitischen, auch Nordarabisch genannt wird, treten nicht viel später als die Südaraber ins Licht der Geschichte. Die Assyrer kennen sie seit 853 als kriegerische Beduinen, mit denen sie in Syrien und später in Babylonien mehrfach zu kämpfen hatten. Westarabische Oasenstädte wie Tema werden seit etwa 750 gelegentlich genannt und wurden bis hin nach Jatrib, heute Medina, 550 für kurze Zeit ein Teil des Chaldäerreichs. Die Keilschrifttexte überliefern etliche arabische Namen und Wörter; inschriftliche Zeugnisse für das Arabische kennen wir erst aus viel späterer Zeit. Eine erhebliche Bedeutung für den alten Orient gewannen die Araber auch in seiner Spätzeit nicht.

3. Hurriter und Urartäer

Infolge ihrer weite Teile Vorderasiens erfassenden Wanderungsbewegungen wurden die aus Nordwestiran kommenden Hurriter zu einem der wichtigsten Faktoren in der Geschichte des zweiten Jahrtausends. Ihre in verschiedenen Dialekten bezeugte Sprache, eine sogenannte Ergativsprache, ist immer noch nur teilweise verständlich, wofür Mehrdeutigkeiten in der Keilschrift mitverantwortlich sind. Auf ihre Geschichte werfen die verfügbaren Quellen nur Schlaglichter. Über die ersten Vorstöße nach Westen gegen Ende des dritten Jahrtausends ist nur ganz wenig bekannt. In der Mitte des zweiten Jahrtausends bis etwa 1200 war als einziges Land nur Babylonien nie der Herrschaft von Hurritergruppen unterworfen, während diese selbst im Hethiterreich zeitweise eine erhebliche Rolle spielten. Für ihre Sprache, Geschichte, Kultur und Religion verweise ich auf das S. 2 in Anm. 1 genannte Buch von G. Wilhelm. Da aber Geschichte und Kultur Assyriens und Syriens durch die Hurriter stark mitbestimmt wurden, muß im folgenden doch mehrfach kurz von ihnen die Rede sein. Im Mitannireich (s. S. 51) waren die Hurriter die stärkste Bevölkerungsgruppe.

Armenien war wahrscheinlich schon im zweiten Jahrtausend ein Hauptsiedlungsgebiet hurritischer Volksgruppen; von einer größeren Staatsbildung erfahren wir aber nichts. Nach 900 entsteht dort das Reich von Urartu mit einem Zentrum am Wan-See, das im achten Jahrhundert zeitweilig weit ausgreift, auch nach Syrien, dann aber in Kämpfen mit dem Assyrerreich empfindlich geschwächt wird und nach 600 endgültig den Skythen unterliegt. Die kulturelle Leistung der Urartäer (griechisch Alarodier) ist auf verschiedenen Gebieten bedeutend, z. B. in der Metallurgie. Die urartäische Sprache ist ein Späthurritisch, das, ganz überwiegend durch Königsinschriften bezeugt, erst unzureichend erschlossen ist.[18]

4. Völker und Kulturen in Westiran

a) Elamier, Gutium und Kassiten

In Südiran, vor allem in der Provinz Chusistan, lagen die Wohnsitze der Elamier, die dort wahrscheinlich schon im vierten Jahrtausend siedelten. Die elamische Sprache, für die schon früh im dritten Jahrtausend die sumerische Schrift in teilweise stark abgewandelter Gestalt verwendet wurde, läßt sich an keine der sonst bekannten Sprachen anschließen und ist in ihren älteren Stufen nur teilweise verständlich. Das Neuelamische war eine der Verwaltungssprachen des Achämenidenreiches. Obwohl in vielem von Babylonien beeinflußt, zeigt die elamische Kultur ein durchaus eigenes Gepräge und hat sicher auch auf die Nachbargebiete stark eingewirkt, ebenso später auf das Achämenidenreich. In den nur selten längeren Zeiten politischer Einigkeit kam es auch vorübergehend zu größeren Reichsbildungen.[19] Von Elam wird hier noch mehrfach die Rede sein müssen.

Außer in Elam gab es im westlichen Iran vor dem ersten Jahrtausend, soweit wir wissen, keine Schriftkulturen. Daher können wir über die Stämme und Volksgruppen des westlichen Iran, deren Namen wir aus den Keilschriftquellen von Urartu bis Elam wohl großenteils kennen, sowie ihre gewiß wechselvollen Schicksale

[18] Kurzgrammatiken bieten I. M. Diakonoff, Hurrisch und Urartäisch, München 1971, und, in manchem abweichend davon, G. A. Melikišvili, Die urartäische Sprache, mit einem Anhang von M. Salvini, Rom 1971, mit einem Glossar bereits deutbarer Wörter.

[19] Zur Geschichte vgl. W. Hinz, Das Reich Elam, Stuttgart 1964, und die Teile über Elam von W. Hinz und R. Labat in der großen ›Cambridge Ancient History‹, Vol. I und II (1963/64). Für die Grammatik des Elamischen, an der noch viel umstritten ist, vgl. E. Reiner, The Elamite Language, in: Handb. der Orientalistik, Erste Abt., Bd. 2, Lief. 2, S. 54–118 (Leiden 1969). Ein Lexikon wird vorbereitet.

ziemlich wenig sagen und wissen nicht einmal, wem wir die in vielen Jahrhunderten geschaffenen sogenannten Luristanbronzen verdanken. Babylonier und Assyrer kannten ihre Gebirgsnachbarn von deren Einfällen ins Flachland her vor allem als rücksichtslose Krieger, denen sie bei Gegenangriffen ähnlich hart gegenübertraten. Zweimal konnten sich Völker aus Westiran für längere Zeit in Babylonien festsetzen.

Als nach 2200 das Großreich von Akkade zerfiel, konnten die Gutium im Osten und Norden Babyloniens ein Reich aufrichten, dessen Ausdehnung wir nicht bestimmen können. In der sumerischen Literatur wird die Gutiumzeit als eine Schreckenszeit geschildert. Wir kennen einige Fürstennamen, wissen aber sonst über die Sprache der Gutium nichts. Die Assyrer nannten deren Nachfahren Qutû. Neben diesen erwähnen die Texte oft die wild-kriegerischen Lullubäer oder Lullumu.

Von ungleich größerer Bedeutung für Babylonien waren die ebenfalls aus dem mittleren Westiran zur Zeit der Nachfolger Hammurabis von Babylon einbrechenden Kassiten, griechisch Kossäer. Sie setzten sich nach 1680 zunächst in einigen nördlichen Randgebieten fest und begründeten dann eine Dynastie, die für 450 Jahre erst Nordbabylonien und später das ganze Land beherrschte. Von den durch sie bewirkten Veränderungen wird noch zu sprechen sein. Im Gebiet von Kerkuk setzten die Hurriter ihrer Expansion Grenzen. Inschriften in kassitischer Sprache sind nicht erhalten; die Könige gebrauchten das Babylonische oder Spätsumerische. Aus den Namen, kleinen Wörterlisten und Fremdwörtern im Akkadischen konnten jedoch einige hundert Wörter gewonnen und teilweise gedeutet sowie der Sprachbau erschlossen werden.[20] Die Kassiten gingen nach und nach ganz im Babyloniertum auf, das ihnen wichtige Impulse auch in der Kunst verdankte.

Teile der Kassiten blieben in Iran und werden noch im siebenten Jahrhundert in assyrischen Texten erwähnt. Aus dem Wechsel der Ländernamen im Gebiet des Urmia-Sees und südöstlich davon kann man auf viele Kämpfe zwischen Kassiten und hurritischen Stämmen schließen. Zwischen etwa 850 und 650 nennen assyrische Texte sehr oft ein Königreich Man im Bereich des Urmia-Sees, das zwischen Assur, Urartu und den Medern lavierte.[21]

[20] Vgl. K. Balkan, Kassitenstudien I. Die Sprache der Kassiten, New Haven 1954; J. A. Brinkman, Artikel: Kassiten, RlAss. V (1980) 464 ff.
[21] Eine Zusammenfassung der Forschungen u. a. von R. M. Boehmer ist in RlAss. VII zu erwarten.

b) Indoarier, Meder, Kimmerier und Perser

Indoarische Sippen gelangten aus Ostiran zuerst um 1500 nach Mesopotamien und stellten dort u. a. die Dynastie des Mitannireiches (s. S. 51). In der Pferdezucht waren auch bei den Hethitern indoiranische Termini in Gebrauch. Die Bedeutung dieser Indoarier wurde lange überschätzt, läßt sich aber auch heute noch nicht angemessen beschreiben; ihre Sprache kennen wir nur aus Namen und wenigen Fremdwörtern in den Keilschriftsprachen.[22] In Inschriften des Assyrerkönigs Salmanassar III. werden um 840 zuerst die iranischen Meder in Nordwestiran und die Perser in Westiran weit nordwestlich ihrer späteren Wohnsitze erwähnt. Ein als Staatenbund organisiertes Mederreich, später mit der Hauptstadt Ekbatana (heute Hamadān), ist durch assyrische Quellen und, gewiß nur teilweise zuverlässig, durch griechische Historiker bezeugt; medische Inschriften wurden noch nicht aufgefunden. Ein weiteres, sehr militantes iranisches Volk sind die Kimmerier, die zuerst 714 erwähnt werden und alsbald die alten Reiche in Schrecken setzten und in Medien in manche Schaltstellen der Macht gelangten. Beschränkt wird ihre Macht durch die nachrückenden Skythen, die Indogermanen, aber keine Iranier waren und für die Kultur eine viel größere Bedeutung gewinnen sollten als die Kimmerier. Von einigen Einbrüchen abgesehen, bleiben die Skythen allerdings außerhalb des Alten Orients. Assyrien konnten sie vor den Medern und Kimmeriern nicht retten.

Die Perser kamen längere Zeit gegen Medien im Norden und Elam im Süden nicht auf. Nachdem Elam den Assyrern erlegen war, konnte Kyros II. (der Große, 559–529) in 11 Jahren das Mederreich, Lydien und das Chaldäerreich erobern und ein Weltreich errichten. Davon und von Religion und Kunst in Iran sowie von Nord- und Ostiran zu handeln, ist Aufgabe eines anderen Bandes.

5. *Kleinasien: Protohattier, Luwier und Hethiter*

Welche Völker Kleinasien, ein Gebiet sehr alter Kultur, vor 2000 bewohnten und welche Sprachen dort gesprochen wurden, entzieht

---

[22] Zu den in vielem kontroversen Auffassungen vgl. A. Kammenhuber, Die Arier im Vorderen Orient, Heidelberg 1968; M. Mayrhofer, Die Arier im Vorderen Orient – ein Mythos?, Wien 1974.

sich heute noch fast ganz unserer Kenntnis. Wahrscheinlich war schon sehr früh der Westen vor allem zur Ägäis hin orientiert, während Zentral- und Ostanatolien zum Alten Orient gehörten. In Nordanatolien siedelten um 2000 wohl schon seit längerer Zeit die Hattier oder Protohattier, deren agglutinierende Sprache uns aus dem Archiv der Hethiterhauptstadt Hattusas leidlich bekannt ist. Südlich davon müssen Volksgruppen anderer Sprache ansässig gewesen sein, wenn wir ihre Namen und Lehnwörter im Altassyrischen und Hethitischen richtig deuten. Bald nach 2000 kamen von Osten oder Westen Indogermanen nach Anatolien und machten sich nach 1800 große Teile des Landes untertan, ohne die früheren Bewohner ganz zu verdrängen. Es handelt sich um die Hethiter, die sich selbst Nasier nannten, und die ihnen verwandten Luwier und Palaer. Sie übernahmen aus Mesopotamien die Keilschrift und schufen später für das Luwische auch noch eine neue Bilderschrift. Innerhalb des Indogermanischen bilden diese Sprachen eine eigene Familie. Die Kultur der Hethiter war in vielem von der babylonischen abhängig, in manchen Bereichen aber schöpferisch eigenständig. Auch die Hurriter gewannen im Hethiterreich eine große Bedeutung. Die Hethiter griffen später auf Syrien über und gründeten dort Staaten, die teilweise das um 1200 untergegangene Hethiterreich noch lange überlebten.[23]

6. Das Zusammenwachsen der Völker

Wir haben versucht, uns in aller Kürze die Völker und Volksgruppen oder Stämme vor Augen zu führen, die nach unserer Kenntnis für den Alten Orient einige Bedeutung gewonnen haben. Es gab deren wohl noch etliche mehr, über die uns unsere Quellen derzeit nichts verraten oder so wenig, daß wir die Leistung solcher Völker noch nicht würdigen können. Fortgelassen habe ich neben den vielen Kleingruppen in Hochgebirgstälern, deren Namen irgendwo genannt sind, die an Israel angrenzenden Kleinvölker, da über sie jede Geschichte Israels belehrt. Zu ihnen gehören im Ostjordanland vor allem die Ammoniter, Moabiter und Edomiter, deren dem Hebräischen nächstverwandte Sprachen nur durch ganz wenige Texte bezeugt sind. An der Küste Palästinas saßen seit etwa

---

[23] Eine „Einführung" in dieser Reihe von E. Neu ist in Vorbereitung; vgl. noch A. Goetze, Kleinasien, München 1957.

1200 die Philister, deren vermutlich indogermanische Sprache uns noch unbekannt ist. Sie waren durch den großen Seevölkersturm, der für die östliche Mittelmeerwelt so schwerwiegende Folgen hatte – auch das Hethiterreich und Ugarit erlagen ihm –, in ihr Land gekommen.[24]

Wenn wir nun die Entwicklung als Ganzes ansehen, bemerken wir – außerhalb typischer Rückzugsgebiete in Hochgebirgstälern – als die vorherrschende Tendenz die zum Zusammenwachsen kleinerer Gruppen zu größeren, die zwar anthropologisch keineswegs immer einheitlich waren, aber doch oft eine gemeinsame Sprache hatten. Befördert wurde dieses vor allem durch einige Großstaaten wie zuerst das Hethiterreich und später in noch viel größerem Ausmaß durch das Assyrerreich, die durch Verschleppungen und Umsiedlungen Mehr- oder Vielvölkerstaaten schufen. Dadurch entstanden allenthalben neue Kleingruppen von Verschleppten, die ihre Sprachen in einer fremden Umgebung wohl meistens nur noch für wenige Generationen pflegen konnten. An ihrer Religion für längere Zeit festzuhalten, gelang ihnen gewiß auch nur in Ausnahmefällen, obwohl Zwangsmissionierungen im Alten Orient sicher eine seltene Ausnahme waren. Selbst in der Namengebung pflegte man sich nach und nach den Mehrheiten anzupassen, sofern die Minderheiten nicht besonders stark zusammenhielten.

Welche Sprache sich in einem Großstaat durchsetzte, hing nun keineswegs immer vom Willen der Herrschenden ab. Die Assyrer konnten ebensowenig wie die alten Führungsschichten der großen babylonischen Städte verhindern, daß das Aramäische selbst in ihren Kerngebieten sich als Umgangssprache immer mehr durchsetzte. Aramäisch geschrieben wurde gewiß auch viel mehr, als wir heute nachweisen können, weil Papyrus und Leder als Schreibmaterial nur sehr selten erhalten blieben und Wachs nie.

Neben den Kriegen und Verschleppungen wirkten auch mannigfache Unterwanderungsbewegungen darauf hin, daß kleinere Völker in den größeren aufgingen und aus der Geschichte verschwanden, ohne daß Katastrophen vorausgegangen waren. Gegen Ende des zweiten Jahrtausends traf das z. B. die Hurriter in Mesopotamien und die Kassiten in Babylonien. Da in den Großstaaten wohl weithin Freizügigkeit bestand, verwischten sich alte Unterschiede

---

[24] Zu den Seevölkern und Philistern vgl. zuletzt Fr. Schachermeyr, Die Levante im Zeitalter der Wanderungen vom 13. bis zum 11. Jahrhundert v. Chr., Wien 1982.

immer mehr. Damit aber verlor das ursprünglich starke Bestreben, die Herrschaft der Großstaaten wieder abzuschütteln, immer mehr an Intensität. Das Ergebnis war, daß beim Zusammenbruch des Assyrerreichs die meisten Provinzen ohne größere Kämpfe von den neuen Herren, den Babyloniern und den Medern, übernommen wurden. Das Großreich der Chaldäerdynastie ging sogar nach kurzen Kämpfen vor allem um die Hauptstadt Babylon als ganzes kampflos an den Perserkönig Kyros über. Das gleiche geschah 200 Jahre später, als Alexander der Große das Achämenidenreich eroberte. Von ehrgeizigen Statthaltern begründete Kleinstaaten hielten sich nur selten für längere Zeit. Die Vorteile einer Oikumene wurden eben höher eingeschätzt als ihre Nachteile.

IV. SCHRIFT UND SCHRIFTSYSTEME

1. Die sumerische Schrift und die Keilschrift

Die Erfindung von Schriften ist eine der folgenreichsten Neuerungen in der Geschichte der Menschheit. Jahrtausende teilweise schon recht differenzierter Kunstausübung lagen hinter ihr, als in Vorderasien die Entwicklung der Wirtschaft und die Zusammenballung größerer Menschenmassen auf engem Raum eine Situation schufen, die mit dem gesprochenen Wort und behelfsmäßigen Notizen über Mengen von Tieren und Gegenständen nicht mehr zu bewältigen war. Wir wissen noch nicht sehr lange, daß die älteste Schrift Vorläufer hatte. Viele hundert Jahre schon verwendete man in ganz Südwestasien und Ägypten Zählsteine aus Ton, in die Symbole für Tiere und bestimmte Gegenstände eingeritzt waren. Man legte sie in der jeweils nötigen Zahl in Beutel oder Tonbehälter. Plättchen mit Zählpunkten oder -strichen kamen dazu. Nach der Mitte des vierten Jahrtausends verwendete man auch Tontafeln mit nunmehr stärker differenzierten Zahlzeichen, einzelnen Zählsteinsymbolen und noch später auch Siegelabrollungen.[1] Den immer vielseitigeren Anforderungen an Aufzeichnungssysteme genügten diese Behelfe aber immer weniger. So kamen wohl kurz vor 3000 in Uruk Sumerer auf den Gedanken, Hunderte von teilweise abgekürzten neuen Bildzeichen und viele Zeichen für Zahlen und Maße zu schaffen, die, mit dem Griffel in Tontafeln eingetieft, Aufzeichnungen nicht nur für den Augenblick, sondern auch für die Archivierung ermöglichen sollten. Zunächst nur wenige Zeichen für einige Adjektive, Verben und abstrakte Begriffe kamen wohl schon bald dazu. Ob der damit vollzogene Übergang zu einer echten Schrift, die hörbare Wörter in sichtbare Zeichen umsetzt, nur eine kurze Zeit beanspruchte oder eine längere Zeit benötigte, können

---

[1] Grundlegend dazu D. Schmandt-Besserat, An Archaic Recording System and the Origin of Writing, Syro-Mesopotamian Studies I/2, Malibu 1977; weiterführend ist ihr Aufsatz ›From Tokens to Tablets: A Re-evaluation of the So-called 'Numerical Tablets'‹ (Visible Language 15 [1981] 321 ff.).

wir heute noch nicht sagen. Jedenfalls aber hatten verzweifelte Bürokraten damals den Anstoß gegeben zu einer Neuschöpfung, deren Möglichkeiten und Konsequenzen zu der Zeit in Sumer niemand voraussehen konnte.

Die weitere Entwicklung der Schrift kann hier nur in wenigen Stichworten angedeutet werden. Die Bildzeichen wurden immer mehr vereinfacht, und die Zeichenformen wurden zumeist abstrakt geometrisch. Die auf Ton schlecht zu schreibenden gebogenen Linien wurden durch gerade ersetzt. Vor allem aber entstanden am Anfang der Linien durch den Griffeldruck Verstärkungen, die immer breiter wurden, so daß noch in der Mitte des dritten Jahrtausends die Keilschrift sich herausbildete, die dann wenig später auch auf Stein und Metall geschrieben wurde. Die besonderen Schrifttraditionen in Babylonien, Assyrien, Syrien, Kleinasien usw. führten bei den meisten Zeichen zu mehr oder weniger verschiedenen Formen. Geschrieben wurde anfangs von oben nach unten, seit etwa 2400 aber von links nach rechts, wobei die Zeichen um 90° gedreht wurden.[2]

Die Zeichen für sumerische Wörter wurden in Einzelfällen schon ganz früh auch für gleichlautende andere Wörter gebraucht, so z. B. ti „Pfeil" auch für ti(l) „Leben". Später waren die allermeisten Zeichen zugleich Wort- und Silbenzeichen, selten auch Zweisilbenzeichen. Einlautzeichen gab es nur für die Vokale a, e, i und u. Teilweise als Folge des Zusammenfalls von ursprünglich verschiedenen Zeichen – ihre Zahl reduzierte sich im Lauf der Zeit stark bis auf etwa 600 – hatten viele Zeichen schon früh einige oder mehrere Wort- und Lautwerte; da auch Zeichenfolgen für ein Wort stehen konnten (z. B. A.TU.GAB.LIŠ für asal „Euphratpappel") wurden einige Zeichen sogar vieldeutig. Mit Hilfe von nur graphischen Determinativen für Materialien wie Holz oder Kupfer, Orte, Flüsse, Personenklassen, Götter und anderes versuchte man, die Mehrdeutigkeit oder Polyphonie auf ein erträgliches Maß zu reduzieren, hatte damit aber nur begrenzt Erfolg. Hilfen für uns sind sehr oft Schreibvarianten, da man eine Silbe wie tar auch ta-ar schreiben konnte und für manche Silben zeitweise oder in bestimmten Textgruppen zwei oder mehr Zeichen zur Verfügung standen.

[2] Das grundlegende Werk zur frühesten Schrift von A. Falkenstein, Archaische Texte aus Uruk, Berlin 1936, ist durch viele Neufunde heute teilweise überholt; ein umfassendes neues Werk zur Entstehung der sumerischen Schrift und ihrer Umgestaltung in die Keilschrift von H. J. Nissen und M. W. Green ist in Vorbereitung.

Der Gedanke, daß es möglich sei, Sprache schriftlich festzuhalten, wanderte auf den Wegen des Handels sehr bald nach Westen und nach Osten. Die Ägypter erfuhren von der neuen Kunst und schufen bald ein eigenes Schriftsystem, die ägyptischen Hieroglyphen, die Vokale nur ganz selten anzeigten. Im Osten übernahm zuerst das benachbarte Elam die Schrift mit einigen Modifikationen, die zu noch ausgeprägteren Sonderentwicklungen in den späteren Jahrhunderten bis hin zur neuelamischen Schrift der Achämenideninschriften führten. Eine eigene protoelamische Schrift blieb hingegen nicht sehr lange im Gebrauch. Die Idee des Schreibens wanderte dann weiter nach Indien, wo einige Zeit später die Indusschrift entstand, und noch weiter nach China.[3]

In Babylonien selbst wurde zu einer noch unbekannten Zeit im dritten Jahrtausend das wichtigste Ereignis die Übernahme der Keilschrift durch die semitischen Akkader. Das vollzog sich in einem sehr langen Zeitraum, wie das Fehlen jedes planmäßigen Vorgehens bei der Lösung der Probleme zeigt, die die Adaptierung der Schrift an eine ganz anders gebaute Sprache stellt. Mit der Verwendung aller einsilbigen sumerischen Wörter als Silbenzeichen hätte man unter Hinzunahme etlicher weiterer Zeichen eine reine Silbenschrift schaffen können, die auf die Dauer auch für die dem Sumerischen fremden Laute wie die emphatischen Konsonanten und einige Laryngale eindeutige Schreibungen ermöglicht hätte. Statt dessen blieb nicht nur die Polyphonie erhalten und wurde stellenweise noch ausgebaut, sondern das Schriftsystem wurde durch die Übernahme vieler hundert sumerischer Wörter und zeitweise auch ganzer Verbalformen als Sumerogramme noch komplizierter. Die Wiedergabe der Phonemkonsonanten war anfangs ganz schlecht: d,t und $ṭ$, g,k und q, b und p, z,s und $ṣ$ wurden zunächst nur ganz selten durch besondere Silbenzeichen etwa für ga,ka und qa unterschieden. Nach 2000 wurde es zuerst in Babylonien und später auch in Assyrien besser; die genannten Laute wurden im Silbenauslaut aber bis in die Spätzeit mit jeweils nur einem Zeichen geschrieben (z. B. $az = as = aṣ$), was in vielen Fällen den Verlust hörbarer Ausspracheunterschiede anzeigen mag. Im Silbenanlaut werden z. B. za und $ṣa$, dur und $ṭur$, bal und pal nie mit verschiedenen Zeichen geschrieben; bei bu und pu, di und $ṭi$ usw. geschieht es nur

---

[3] Die fast nur durch Siegelinschriften überlieferte Indusschrift ist noch nicht entziffert. Es könnte sein, daß eine frühe Dravidasprache im 3. Jt. in ihr geschrieben wurde.

in einigen Bereichen wie etwa Assyrien und zu bestimmten Zeiten. Die Schreibweise in den sogenannten Randgebieten der babylonischen Kultur, in denen fremdsprachliche – hurritische, kanaanäische usw. – Substrate oder Superstrate wirksam waren, macht die Unregelmäßigkeiten bei der Lautwiedergabe noch viel größer; allerdings sind dort überall weniger Zeichen im Gebrauch, und die Polyphonie ist reduziert.[4]

Wer mit akkadischen Keilschrifttexten umgeht, muß nicht nur die oft wechselnden Zeichenformen, sondern auch die so ungleichen Schreibgewohnheiten in all den Jahrhunderten, in den verschiedenen Ländern und Bezirken sowie sehr oft auch in den mannigfachen Gattungen von Literaturwerken und den Urkunden und Briefen kennen. Dazu kann man sehr viel den verfügbaren Zeichenlisten entnehmen, aber keineswegs alles.[5] Die rechte Interpretation von Keilschrifttexten wird durch das alles oft so besonders schwierig, was viele veranlaßt, sich ganz auf bestimmte Textgruppen zu spezialisieren.

Aus dem bisher Gesagten geht schon hervor, daß die Keilschrift trotz ihrer Schwierigkeit und aller Mängel anders als die ägyptischen Hieroglyphen in vielen Ländern Vorderasiens weit über das babylonisch-assyrische Sprachgebiet hinaus geschrieben wurde. Die früheste Übernahme in den Westen kennen wir erst seit wenigen Jahren, nämlich die Keilschrift, in der seit etwa 2400 oder auch schon etwas früher die eblaitische Sprache (s. S. 17) geschrieben wurde. Bei meist ganz kurzen Zeilen standen oft viele schmale Kolumnen nebeneinander. Soweit bisher erkennbar, wurden weder alle Zeichen der sumerischen Schrift übernommen noch alle Lautwerte, dafür aber etliche Lautwerte neu eingeführt; einige Silbenzeichen wurden so mehrdeutiger als in Babylonien. Ungewohnt für

---

[4] Wegen der großen Unterschiede im Schreibgebrauch muß für die Keilschrifttexte in jedem der Randgebiete eine besondere Schrifttafel erstellt werden; einige liegen schon vor.

[5] Die bisher umfassendste, freilich teilweise überholte Liste von Wortzeichen ist eingearbeitet in das ›Šumerische Lexikon‹ von A. Deimel, Band I (in 3. Auflage) – III, Rom 1928–37; der Titel Lexikon entspricht dem Inhalt nur zum Teil. Vgl. ferner Fr. Ellermeier, Sumerisches Glossar, Band 1, Teil 1, Sumerische Lautwerte, in 2 Bänden, Nörten-Hardenberg 1979/80 (mehr nicht erschienen); R. Borger, Assyrisch-babylonische Zeichenliste, unter Mitarbeit von Fr. Ellermeier, AOAT 33 (1978); Ergänzungsheft 33a (1981); W. von Soden – W. Röllig, Das Akkadische Syllabar, Rom ³1976.

uns ist, daß man in den Urkunden außer den Namen, den Partikeln und wenigen anderen Wörtern fast nur Sumerogramme schrieb, gerade auch für Verbalformen. Die Folge ist, daß wir viele der geläufigsten eblaitischen Wörter noch nicht kennen. Die Silbenschreibungen können nicht alle für Ebla vorauszusetzenden semitischen Konsonanten eindeutig wiedergeben.[6] Ob die Ebla-Schrift auch noch nach der Zerstörung der Stadt durch Naramsin von Akkade in Gebrauch blieb, wissen wir nicht. Einige Eigentümlichkeiten der Keilschrift im Nordsyrien der Hammurabi-Zeit machen es wahrscheinlich, daß es dort eine über längere Zeit gepflegte eigene Schrifttradition gab.

Ebenfalls noch im dritten Jahrtausend wurde die Keilschrift erstmals zur Schreibung des Hurritischen verwendet. Auch im zweiten Jahrtausend schrieben die Hurriter fast nur syllabisch im altbabylonischen Mari, in Ugarit, Mesopotamien und in Hattusas; überwiegend benutzten sie die KV(= Konsonant+Vokal)- und VK-Lautwerte; KVK-Lautwerte wie *sar* finden sich viel seltener. Die hurritische Orthographie unterscheidet auffällig wenige Konsonanten.[7]

Nach Kleinasien brachten nach unserer Kenntnis zuerst assyrische Kaufleute um 1900 die Keilschrift; sie schrieben mit ihr ihre altassyrischen Briefe und Urkunden in einer von Babylonien stark abweichenden Schreibweise. Nach etwa 1500 änderten sich in Assyrien die Schreibgewohnheiten sehr stark.

Als die Hethiter, Luwier und Palaer nach Kleinasien kamen, schrieben sie ihre Sprachen, soweit bisher erkennbar, zunächst nicht und übernahmen auch nicht die Schreibweise der assyrischen Kaufleute. Nach etwa 1600 lassen einige Königsinschriften Einflüsse der Schreiberschule im altbabylonischen Mari erkennen. Die für die Hauptstadt Hattusas typische alt-, mittel- und neuhethitische Schreibweise muß aber andere Vorbilder gehabt haben, die wir noch nicht nachweisen können. Viele babylonische Zeichen wurden nicht übernommen, die Polyphonie wurde stark reduziert. Komplizierter wurde die Schrift dadurch, daß zu den Sumerogrammen in hethitischen Texten noch viele Akkadogramme traten, wobei sehr oft ganze Satzteile akkadisch geschrieben wurden, ob-

---

[6] Vgl. hierzu M. Krebernik, Zu Syllabar und Orthographie der lexikalischen Texte von Ebla, ZA 72 (1982) 178ff. und 73 (1983) 1ff.
[7] Vgl. E. A. Speiser, Introduction to Hurrian, Annual of the American Schools of Oriental Research XX (1940–41).

wohl beide Sprachen in der Wortstellung teilweise voneinander abweichen. Vor allem steht das Genitiv-Attribut im Hethitischen voran, im Akkadischen nach dem Beziehungswort; vgl. heth. *parnas ishās* „Hausherr" = akk. *bēl bītim*. Für viele hethitische Wörter wie z. B. „Frau" und „Sohn" kennen wir nur Sumerogramme oder Akkadogramme.

Die anderen Sprachen des Hatti-Reiches (s. S. 27) wurden auch in Keilschrift geschrieben; für das Luwische in Bilderschrift s. u. Protohattische Texte aus vorhethitischer Zeit wurden nicht gefunden. Nach der Zerstörung von Hattusas um 1200 schrieb man nach unserer Kenntnis in Kleinasien keine Keilschrift mehr. Etwa in der gleichen Zeit kam auch in Syrien-Palästina die Keilschrift außer Gebrauch, bis nach 850 die Assyrer und später die Babylonier sie in einigen Städten wieder für ihre Sprache einführten.

Aus Assyrien übernahmen schließlich im neunten Jahrhundert die Urartäer Armeniens die Keilschrift für ihre Sprache in stark vereinfachter Form. Sie schrieben überwiegend syllabisch, verwandten aber auch Sumero- und Assyrogramme. Ob auch die Meder gelegentlich Keilschrift schrieben, wissen wir nicht.

2. Die hethitischen Hieroglyphen (Bild-Luwisch)

Obwohl Hethiter wie Luwier bis 1200 normalerweise in Keilschrift schrieben, wurde aus einzelnen, schon länger verwendeten Bildsymbolen nach 1500 eine Bilderschrift entwickelt, die für längere Zeit nur auf Siegeln hethitischer Könige und auf Felsreliefs (z. B. Yazilikaya) bezeugt ist; sie war durch die ähnlichen Schriftsysteme in Ägypten und Kreta (Minoisch A) angeregt, aber von diesen nicht abhängig. Es liegt eine immer noch nicht voll entzifferte gemischte Wort- und Silbenschrift vor. Die längeren Inschriften mit oft abwechselnd rechts- und linksläufigen Zeilen stammen zumeist aus den Nachfolgestaaten des Hethiterreichs in Ostanatolien (wie Malatya), Kilikien (z. B. Karatepe mit phönizischer Parallelschrift) und Syrien (z. B. Karkemisch, Hamat) zwischen etwa 1200 und 700. Selten schrieb man auf Bleibändern. Nach 850 erscheint in Syrien immer mehr das dort gesprochene Aramäisch auch auf Inschriften. Die Sprache der Bildinschriften ist ein luwischer Dialekt.[8]

---

[8] Weder für die Schrift noch die bild-luwische Sprache gibt es eine Zusammenfassung der bisherigen, in vielem kontroversen Forschung.

Bildzeichen anderer Art wurden auch auf Gefäßen und anderen Gegenständen in Urartu (s. o.) gefunden. Ob man freilich von einer richtigen Bildzeichenschrift in Urartu sprechen kann, ist angesichts der dürftigen Zeugnisse noch umstritten. Man schrieb rechts- oder linksläufig.[9]

3. Die phönizische Buchstabenschrift und ihre Vorläufer

a) Schriften des frühen 2. Jahrtausends in Syrien-Palästina

Wohl schon früh im zweiten Jahrtausend erwachte bei den westlichen Kanaanäern der Wunsch, auch in ihrer Sprache zu schreiben und sich von den so komplizierten Schriftsystemen der Keilschrift im Norden und der ägyptischen Hieroglyphen zu lösen. Das älteste Zeugnis dafür sind einige Stein- und Bronzeinschriften aus Byblos, auf denen 114 Schriftzeichen, die nur teilweise noch Bildzeichen waren, festgestellt wurden, mindestens zum größten Teil wohl Silbenzeichen. Man meint, einige kanaanäische Wörter auf ihnen erkennen zu können. Ohne weitere Funde wird eine wirkliche Entzifferung nicht möglich sein.[10]

Sehr viel kleinere Reste früher Schriftsysteme wurden in Bergwerken am Sinai und in Südpalästina gefunden. Entzifferungsversuche an den schon lange bekannten Sinai-Inschriften konnten über Vermutungen nicht hinauskommen.

b) Die phönizische und die anderen semitischen Buchstabenschriften

Nach der Konzeption der Idee des Schreibens wahrscheinlich im sumerischen Uruk (s. S. 30) ist der Übergang von der Wort- und Silbenschrift zu der die einzelnen Laute isolierenden Buchstabenschrift die zweite ganz große Leistung im Bereich der Schrift; auch für diese ist Monogenese anzunehmen, da alle späteren Buchstabenschriften entweder aus der phönizischen herzuleiten sind oder unter

---

[9] Es gibt noch keine Zusammenstellung der Schriftdenkmäler.
[10] Vgl. hierzu und zu den anderen hier besprochenen Schriftsystemen J. Friedrich, Geschichte der Schrift unter besonderer Berücksichtigung ihrer geistigen Entwicklung, Heidelberg 1966, mit vielen Schriftbeispielen.

dem Einfluß von anderen Buchstabenschriften geschaffen wurden. Leider wissen wir heute noch nicht, wo und wann genau die älteste Buchstabenschrift entstanden ist. Die älteste größere phönizische Inschrift auf dem Sarkophag des Aḥirom von Byblos ist etwa auf 1000 zu datieren. Kleinere Inschriften in ähnlicher Schrift dürften einige Jahrhunderte älter sein. Daß die phönizische Schrift aber kaum viel später als um 1500 entstanden sein kann, beweist die ugaritische Keilschrift (s. S. 38), die das Prinzip der Buchstabenschrift und das phönizische Alphabet mit einigen Veränderungen übernommen hat und sich in den Zeichenformen weithin an dieses Alphabet anlehnt. Der Ort der Schrifterfindung könnte die alte Hafenstadt Byblos/Gubla gewesen sein.

Es kann nicht zweifelhaft sein, daß man sich bewußt an die ägyptische Schrift angelehnt hat. Für die ältesten Zeichenformen hat W. Helck in UF 4, 1972, 41–45 (›Zur Herkunft der sog. „phönizischen" Schrift‹) die Zeichen der hieratischen Schrift zusammengestellt, denen sie nachgebildet sind; einige Zeichen wurden fast unverändert übernommen. Die Phönizier konnten auf diese Weise ihre Phonemkonsonanten viel exakter bezeichnen, als das mit der Keilschrift möglich gewesen wäre; sie mußten aber wie in Ägypten zunächst fast alle Vokale und später alle kurzen Vokale unbezeichnet lassen. Mehrfach wurde die Auffassung vertreten, daß die Buchstaben zunächst Silbenzeichen gewesen seien, also *m* z. B. ursprünglich ein *ma*. Aber auch wenn das zutreffen sollte, bleibt die Tatsache bestehen, daß *m* und *m* + Vokal mit demselben Buchstaben geschrieben wurden. Die Schrift ist linksläufig.

Schon um 1000 oder kurz davor wurde die Schrift nach Südarabien übernommen. Die Zeichenformen wurden dort stärker geometrisch, und man schrieb links- oder rechtsläufig, mit Richtungswechsel oft in jeder Zeile (sog. bustrophedon-Schreibweise). Für den im Südarabischen besonders vollständig erhaltenen altsemitischen Konsonantismus wurden den 22 phönizischen Buchstaben 7 weitere hinzugefügt. Von Südarabien wanderte die Buchstabenschrift nach Indien, wo sie unter Einfügung von Vokalzeichen stark umgeformt wurde, und viel später nach Äthiopien, wo man wie in Indien rechtsläufig schreibt.[11]

In Syrien-Palästina und in Mesopotamien verbreitete sich die Buchstabenschrift nach 1000 schnell auch für das Aramäische. Die

---

[11] Vgl. die vergleichende Schrifttabelle bei M. Höfner, Altsüdarabische Grammatik, Leipzig 1943, 6f.

Aramäer begannen nach 900 damit, die Buchstaben für den Stimmeinsatz (Alef) und die Halbvokale *w* und *j* sowie statt Alef auch *h* zur Kennzeichnung der Langvokale *ā*, *ī/ē* und *ū/ō* einzusetzen. Zusatzzeichen für Kurzvokale wurden erst nach 500 n. Chr. in verschiedenen Systemen eingeführt; man schreibt aber normalerweise bis heute auch das (Nord-)Arabische und die anderen die arabische Schrift verwendenden Sprachen (Neupersisch, Osmanisch-Türkisch bis zu Atatürk usw.) ohne Vokalzeichen.

Wann Israel die phönizische Schrift mit ihrem alten, noch heute verwendeten Alphabet übernahm, wissen wir nicht genau. Es ist aber zu vermuten, daß es spätestens unter David geschah. Moab und andere Nachbarstaaten dürften bald gefolgt sein. Nach Westen wanderte die Schrift mit der phönizisch-punischen Sprache. Erst über 1000 Jahre später entwickelte sich aus der Schrift der aramäisch schreibenden Nabatäer Südpalästinas die arabische Schrift, die dann zu einer Weltschrift werden sollte.

Noch bedeutsamer wurde die Übernahme der Buchstabenschrift durch die Griechen wohl spätestens um 800. Da diese auf die Schreibung der Vokale angewiesen waren, machten sie aus sechs für sie nicht notwendigen Konsonantenzeichen Vokalbuchstaben; vier Buchstaben, darunter das Omega, kamen hinzu. Das phönizisch-hebräische Alphabet wurde nur leicht abgewandelt. Aus der griechischen Schrift wurden alle europäischen Alphabete abgeleitet.

4. Buchstabenschriften in Keilschrift: Die ugaritische und die altpersische Schrift

Während die phönizisch-aramäische Buchstabenschrift auf die babylonisch-assyrische Keilschrift bis in deren Spätphase kaum eingewirkt hat, stand sie zu ganz verschiedenen Zeiten bei der Erfindung von zwei kurzlebigen Buchstabenkeilschriften in Syrien und Iran Pate.

Im zweiten Jahrtausend schrieb man in Ugarit wie in anderen syrischen Städten zunächst das Babylonische und später auch Assyrische in normaler Keilschrift. Für die ugaritische Sprache (s. S. 20) wurde wohl erst kurz vor 1400 eine neue Keilschrift von 30 recht einfachen Zeichen mit höchstens sieben Keilen erfunden, deren Formen sich teilweise an die babylonische Keilschrift anlehnten und teilweise an die uns noch unbekannte Frühstufe der phönizischen Schrift, während Schriftsystem und Alphabet aus letzterer entlehnt wurden. Das uns aus Alphabet-Täfelchen bekannte Alphabet enthält 27 Konsonantenzeichen, also fünf mehr als später das phönizisch-aramäische. Ihnen wurden drei weitere angehängt für die Schreibung von Fremdwörtern und der hurritischen Sprache (s. S. 23). Da diese ganz ohne Vokalzeichen nicht geschrieben werden konnte, fügte man dem Stimmabsatz(Alef)-Zeichen zwei weitere hinzu und konnte nun *a*, *i* und *u* mit oder ohne Stimmabsatz davor oder danach schreiben, was teilweise auch für das Ugaritische ausgenutzt wurde. Mehrere Tontafeln mit dieser Schrift wurden kürzlich auch außerhalb von Ugarit gefunden. Nach der Zerstörung von Ugarit um 1200 kam die Schrift wohl außer Gebrauch.[12]

Viel später, im sechsten Jahrhundert, wurde aller Wahrscheinlichkeit nach im Auftrag des Achämenidenkönigs Dareios I. zunächst für seine altpersischen Felsinschriften eine stark vereinfachte Keilschrift erfunden. Sie umfaßt Zeichen für *a*, *i* und *u* und 33 Zeichen für Konsonanten mit folgendem Vokal – zumeist *a*, bisweilen auch *u* und *i* –, die auch vokallos gelesen werden konnten. Hinzu kommen Wortzeichen mit Varianten für Land, Erde, König, Gott und Ahuramazda. Die Schrift gab die Sprache nur unzureichend wieder und wurde, soweit wir sehen können, nur auf Stein (auch Gewichten und Siegeln) und Metall verwendet. Den Untergang des Achämenidenreichs hat sie nicht überlebt. Man gebrauchte in Iran im Parther- und Sassanidenreich Fortentwicklungen der aramäischen Schrift.[13]

---

[12] Vgl. dazu C. H. Gordon (s. S. 20, Anm. 11), S. 11 ff.
[13] Vgl. Schrifttafel und Schriftprobe bei J. Friedrich (s. S. 20, Anm. 12), S. 272.

V. ZUR GESCHICHTE ALTVORDERASIENS.
DIE GESCHICHTSQUELLEN

Einen Überblick über die Geschichte des alten Orients in fast drei Jahrtausenden zu geben ist nicht die Aufgabe dieses Bandes, da dafür andere Bände vorgesehen sind.[1] Hier gilt es nur, die Hauptepochen ganz knapp zu charakterisieren, um damit für die folgenden Kapitel den geschichtlichen Rahmen abzustecken. Außerdem ist es nötig, die Grenzen der Aussagekraft der verfügbaren Quellen zu kennzeichnen, um damit aufzuzeigen, was von einer Geschichtsdarstellung für diesen Bereich erwartet werden kann und was nicht. Vorher aber sind einige Worte über die für die ältere Zeit immer noch kontroverse Chronologie notwendig.

1. Die Chronologie. Königs-, Daten- und Eponymenlisten

Die Fixpunkte für die Chronologie bilden genau errechenbare astronomische Daten, sofern diese mit bestimmten Ereignissen verknüpft werden können. Für Babylonien und Assyrien gibt es vorläufig deren nur zwei, die von Thales von Milet errechnete totale Sonnenfinsternis vom 28. Mai 585, die die Meder und Lyder zwang, eine große Schlacht abzubrechen, und die vom 15. Juni 763 im Eponymat des Bursagale, die den vollständig erhaltenen Teil des assyrischen Eponymenkanons zurück bis 931[2] genau datiert. Über die assyrische Königsliste[3] können wir in Assyrien noch bis etwa

[1] Für die Frühzeit vgl. H. J. Nissen (s. S. 2, Anm. 1), außerdem Vol. I–III der ›Cambridge Ancient History‹ (s. S. 24, Anm. 19), Bd. 2–4 der ›Fischer-Weltgeschichte‹ (Frankfurt 1965–67; Die altorientalischen Reiche I–III) sowie Band I und II der ›Propyläen-Weltgeschichte‹ (Berlin–Frankfurt–Wien 1961/62); verschiedene Verfasser.

[2] Vgl. den heute freilich sehr ergänzungsbedürftigen Artikel ›Eponymen‹ von A. Ungnad in RlAss. II (1938) 412–457 mit Zusätzen von E. Weidner, Die assyrischen Eponymen, AfO 13 (1939–40) 308ff. und Cl. Saporetti, Gli Eponimi medioassiri (Malibu 1979).

[3] Vgl. hierzu und zum folgenden die Artikel ›Königslisten und Chroniken‹ von D. O. Edzard (A. Sumerisch) und A. K. Grayson (B. Akkadisch)

Die Chronologie. Königs-, Daten- und Eponymenlisten 41

1420 fast exakt datieren; davon profitiert dann durch Synchronismen, die meist allerdings einen gewissen Spielraum lassen, auch die Chronologie Babyloniens, bei dem es in den Königslisten mehr Lücken gibt. Für die erste Hälfte des zweiten Jahrtausends ist die assyrische Königsliste nicht ganz vollständig erhalten und wohl auch nicht überall ganz korrekt in ihren Angaben. Nach Eponymen datiert wurde in Assyrien auch damals schon; wir besitzen aber keine Eponymenlisten für diese Zeit, obwohl es wahrscheinlich solche gegeben hat als Unterlagen für die große Königsliste.

Die Chronologie der übrigen Gebiete Vorderasiens nach etwa 1500 hängt ganz überwiegend von der Assyriens ab, die allerdings nur ziemlich selten leidlich genaue Zahlangaben ermöglicht, wenn nicht wie teilweise bei den Hethitern und in Syrien-Palästina weitere Zeitangaben oder auch Synchronismen mit Ägypten dazukommen.[4] Ein besonders schwieriges Kapitel bilden die sehr zahlreichen chronologischen Angaben im Alten Testament.

Für die Chronologie der altbabylonischen Zeit wirkt sich ebenso wie für die noch frühere Zeit die Gewohnheit der babylonischen Königslisten sehr störend aus, gleichzeitig regierende Dynastien hintereinander aufzuführen; zu den Gründen dafür vgl. S. 139. Wir erhalten damit für die Hammurabi-Dynastie nach Ausscheidung ganz undiskutabler Ansätze einen Spielraum von fast 150 Jahren und für die Zeiten davor teilweise noch größere Spielräume. Wir dachten lange, daß für die Zeit von Hammurabis viertem Nachfolger Ammiṣaduqa überlieferte Angaben über Venuskonstellationen, die sich jeweils nach 56 oder 64 Jahren wiederholen, die Ungewißheit stark einschränkten mit dem Ergebnis, daß Hammurabis 1. Jahr nach einer kurzen Chronologie 1728, nach einer mittleren 1792 und nach einer langen 1848 gewesen wäre. Nachdem die Authentizität der durch viel jüngere Omentexte überlieferten Venusdaten schon früher angezweifelt worden war, werden sie heute von Astronomen fast allgemein als eine spätere Konstruktion angesehen; damit verlieren sie für die Chronologie jede Bedeutung. Wir müßten also auf genaue Zeitangaben vor 1500 ganz verzichten,

in RlAss. VI (1980) 77–135 mit Wiedergabe der Texte. Die letzte Stellungnahme zur Chronologie des Assyrerreichs ist J. Boese und G. Wilhelm, Aššur-dān I, Ninurta-apil-Ekur und die mittelassyrische Chronologie, WZKM 71 (1979) 19ff. mit Literatur.
[4] Vgl. E. Hornung, Untersuchungen zur Chronologie und Geschichte des Neuen Reiches, Wiesbaden 1964.

können aber gleichwohl nicht auf runde Annäherungszahlen ausweichen, wie wir sie für das frühe dritte Jahrtausend anzugeben gewohnt sind. Denn ganz anders als für die Frühzeit ist für die Zeit der letzten sumerischen Dynastie von Ur III und die folgenden Dynastien von Isin, Larsam und Babylon die Regierungsdauer jedes Königs meistens sehr genau bekannt. Denn man datierte in dieser ganzen Zeit wie teilweise schon vorher nach in Babylonien zumeist sumerischen Jahresnamen, die in der Regel ein für besonders wichtig gehaltenes Ereignis des Vorjahres zum Gegenstand hatten. Diese Jahresnamen wurden in Jahresdatenlisten zusammengefaßt, von denen große Stücke erhalten sind;[5] sie sind die Basis für den Schlußteil der sogenannten sumerischen Königsliste mit ihren fast durchweg exakten Zahlen. Da nun vorläufig keine Aussicht besteht, daß wir für die altbabylonische Zeit und die noch älteren Perioden eine allgemein anerkannte absolute Chronologie erarbeiten könnten, ist es zweckmäßig, an den bisherigen Ansätzen entweder der kurzen oder der mittleren oder der langen Chronologie festzuhalten, um innerhalb dieser aufgrund von Königsliste und Datenlisten genau datieren zu können. Ich bevorzuge die kurze Chronologie, weil sie oder eine nur wenig längere zur hethitischen Geschichte am besten paßt und weil triftige Gründe für die Annahme bestehen, daß Jachdunlim und Zimrilim von Mari nach dem Ende der XII. Dynastie Ägyptens regierten.[6]

Für die Zeit des Großreichs von Akkade gehen die Zahlen noch weiter auseinander, weil die Dauer der auf es folgenden Fremdherrschaft der Gutium (s. S. 25) umstritten ist. Für die Zeit vor Akkade gibt die sumerische Königsliste weithin stark überhöhte Zahlen; für die Chronologie ist sie daher ohne Nutzen, und wir sind auf Schätzungen angewiesen. Eine Abstimmung mit der freilich auch noch umstrittenen Chronologie der ersten Dynastien Ägyptens ist für die Zeit der Schrifterfindung notwendig. Man hat versucht, hier mit Hilfe der sogenannten C 14-Methode, die das Alter von Gegenständen durch Messung des Gehalts an radioaktiven Isotopen zu bestimmen sucht, genauer zu datieren. Die Meßergebnisse gehen aber

---

[5] Vgl. A. Ungnads Artikel ›Datenlisten‹ in RlAss. II (1936) 131–194; die vielfachen Korrekturen am Text der Datenformeln und die zahlreichen dazugekommenen Daten wurden noch nicht wieder umfassend zusammengestellt. Zur sumerischen Königsliste s. S. 40, Anm. 3.

[6] Die Mari-Texte erwähnen Ägypten nicht, was zur Zeit der mächtigen 12. Dynastie dort kaum verständlich wäre.

infolge mancher methodischer Unzulänglichkeiten noch zu weit auseinander, um für die letzten etwa 5000 Jahre zuverlässige Angaben zu liefern.[7]

2. Quellen für die politische Geschichte

Da Wirtschaft, Gesellschaft und Kultur des alten Vorderasien in den späteren Kapiteln behandelt werden, geht es hier nur um die politische Geschichte und die Quellen für sie. Folgende Gruppen von Quellen stehen in verschiedenem Ausmaß zur Verfügung:
a) Selbstaussagen der handelnden Personen, also vor allem der Könige und Fürsten sowie ihrer hohen Funktionäre, in Inschriften, Datenformeln, Verlautbarungen anderer Art und Briefen.
b) Darstellungen von Ereignissen durch andere, gleichzeitige und spätere. Dazu gehören die Königs-, Eponymen- und Datenlisten (s. S. 150), verschiedenartige Chroniken (s. S. 151) und Könige besingende epische Dichtungen (s. S. 199f.), ferner Aussagen im Alten Testament und bei antiken Schriftstellern. Geschichtsschreibung im strengen Sinn gab es im Alten Orient außerhalb Israels nicht.
c) Briefe der Behörden und Verwaltungen sowie manchmal auch Privatbriefe. Leider sind die Briefe nur selten datiert.
d) Urkunden aller Art, zu denen auch politische Verträge gehören. Alle diese sind sehr oft datiert.
e) Auf politische Themen bezügliche Deutungen in den Sammlungen von Omina (s. S. 146). Meistens geht es in diesen um Zustände in den Ländern; Hinweise auf Vorkommnisse bei einzelnen Königen sind aber auch häufig. Manche dieser Angaben sind allerdings sagenhaft.
f) Hinweise auf geschichtliche Ereignisse und die Nennung einzelner Könige in Literaturwerken verschiedener Art.
g) Orakelanfragen, Prophezeiungen und vergleichbare Aussagen.
Die Ergiebigkeit dieser Quellengruppen ist je nach den Personen, der Abfassungszeit und dem Herkunftsland sehr ungleich. Politi-

---

[7] Vgl. dazu B. Hrouda und viele Mitarbeiter, Methoden der Archäologie. Eine Einführung in ihre naturwissenschaftlichen Techniken, München 1978. Behandelt werden dort außerdem noch Dendrochronologische Altersbestimmungen, Archäomagnetismus und magnetische Datierung, Thermolumineszenz und die Obsidian-Datierung.

sche und religiöse Tendenzen sowie oft der Wille zur Selbstdarstellung und zu propagandistischer Beeinflussung müssen geprüft und berücksichtigt werden. Mehr als einige exemplarische Hinweise darauf können hier nicht gegeben werden.[8]

3. Die frühsumerische und die frühdynastische Zeit

Die kurz vor der Schrifterfindung in Babylonien um 3200 einsetzende frühgeschichtliche oder frühsumerische Zeit, auch Zeit der ältesten Hochkultur genannt, wird aufgrund der Schriftentwicklung und des Wandels in Bau- und Bildkunst in zwei Hauptphasen eingeteilt, deren zweite oft Dschemdet-Nasr-Zeit genannt wird und bis etwa 2800 gereicht haben mag. Königsinschriften gab es noch nicht, und die vielen Urkunden zumeist aus Uruk sind erst teilweise verständlich. Die sumerische Königsliste dürfte einige in diese Zeit gehörige Namen enthalten, mag das auch vielleicht für immer unerweisbar bleiben. Die acht bis zehn „Könige vor der Flut" dieser Liste mit „Regierungszeiten" bis zu 72000 Jahren und sumerischen Namen mögen zum Teil spätere Erfindung sein; daß Eridu die älteste sumerische Stadt war, kann jedoch durchaus zutreffen.[9] Zum Problem Sumerer und Semiten s. S. 13ff.

Die etwa 500 Jahre nach dieser Frühzeit mit ihren nach Ausweis der Großbauten zeitweise recht stabilen Verhältnissen nennen wir in Babylonien, Assyrien und Mesopotamien die frühdynastische Zeit und unterscheiden in ihr die Perioden I, II und III. Ganz kurze Königsinschriften sind für II bezeugt, ausführliche sumerische Inschriften mit Bau-, Kriegs- und Reformberichten seit etwa 2400 zumeist aus Lagasch, das seit Eannatum und Entemena viele Kämpfe mit Nachbarstaaten ausfocht; für die Reformen Uruinimginas s. S. 62. Die Königslisten weisen für diese Zeit auf häufige Herrschaftswechsel; etliche historische Reminiszenzen enthalten einige sumerische und babylonische Mythendichtungen etwa über Enmerkar und Lugalbanda, Gilgamesch und Etana (s. S. 205ff.).

[8] Vgl. R. Borger und W. Schramm, Einleitung in die assyrischen Königsinschriften, Teil 1 und 2, Leiden 1961, 1973, und in RlAss. VI die Artikel ›Königslisten und Chroniken‹ (s. S. 40, Anm. 3), ›Königsinschriften‹ (D. O. Edzard und J. Renger, S. 59ff.) und ›Königsbriefe‹ (P. Michalowski, S. 51ff.; bis zur altbabyl. Zeit).

[9] Eridu hat im Gegensatz zu Ur(i), Unug/Uruk, Larsam und anderen Städten einen sumerischen Namen. Zur Königsliste s. S. 40, Anm. 3.

Die sumerischen und vereinzelte akkadische Urkunden werden ab II weithin, ab III ganz überwiegend verständlich; sie nennen viele wichtige Persönlichkeiten und sind reich an mancherlei Informationen aus verschiedenen Städten. Trotzdem kennen wir sicher nur eine recht zufällige Auswahl der wesentlichen Ereignisse. Am Ende dieser Zeit steht der Eroberkönig Lugalzaggesi von Umma, der zuletzt Sargon (s. u.) unterlag.

In Syrien beginnt die Geschichte für uns mit Frühdynastisch III, das in etwa der mittleren Frühbronzezeit entspricht. Die in den vielen Urkunden aus Ebla, den Briefen und einigen staatsvertragähnlichen Texten enthaltenen mannigfachen Nachrichten über die Könige von Ebla und andere Staaten auch Mesopotamiens sind erst zum kleinen Teil erschlossen, nicht zuletzt deswegen, weil viele Orte und Länder noch nicht lokalisierbar sind. Wir wissen derzeit auch noch nicht, ob Ebla zeitweilig Hauptstadt eines vielleicht bis nach Assyrien reichenden Reiches war oder nur ein Handels- und Kulturzentrum. Schon jetzt steht fest, daß unsere bisherigen Auffassungen über die Geschichte des 24. Jahrhunderts wesentlicher Korrekturen bedürfen, weil bisher unbekannte Staaten in den Blick getreten sind.[10]

4. Das Großreich von Akkade und die neusumerische Zeit

Für das erste nachweisbare Großreich der Geschichte fließen die Quellen, nun großenteils in akkadischer Sprache, reichlicher. Der Emporkömmling Scharrukin – herkömmlich Sargon genannt[11] – hat nach der Mitte seiner langen Regierung (etwa 2330–2274) seine Waffen bis nach Anatolien und Südwestiran getragen. Seine Nachfolger Rimusch und Manischtuschu konnten den Kern des Reiches halten, das dann Naramsin (2250–2213) für kurze Zeit noch einmal vor allem nach Südosten erweiterte. Von den vier Königen besitzen wir viele Inschriften mit Kriegsberichten, teilweise freilich nur in jüngeren, nicht überall korrekten Abschriften. Dazu tritt eine reiche, alles weit überhöhende Sagenüberlieferung auch aus dem

---

[10] Die Angaben in den S. 17, Anm. 7, genannten Büchern sind heute schon wieder teilweise überholt.
[11] Die Namensform Sargon, nur einmal im Alten Testament für Sargon II. von Assyrien bezeugt, stellt einen Schreibfehler für Sargīn dar, hat sich aber eingebürgert.

Hethiterreich, von der noch im Chaldäerreich einzelne Stücke neu abgeschrieben wurden. In dieser wie in vielen Omendeutungen erscheint Sargon als Götterliebling und Glücksherrscher, Naramsin jedoch trotz glanzvoller Anfänge vorwiegend als Unglücksherrscher. Auf viele wesentliche Fragen bleibt freilich auch diese vielseitige Überlieferung die Antwort schuldig.[12]

Nach dem Zusammenbruch des Reichs von Akkade und der Vertreibung der Gutium (s. S. 25) durch Utuchengal von Uruk führte die 3. Dynastie von Ur (2064–1955) eine Art von Renaissance des Sumerertums herauf. Trotz sehr vieler, überwiegend kurzer Königsinschriften wissen wir über die politische Geschichte dieser Zeit wenig, weil die Könige ebenso wie die allermeisten späteren Könige Babyloniens über ihre Siege allenfalls in ganz stereotypen Wendungen ohne Angabe konkreter Tatsachen sprachen und sonst vor allem über Bauten berichteten. Etwas mehr sagen die Jahresdatenformeln, vereinzelt erhaltene Briefe und Notizen aus späterer Zeit. Ein Großreich hat selbst der bedeutendste König der Dynastie, Schulgi (2046–1998), nicht angestrebt. Zur kultischen Königsvergöttlichung, die nun für 300 Jahre eine der bemerkenswertesten Erscheinungen wird, vgl. S. 63, zu der durch Zehntausende von Urkunden bezeugten Bürokratie S. 67.

Wahrscheinlich mit dem Dynastiegründer Urnammu (2064 bis 2046) etwa gleichzeitig und lose von ihm abhängig regierte in Lagasch der durch seine vielen Statuen mit teilweise langen Inschriften und den einzigartigen großen Bauhymnen (s. S. 197) berühmte Stadtfürst Gudea (etwa 2060–2035[13]), ein hochgeistiger Mann, der dem Stadtfürstentum als der für Babylonien vor den zentralistisch regierenden Akkade-Königen vor allem charakteristischen Institution (s. S. 59f.) noch einmal zu hohem Ansehen verhalf, ehe bald danach Schulgi die Stadtfürsten zu lokalen Statthaltern degradierte. Die Stadtfürsten erlangten allerdings erneut ein starkes Gewicht, als unter dem letzten König der Ur-Dynastie, Ibbi-Sîn (1980–1955), die Zentralgewalt wieder schwächer wurde und schließlich zwischen Elam und Kondottieri kanaanäischer Herkunft zerrieben wurde.

---

[12] Das Thema wurde noch nie umfassend behandelt. Für einen Teil der Sargon-Überlieferung vgl. Br. Lewis, The Sargon Legend, Cambridge, Mass. 1980.

[13] Das zeitliche Verhältnis von Gudea zu Urnammu ist umstritten; manche setzen Gudea vor Urnammu an.

5. Die Anfänge Assyriens und seine Handelskolonien

Über Assyrien im dritten Jahrtausend ist mangels Quellen sehr wenig bekannt. Auf welche älteren Bewohner die Akkader dort trafen, wissen wir nicht. Ob es in den Ebla-Texten erwähnt ist, ist noch umstritten.[14] Einzelne Urkunden und die Inschrift eines Stadtfürsten sind aus der Akkadezeit bekannt. Wie zum Reich von Akkade gehörte es zeitweilig auch zum Reich der 3. Dynastie von Ur. Aus dem 19. Jahrhundert kennen wir einige Königsinschriften in assyrischer Sprache vor allem von den Königen Iluschumma und Irīschum I. (um 1800). Unsere Hauptquellen für diese Zeit sind aber die vielen tausend assyrischen Briefe und Urkunden aus den Handelskolonien in Kappadokien mit dem Hauptort Kanisch (heute Kültepe), aus dem die bei weitem meisten Tafeln stammen.[15] Von historischen Ereignissen ist in diesen zwar fast nie die Rede; für Wirtschaft, Sozialordnung und vieles andere ist ihnen aber sehr viel zu entnehmen.

Auf die Dynastie des Iluschumma folgten einige fremde Usurpatoren; der bedeutendste unter ihnen war Schamschi-Adad I. (etwa 1750–1717); vgl. dazu S. 48f.

6. Die altbabylonische Zeit

Die altbabylonische Zeit von etwa 1950–1530 ist eine Zeit voller Unruhe, aber auch reich an neuen Gedanken. Die in wechselnden Hauptstädten oft nur kurzlebigen Dynastien waren überwiegend kanaanäisch-amurritischer Herkunft.[16] Auch in den Hauptstädten, die sich bei sehr unterschiedlicher Gebietsgröße längere Zeit als solche behaupten konnten, wechselten die Herrscherfamilien mehr-

---

[14] Grund ist die noch nicht gesicherte Lesung eines Landesnamens in Ebla-Schreibweise.
[15] Vgl. P. Garelli, Les Assyriens en Cappadoce, Paris 1963, und M. Larsen, The Old Assyrian City-State and its Colonies, Kopenhagen 1976. Früher dachten einige zu Unrecht an ein assyrisches Großreich in dieser Zeit.
[16] Vgl. D. O. Edzard, Die zweite Zwischenzeit Babyloniens, Wiesbaden 1957; G. Buccellati, s. S. 19, Anm. 10. Die babylonischen Königslisten fassen ohne Rücksicht auf die familiäre Herkunft die Könige zu einer Dynastie zusammen, die unmittelbar nacheinander in derselben Hauptstadt residierten.

fach. Zehn Generationen nacheinander in Babylon von Sumulaʾel über Hammurabi (1729–1686) bis zu Samsuditana (1816–1531) waren ein Ausnahmefall; bei den ganz überwiegend gleichzeitigen Dynastien von Isin (1969–1732) und Larsam (1961–1700; Rim-Sin 1761–1700) gab es mehr Wechsel der Königsfamilien.

Weitere wichtige Zentren waren Eschnunna an der Dijala, Mari in Mesopotamien sowie in Syrien vor allem Halab/Aleppo und Karkemisch am Euphrat. Von der kleinen Stadt Terqa unweit Mari gelangte auf Umwegen der schon genannte Usurpator Schamschi-Adad nach Assyrien, um von dort aus später auch seine Heimat mit Mari und Nordmesopotamien zu erobern. Erst nach seinem Tod konnte Hammurabi von seinem anfangs kleinen Stammland aus nach Süden wie nach Nordwesten vorstoßen und ganz Babylonien, Assyrien (teilweise) und Mesopotamien sich unterwerfen. Die ohnehin nicht sehr weit ausgreifende Reichsbildung überlebte Hammurabi nicht lange, da schon unter seinem Sohne Samsuiluna (1686–1648) sogar Südbabylonien unter einer „Meerland-Dynastie" wieder selbständig wurde, wobei im Gegensatz zur Isin-Larsam-Zeit der Schwerpunkt Babyloniens allerdings im Norden blieb. Ein Hethiter-Einbruch machte 1531 dem durch die Kassiten (s. S. 50) schon stark geschwächten ersten Reich von Babylon ein Ende.

Die Quellen für die altbabylonische Zeit sind selbst im Vergleich mit den neusumerischen ungewöhnlich zahlreich und vielseitig, jedoch sehr ungleichmäßig verteilt, so daß für uns erhebliche Erkenntnislücken bleiben. In Babylonien wurden die Königsinschriften noch lange sumerisch abgefaßt und berichten meistens nur über Bauten. Etwas mehr bieten einige babylonische Inschriften von Hammurabi, Samsuiluna und einigen Kleinkönigen sowie von Schamschi-Adad und dem ihm in Mari vorangehenden Jachdunlim. Ohne die Jahresdatenformeln würden wir gleichwohl über manches wichtige Ereignis nichts wissen.[17] Für Hammurabi ist die historische Einleitung zu seiner Gesetzesstele (s. dazu S. 127) besonders ergiebig. Vereinzelte Königsinschriften besitzen wir auch aus Nordsyrien (z. B. Ebla), für das die Inschriften des Hethiterkönigs Hattusilis I. (um 1550) weitere wichtige Nachrichten enthalten.

Aus zahlreichen Städten Babyloniens sowie der Königreiche von

---

[17] Da aus Mari und Eschnunna Jahresdatenlisten noch fehlen, ist die Reihenfolge der mit Datenformeln benannten Jahre oft nicht sicher festzustellen.

Eschnunna (s. o.) und Mari kennen wir Hunderte und mehrfach auch Tausende von Rechts- und Verwaltungsurkunden aller Art, die mit ihren Datierungen, Könige nennenden Eidesformeln und anderen Angaben unsere Kenntnis der Geschichte erweitern. Ähnliche Urkunden aus Nordsyrien sind mit Ausnahme des Archivs der Stadt Alalach[18] derzeit noch größtenteils unveröffentlicht.

Zu den Urkunden kommen Tausende von überwiegend syllabisch geschriebenen Briefen aus privaten und öffentlichen Archiven. Die Privatbriefe behandeln zu allermeist geschäftliche Themen oder die Landwirtschaft, enthalten aber auch geschichtliche Nachrichten, für die dann allerdings in der Regel die genaue Datierung fehlt. Von den Verwaltungskorrespondenzen der Könige von Isin und Larsam ist nur sehr wenig erhalten, um so mehr aber aus der Zeit Hammurabis und, in geringerer Zahl, seiner Nachfolger in Babylon. Nur durch den Briefwechsel Hammurabis und seiner obersten Beamten wissen wir, daß die Bekenntnisse zur Fürsorgepflicht für die Untertanen in der Gesetzesstele und den Inschriften mehr sind als schöne Redensarten; auch „der kleine Mann" und die Bewohner unterworfener Städte konnten sich rechtsuchend an den König wenden.

Über den patriarchalen Absolutismus dieser Zeit informiert uns noch umfassender das große Palastarchiv von Mari, das ganz überwiegend öffentliche Korrespondenzen enthält aus der Zeit des Jachdunlim (vor 1745) und noch viel mehr seines Neffen Zimrilim (1716–1695) sowie zwischen diesen des aus Assyrien eingefallenen Eroberers Schamschi-Adad I. Anders als bei Hammurabi ist in den Mari-Briefen auch von der Außenpolitik, von Feldzügen und von Bündnissen sehr viel die Rede. Vor allem aber werden die handelnden Personen, insbesondere Schamschi-Adad als Erzieher seiner Söhne, des ihm in Assyrien nachfolgenden Ischme-Dagan I. (1717–1677) und des in Mari als Vizekönig residierenden, viel schwächeren Jasmach-Adad sowie Zimrilim auch mit den Frauen seines Hofes für uns in einer Weise lebendig, wie sie im Alten Orient vor der Sargonidenzeit Assyriens ganz ungewöhnlich ist.[19]

---

[18] Ein großer Teil der Texte wurde von D. J. Wiseman in ›The Alalakh Tablets‹ (London 1953) herausgegeben. Viele Zusätze in JCS 8 (1954) 1 ff. und 13 (1959) 19 ff. und 50 ff.

[19] Die Briefe und Urkunden aus Mari finden sich vor allem in der Reihe ›Archives Royales de Mari‹, die derzeit bis Vol. 23 reicht, sowie in den französischen Zeitschriften Revue d'Assyriologie, Syria und MARI.

Für das Gesamtbild dieser Zeit ist das Weiterleben der sumerischen Literatur (s. dazu S. 194 ff.) von ebenso großer Bedeutung wie die Entstehung einer in vielem durchaus eigenständigen babylonischen Literatur und das Wirksamwerden neuer Konzeptionen im Bereich der Wissenschaft (s. S. 140 ff.). Im Vergleich dazu nimmt sich die altbabylonische Kunst nach der schöpferischen Akkade-Zeit eher bescheiden aus.

7. Der Alte Orient zwischen etwa 1530 und 1000

Der Raubzug des Hethiterkönigs Mursilis I. 1531 nach Babylon war zwar politisch nur eine Episode, die den Hethitern kaum etwas einbrachte, hatte aber in Verbindung mit anderen Veränderungen doch schwerwiegende Konsequenzen für das Zweistromland. Da es für die Zeit bis etwa 1400, auch „dunkle Zeit" genannt, außerhalb des hethitischen Anatolien abgesehen von den jüngeren, nicht überall zuverlässigen Königslisten kaum Quellen aus Babylonien und Syrien gibt, können wir die durch das Eindringen der Kassiten in Babylonien, der Hurriter im Norden und Westen sowie weiterer Kanaanäergruppen in Syrien-Palästina bewirkten Umwälzungen nur aus den besser bekannten politischen Verhältnissen in der Amarna-Zeit (s. S. 52) teilweise erschließen. Fast nichts erfahren wir über die 1. Dynastie des Meerlandes in Südbabylonien (etwa 1670–1450) sowie die frühen Kassitenkönige. Die zumeist in einem Spätsumerisch geschriebenen Inschriften der späteren Kassitenkönige sind inhaltlich überwiegend recht dürftig.[20] Nach 1300 enthalten die Landschenkungsurkunden auf Grenzsteinen (bab. *kudurru*) einige zusätzliche Informationen über die im Lande längst nicht mehr als Fremdherrscher geltenden Könige. Die Wirren in den letzten Jahren der Kassitendynastie (etwa 1677–1152) machte sich um 1152 der Elamiterkönig Schilhak-Inschuschinak zunutze, um Babylonien zu erobern. Die 2. Dynastie von Isin (etwa 1152–1020) mit Nebukadnezar I. (1120–1098) als dem bedeutendsten König nach Hammurabi bewirkte zunächst politisch wie kulturell einen neuen Aufschwung. Bald danach brachten allerdings die Kämpfe mit Assyrien und den Aramäern (s. S. 53) schwere Rückschläge.

---

[20] Vgl. J. A. Brinkman, Materials and Studies for Kassite History, Vol. I, Chicago 1976. Aus der frühen Kassitenzeit gibt es jetzt unveröffentlichte Urkunden.

Durch Quellen, darunter auch durch assyrische Inschriften und Chroniken, leidlich bezeugt sind wie bei den Kassiten nur wenige Könige. Briefe und Urkunden sind aus dieser Zeit viel weniger erhalten als aus der späteren Kassitenzeit.[21]
Nördlich des kassitischen Babylonien erstreckte sich zeitweilig vom Zagros bis ans Mittelmeer das Mitanni-Reich (etwa 1460 bis 1330; s. S. 23 und 26) mit der Hauptstadt Wassukkanni (heute Tell Fecherija bei Ras el-ᶜAin). Leider fehlen Königsinschriften hier noch ganz; vom Reichsgründer Sauschtatar ist ein Siegel erhalten. Von dem letzten ganz unabhängigen König Tuschratta sind im Briefarchiv von Tell el-Amarna (s. u.) mehrere sehr lange Briefe in babylonischer und hurritischer Sprache auf uns gekommen. Wichtige Nachrichten enthalten auch assyrische und hethitische Inschriften sowie Verträge mit Hethiterkönigen. In Provinzstädten wurden einige Urkunden- und Briefarchive gefunden. Am wichtigsten sind die Archive des Fürstentums Arrapcha (heute Kerkuk) wie vor allem das von Nuzi mit etwa 4000 Tafeln. Das inhaltlich vielseitigere von Emar (heute Meskene) am Euphrat ist noch nicht herausgegeben.[22]
Dem Mitannireich eingegliedert war lange auch Assyrien. Die Fürsten und – seit Assur-uballiṭ I. (1354–1318) – Könige von Assur machten sich aber seit etwa 1350 wieder selbständig und eroberten bald den Ostteil des Reiches vor allem unter Adad-narari I. (1296–1264), Salmanassar I. (1264–1234) und Tukulti-Ninurta I. (1234–1197), der zeitweilig auch Nordbabylonien besetzte und Babylon zerstörte; die Kämpfe schildert sehr lebendig ein Kriegsepos (s. S. 200). Auf die Ermordung Tukulti-Ninurtas folgte eine Zeit des Niedergangs; danach schuf Tiglatpilesar I. (ass. Tukulti-apal-Escharra; 1116–1077) nach vielen Kämpfen vor allem gegen die Aramäer erneut ein größeres Reich bis nahe an das Mittelmeer. Alle genannten Könige hinterließen viele, teilweise sehr lange Inschriften mit ausführlichen Kriegsberichten. Sie waren zumeist in einem assyrisch gefärbten Babylonisch abgefaßt, das in Assyrien als fein angesehen wurde. Die wie früher nach Eponymen datierten Urkunden und die Briefe aus Assur und einigen Provinzstädten sind

---

[21] Vgl. J. A. Brinkman, A Political History of Post-Kassite Babylonia 1158–722 B.C., Roma 1968, auch zum folgenden.
[22] Eine zusammenfassende Behandlung der Archive von Nuzi, Arrapcha und Kurruchanni steht noch aus, obwohl außer den Texten sehr viele Einzelstudien veröffentlicht wurden.

historisch weniger ergiebig. Die ersten großen Verschleppungen hatte bereits Salmanassar I. organisiert und Tukulti-Ninurta I. fortgesetzt. Besonders kennzeichnend für das 14. und teilweise auch noch 13. Jahrhundert in Vorderasien sind die vielen internationalen Korrespondenzen und teilweise umfangreichen zwischenstaatlichen Verträge in babylonischer, hethitischer und vereinzelt hurritischer Sprache aus verschiedenen Archiven in Kleinasien, Syrien und Ägypten. Wir nennen das 14. Jahrhundert die Amarnazeit nach dem vor 100 Jahren in Achetaton bei el-Amarna, der Hauptstadt des Sonnenkönigs Amenophis IV./Echnaton, gefundenen Archiv mit vielen Briefen in einem westlichen Babylonisch, der damaligen Diplomatensprache.[23] Danach erkannten damals die größeren Staaten wie Ägypten, Hatti, Mitanni, Babylonien, Assyrien und zeitweilig auch Alaschia/Zypern einander als gleichberechtigt an und verhandelten oft lange, um Kriegsgründe auszuräumen, bis das Staatensystem nach 1300 wieder zerbrach. Die Kleinstaaten Syrien-Palästinas wie z. B. Jerusalem, Gubla/Byblos, Ṣumur/Simyra, Halab/Aleppo und Alalach galten in der Mehrheit als Vasallen Ägyptens, in Nordsyrien aber von Mitanni und später Hatti. Fürsten und Kondottieri versuchten aber zumal in einer Mittelzone zwischen den „Großmächten" zu lavieren und befehdeten sich vielfach. Ihre Namen waren zumeist hurritische oder kanaanäische. In der stark gemischten Bevölkerung Syriens gab es mannigfache Klassenunterschiede (s. S. 74).

Die Archive von Ugarit und Hattusas sind auch für das 13. Jahrhundert noch recht ergiebig. Nach dem in vielen Einzelheiten noch unklaren Seevölkersturm um 1200 erlischt aber für lange Zeit jede Überlieferung. Für Palästina sind wir dann fast ausschließlich auf die Geschichtsbücher des Alten Testaments angewiesen, die freilich über die eingewanderten Israelstämme und ihre Gegner im Kulturland auch nur unzureichend Auskunft geben. Die wenigen phönizischen Inschriften sind ziemlich unergiebig.

[23] Vgl. außer der großen Ausgabe von J. A. Knudtzon, O. Weber und E. Ebeling, Die Amarna-Tafeln, Leipzig 1915 (Vorderasiatische Bibliothek 2) noch A. F. Rainey, El Amarna Tablets 359–379, AOAT 8 (1970), und J.-G. Heintz und Mitarbeiter, Index Documentaire d'el Amarna 1, Wiesbaden 1982. Über die in den Briefen genannten Städte und Fürsten gibt es viele Untersuchungen.

8. Vorderasien 1000–750 und der Aufstieg des Assyrerreichs

Vor und nach der Jahrtausendwende sorgten allenthalben die Aramäerstämme (s. dazu S. 21) für recht instabile Verhältnisse. In Babylonien konnten sich nur wenige Könige im ganzen Land durchsetzen und auch Angriffe der Assyrer erfolgreich abwehren. Die Quellen für diese Zeit sind äußerst dürftig und lassen uns bei sehr vielen Fragen ganz im Stich.

Assyrien war zunächst nur wenig besser dran, konnte aber die Aramäer von seinem Kernland abwehren. Syrien-Palästina blieb sich selbst überlassen; David von Israel konnte vorübergehend Damaskus und vielleicht auch Aleppo besetzen, ohne das Eingreifen eines Großstaates befürchten zu müssen. In Assyrien setzen Königsinschriften erst nach etwa 960 wieder ein und werden bald auch inhaltlich wieder ergiebiger. Ergänzende Chronikangaben kommen erst nach 910 dazu. Etwa in dieser Zeit wurde Assyrien auch vor allem gegen die Aramäerstaaten in Mesopotamien wieder offensiv, wie wir aus den nun überwiegend assyrisch abgefaßten Inschriften erfahren; mit Babylonien kämpfte man mit wechselndem Erfolg um Grenzgebiete. Den Höhepunkt der ersten Periode der großen Expansion bildete die Regierung des ebenso brutal wie planmäßig vorgehenden Assurnassirpal II. (884–859); große Teile der noch auf Selbständigkeit bedachten Volksgruppen wurden in steigernder Fortführung der seit dem 13. Jahrhundert befolgten Methoden umgesiedelt. Seine vielen Inschriften und die Relieffolgen auf den Palastwänden in Kalach dienten mit Vorrang der Propaganda.

Viel weiter aus griff mit den gleichen Methoden sein Sohn Salmanassar III. (859–824), der seine Möglichkeiten oft überschätzte und in Syrien manchen Mißerfolg einstecken mußte, da Damaskus, Israel und andere Staaten Koalitionen gegen ihn bildeten. Auch er hinterließ viele lange Inschriften und Kriegsberichte auf Bildfolgen (s. S. 224).[24]

Von seinen Nachfolgern hören wir viel weniger, obwohl Adadnerari III. (810–782) erstmalig bis zur Grenze Ägyptens vordrang. Die Macht der Statthalter der großen Provinzen wuchs unter ihm und seinen schwächeren Nachfolgern immer mehr an. Sie und syrische Vasallenfürsten setzten sich oft Stelen mit eigenen akkadischen, aramäischen und bild-luwischen Inschriften, die wichtige Nachrichten enthalten.

[24] Vgl. dazu W. Schramm in dem S. 44, Anm. 8, genannten Buch.

Ein zeitweilig gefährlicher Gegner Assyriens wurde in Armenien seit etwa 850 das Königreich Urartu, dessen Könige (etwa 828–753 Ispuinis, Menuas und Argistis I.) auch nach Syrien vordrangen und meist urartäische Inschriften abfassen ließen (s. S. 23 f.). Keine geschriebenen Quellen haben wir hingegen für Nordwestiran, wo sich in Medien ein neues Reich bildete, und im Süden für Elam.

In Syrien-Palästina kam es auch in den Jahrhunderten einer durch Angriffe der Großmächte außer in Nordsyrien nicht allzu oft gestörten Entwicklung nie zur Ausbildung eines die ganze Region umfassenden Großstaates. Damaskus hatte zwar lange eine Vorrangstellung, wurde aber kein politisches Zentrum. Von Israel und Juda abgesehen, kennen wir die Geschichte der vielen Einzelstaaten trotz etlicher Inschriften nur sehr unzureichend; sie erfordert eine eigene Darstellung.

9. *Das neuassyrische Großreich: größte Macht und Untergang. Tiglatpilesar III. und die Sargoniden*

Der Usurpator Tiglatpilesar III. (746–727), vielleicht aus einer Nebenlinie der Dynastie, wurde der eigentliche Begründer des assyrischen Großreichs. Er schlug Urartu in Nordsyrien entscheidend, eroberte Damaskus und machte Babylonien zu einem Vasallenstaat besonderer Art. Er verkleinerte die Provinzen, um die zu groß gewordene Statthaltermacht zu beschränken. Seine besonders nüchtern stilisierten Inschriften sind nur teilweise erhalten. Briefe besonders von Agenten z. B. in Urartu und eine Chronik enthalten zusätzliche Nachrichten. Sein Sohn Salmanassar V. (727–722) verfiel aus nicht ganz geklärten Gründen einer völligen 'damnatio memoriae'; er kam bei der Belagerung von Samaria, der Hauptstadt von Israel, um.

Die nun folgende Zeit der vier großen Sargoniden ist mit Ausnahme der späten Jahre Assurbanipals durch Quellen so reichlich und vielseitig bezeugt wie keine andere Periode der Geschichte des alten Mesopotamien. Jeder König hinterließ sehr viele und mehrfach auch sehr lange Inschriften, die im Stil und dem, was sie sagen oder verschweigen, den Stempel seiner Persönlichkeit tragen (s. S. 198). Zusätzlich sehr ergiebig ist ein großes Briefkorpus, zumeist aus Ninive, in assyrischer und babylonischer Sprache. Nur das altbabylonische Archiv von Mari (s. S. 49) ist von ähnlicher Aussagekraft für den König und seine Funktionäre. Unter den Urkunden sind die Königsurkunden wichtig.[25] Dazu kommen die Leberschauanfragen an die Götter Schamasch und Adad sowie Orakel von der Ischtar von Arbela und Königsgebete. Auch das Alte Testament und da und dort griechische Nachrichten sind ergänzend von Bedeutung. Schließlich müssen die Bildberichte auf den Palastwänden in Dur-Scharrukin und Ninive genannt werden (s. S. 224). Von den Nachfolgern Assurbanipals haben wir nur wenige Inschriften, einige Chronikberichte und für die Datierung Urkundengruppen auch aus Babylonien. Eine umfassende Gesamtdarstellung der Sargonidenzeit fehlt.

Der Usurpator Sargon II. (ass. Scharrukin; 722–705) vollendete das Werk Tiglatpilesars III. Er schlug Urartu, drang nach Kilikien und bis an die ägyptische Grenze vor und kämpfte in Babylonien auch mit Elam, erkannte allerdings einige Male seine Grenzen nicht. Die meisten Vasallenstaaten wurden zu Provinzen degradiert. Aus Mißtrauen gegen die Priester und Bürger der alten Hauptstädte gründete er die neue Hauptstadt Dur-Scharrukin, konnte sie aber nicht fertigstellen und fiel im Kampf im Osten.[26]

Sein hochbegabter Sohn Sanherib (ass. Sin-achche-riba; 705 bis 681) war noch maßloser, erzielte aber keine dauerhaften Erfolge trotz der totalen Zerstörung von Babylon und einem Flottenangriff auf Elam. Zu seinen eindrucksvollen technischen Leistungen gehörte der große Aquädukt von Dscherwan in Assyrien, von dem heute noch viel steht. Die Hauptstadt verlegte er nach Ninive, das groß ausgebaut wurde; auf Betreiben der Priester im vernachlässigten Kalach wurde er von eigenen Söhnen ermordet. Die assyrische Bildkunst, die schon Sargon vielfältig gefördert hatte, erreicht unter Sanherib ihren Höhepunkt.

Sein Sohn Asarhaddon (ass. Aschschur-ach-iddin; 681–669) baut Babylon wieder auf und ist dort um einen Ausgleich bemüht, gerät östlich Assyriens aber durch die Kimmerier (s. S. 26) und Meder in Bedrängnis, die sich in vielen Anfragen an die Götter äußert. Ein Bündnis mit den Skythen schafft zunächst Erleichterung. Der kränkliche König erobert dann Nordägypten und stirbt auf einem

---

[25] Vgl. J. N. Postgate, Neo-Assyrian Royal Grants and Decrees, Rom 1969; E. G. Klauber, Politisch-religiöse Texte aus der Sargonidenzeit, Leipzig 1913, zu den Leberschauanfragen.
[26] Sanherib ließ sich von einem Theologen bestätigen, der gewaltsame Tod seines Vaters ohne Bestattung sei eine Folge seiner Versündigung durch den Bau der neuen Hauptstadt gewesen.

zweiten Ägyptenzug. Vorher hatte er festgelegt, daß der Thronfolger Assurbanipal dem älteren Bruder Schamaschschumukin Nordbabylonien zu überlassen habe. Assurbanipal (669–627) mußte nach einem weiteren Feldzug Ägypten wieder aufgeben und wandte sich dann vor allem gegen Elam, das den blutig niedergeworfenen Aufstand des Schamaschschumukin gegen ihn 648 unterstützt hatte. Nach mehreren Kriegen wurde die Hauptstadt Susa 639 erobert und zerstört. Der König inspirierte noch einmal in großartiger Weise die Bildkünstler zu großen Bildfolgen mit Kriegs- und Jagdszenen und seine Gelehrten zur Aufstellung der ersten ganz großen Bibliothek in Ninive, deren erhaltene Reste noch immer nicht ganz aufgearbeitet sind.

Assurbanipals letzte Jahre waren durch einen Bürgerkrieg verdunkelt, in dem seine Zwillingssöhne Sinscharrischkun (629–612) und Aschschur-etel-ilāni (etwa 633–624) miteinander kämpften; der Vater verbrachte seine letzten Jahre wohl in Harran in Mesopotamien. Der Bürgerkrieg schwächte Assyrien so, daß nach einigen vergeblichen Angriffen der erste Chaldäerkönig Nabupolassar (s. u.) im Bunde mit Kyaxares von Medien (625–588) die assyrischen Hauptstädte Assur, Kalach und 612 Ninive erobern und völlig zerstören konnte. Ein Nachspiel in Harran war 609 beendet. Das Assyrerreich wurde zwischen Babylonien und Medien aufgeteilt, welche die der Selbständigkeit entwöhnten westlichen Provinzen ohne größere Kämpfe übernehmen konnten.[27]

10. Das neubabylonische Chaldäerreich (626–539)

In der Zeit des assyrischen Großreichs wurde Babylonien in oft raschem Wechsel von einheimischen Königen oder Fürsten über Teilgebiete meist aramäischer Herkunft und assyrischen Vizekönigen oder Statthaltern regiert. Ruhe im Lande gab es nur selten. 626 riß der südbabylonische Chaldäerfürst Nabupolassar die Herrschaft an sich und setzte sich nach und nach in ganz Babylonien durch. Über die Ereignisse während der Chaldäerzeit wissen wir nur für die Jahre genauer Bescheid, für die die „Babylonische Chronik" gut erhalten ist, weil die vielen und teilweise umfangrei-

[27] Als Abschluß einer kontroversen Diskussion über die letzten 25 Jahre des Assyrerreichs vgl. J. Reade, The Accession of Sinsharishkun, JCS 23 (1970) 1 ff.

chen Königsinschriften, die sich an altbabylonische Vorbilder anlehnten, auf die Politik und Feldzüge nur vereinzelt näher eingehen. Einige zusätzliche Nachrichten enthalten das Alte Testament und griechische Historiker.[28]

Der bedeutendste König der Dynastie war Nebukadnezar (Nabû-kudurru-ussur) II. (605-562), der mit den Medern meist Frieden hielt, mehrfach gegen Ägypten zog und Jerusalem 597 und 587 eroberte; nach der Zerstörung von Stadt und Tempel wurden sehr viele Juden nach Babylonien umgesiedelt und sind dort auch in Keilschrifttexten erwähnt. Nebukadnezar vollendete den Hochtempel („Babylonischer Turm") in Babylon und legte gewaltige Befestigungen an.

Nach drei kurzen Zwischenregierungen wurde der aus Harrans Umgebung stammende Nabonid König (555-539) und versuchte, der seit 550 von Kyros II. von Persien drohenden Gefahr dadurch zu begegnen, daß er in Westarabien ein neues Reichszentrum aufzubauen unternahm. Da Babylonien dem auch religiös sehr eigenwilligen König die Gefolgschaft versagte, konnte Kyros 539 fast kampflos Babylonien besetzen und damit das ganze Reich sich unterwerfen. Die große wirtschaftliche Blüte Babyloniens wurde dadurch zunächst kaum beeinträchtigt, die Selbstverwaltung blieb weitgehend erhalten.

11. Perser, Makedonier, Griechen und Parther in Vorderasien

Während die Katastrophe Assyriens 612 weithin nur Ruinen hinterließ, so daß dort nur sehr wenig an kulturellen Traditionen überlebte, vollzogen sich die Veränderungen im übrigen Vorderasien nur nach und nach. Es blieb unter den Achämenidenkönigen wirtschaftlich eine Einheit; kulturell löste sich aber der Westen recht bald von Babylonien. Man sprach fast überall Aramäisch, die Verwaltungssprache des Reiches im Westen; als Schriftsprachen lebten auch Babylonisch, Phönizisch und Hebräisch weiter.

Gegen Kyros II. (in Babylonien 539-529), Kambyses II. (529 bis 522) und Dareios I. (522-486) gab es in Babylonien nur einzelne Aufstände. Ein größerer Aufstand unter Xerxes I. (486-465) hatte

---

[28] Das Chaldäerreich wurde wegen der erheblichen Lücken und mancher Widersprüche in den verschiedenen Überlieferungen noch nicht monographisch behandelt. Ein politisches Briefarchiv fehlt.

für das Land politisch und wirtschaftlich schwerwiegende Folgen. Nur wenige Urkunden sind aus Babylonien nach 485 außerhalb von Nippur erhalten; das Land verarmte offenbar zusehends. Lediglich in der Astronomie kam es zu neuen großen Leistungen (s. dazu S. 162f.).

Alexander der Große (336–323) wollte nach der Eroberung des Achämenidenreiches Babylon zur Hauptstadt seines Weltreiches machen, starb aber dort sehr früh. Nach den ersten Diadochenkämpfen fiel Babylonien an die Seleukiden; man datierte nach der 312 einsetzenden Seleukidenära. Zentren einer babylonisch-hellenistischen Mischkultur wurden vor allem Babylon, Borsippa und Uruk, wie nicht nur Hunderte von Keilschrifturkunden aus diesen Städten bezeugen, sondern auch eine sehr große Zahl von Abschriften älterer Literaturwerke, zu denen wahrscheinlich noch einige neue Texte nicht nur auf dem Gebiet der Astronomie kamen. Nach 150 übernahmen die Parther im Lande die Herrschaft. Die Astronomie wurde noch gut 200 Jahre weiter gepflegt; die Zahl babylonischer Urkunden nahm aber sehr schnell ab. Die hellenistische Kultur setzte sich schließlich ganz durch.

Literaturnachträge zu S. 52 ff. und 74 f.
B. Oded, Mass Deportations and Deportees in the Neo-Assyrian Empire, Wiesbaden 1979; J. A. Brinkman, Prelude to Empire. Babylonian Society and Politics, 747–626 B.C., Philadelphia 1984.

VI. STAAT UND GESELLSCHAFT. DAS KÖNIGTUM

1. Das Königtum

Die großen und kleinen Staaten des alten Vorderasien wurden wohl immer von Fürsten oder Königen regiert, die als die Beauftragten der Götter oder der Gottheit angesehen wurden. Das Königtum war normalerweise gewiß erblich; ein Anspruch des ältesten Sohnes auf den Thron wurde aber sicher nicht immer anerkannt. In Elam folgte, falls vorhanden, meistens wohl der jüngere Bruder vor einem Sohn. Usurpationen von nicht thronberechtigten Mitgliedern der Herrscherfamilie waren sicher viel häufiger, als unsere Quellen uns das erkennen lassen. In ihren Inschriften betonten Usurpatoren besonders stark ihre Legitimation durch göttliche Berufung. Nicht wenige Usurpatoren waren Exponenten von Machtgruppen, die mit dem bisherigen Regime unzufrieden waren und von dem neuen König eine bessere Vertretung ihrer Anliegen oder Interessen erwarteten. Nur in Ausnahmefällen können wir das im einzelnen nachweisen. Die Könige verfügten aber auch bei legitimer Thronfolge selten über die absolute Macht, die man dem orientalischen Königtum gern zuschreibt. In der Frühzeit gab es oft Ältestenräte, die bei wichtigen Entscheidungen befragt werden mußten. Später haben vor allem Priester und Militärs oft einen starken Einfluß geltend gemacht. Außerdem gab es Leitbilder, an denen die Könige gemessen wurden. Neben dem Dienst an den Göttern wurde der Fürsorge für Arme und Schwache vielfach eine große Bedeutung beigemessen. Eine expansive Kriegspolitik galt keineswegs immer als ein Ideal; von der Pflicht, die Unabhängigkeit des Landes zu wahren, konnte jedoch nur eine erdrückende Übermacht des Feindes befreien. Im einzelnen gab es im Alten Orient sehr unterschiedliche Ausprägungen des Königtums, auf die hier nur einige Hinweise gegeben werden können.

In Babylonien unterschieden die Sumerer mindestens seit der frühdynastischen Zeit, vielleicht aber auch schon früher, zwischen dem Stadtfürsten (ensi) und dem König (lugal). Die größeren Städte waren die Grundeinheiten für Kult und Verwaltung; das Stadtfürstentum war im Normalfall erblich. Nach Ausweis einiger

Mythen stand dem ensi die „Versammlung" (ukkin) der Ältesten zur Seite. Über den Stadtfürsten stand der jeweils mächtigste von ihnen als König mit wechselnden Hauptstädten. Das Königtum konnte über mehrere Generationen vererbt werden. Vielleicht gab es zeitweise im vorwiegend semitischen Norden des Landes einen eigenen König mit der Hauptstadt Kisch. Da der Gott Enlil von Nippur in Mittelbabylonien als derjenige galt, der die Könige einsetzte, erfolgte dort vielleicht die Investition; Nippur selbst war aber auch nach seiner eigenen Überlieferung, der „sumerischen Königsliste", nie Hauptstadt. Dem König oblag die Koordination der Wasserwirtschaft (s. dazu S. 92) und in der Regel die Verteidigung nach außen. Kriege der Stadtstaaten gegeneinander konnte er aber oft nicht verhindern, obwohl es bei diesen manchmal um mehr als einige Gebietsveränderungen ging. Die Institution des Stadtfürstentums wurde übrigens auch im nördlichen Osttigrisland und in Assur übernommen; übergeordnete Könige gab es dort wohl nicht immer.

Auf die Dauer erwiesen sich auch in Babylonien Zentralisierungstendenzen als stärker als die Tradition des Stadtfürstentums. Obwohl die örtlichen „Götterstaaten" (s. S. 166f.) nicht in Frage gestellt wurden, degradierte zuerst die Dynastie von Akkade und, nach einer kurzen Zeit der Restauration, die 3. Dynastie von Ur seit Schulgi die Stadtfürsten zu absetzbaren Beamten. In der Isin-Larsam-Zeit erfolgte erneut eine teilweise Restauration, bis Hammurabi der alten Institution endgültig ein Ende bereitete. Das akkadische Lehnwort aus ensi, *iššiakkum*, wurde nun zu einem Wort für den „Kolon" auf dem Lande.[1]

Als ein Gegengewicht gegen die Möglichkeit, die nun so stark vergrößerte zentrale Macht zu mißbrauchen, erwies sich, nach unseren Quellen ganz besonders ausgeprägt bei Hammurabi und Schamschi-Adad I. von Assyrien und Mari, ein religiös begründetes verstärktes Verantwortungsgefühl für das Wohlergehen aller Untertanen, besonders der sozial Schwachen. Man kann bei diesen Königen und manchen anderen auch in späteren Jahrhunderten von einem patriarchalen Absolutismus sprechen (s. S. 49).

Seit etwa 1500 gab es für die Könige in Babylonien und Assyrien, soweit wir sehen, nur geringe institutionelle Machtbeschränkun-

---

[1] Vgl. dazu W. W. Hallo, Early Mesopotamian Royal Titles, New Haven 1957; Artikel ›Herrscher‹ von D. O. Edzard, G. Szabó, E. Strommenger und W. Nagel, RlAss. IV (1975) 335ff.

gen. Mehrere von ihnen sahen sich freilich genötigt, gewisse Privilegien von Priesterschaft und Städten durch Lastenfreistellungsverfügungen (akk. *andurāru*) und ähnliches zu erweitern. Asarhaddon hielt es für nötig, seine merkwürdige Thronfolgeregelung (s. S. 55f.) von einer Magnatenversammlung absegnen zu lassen; war das nur ein Zeichen seiner auch krankheitsbedingten Schwäche?

Über mögliche besondere Ausprägungen des Königtums in Mesopotamien und Syrien können wir vorläufig nichts Sicheres sagen. Die Annahme, es habe im frühdynastischen Ebla ein auf sieben Jahre begrenztes Königtum gegeben, hat sich nicht erhärten lassen. Ob die merkwürdige Angabe der sumerischen Königsliste, die Fremdherrscher der Gutium-Dynastie hätten meistens nur drei bis sieben Jahre regiert, auf ein zeitlich begrenztes Königtum in Westiran vor 2000 deutet und nicht vielmehr auf wechselnde Amtszeiten von Gouverneuren, läßt sich noch nicht ausmachen.

Elam war in der Zeit vor etwa 1500 anscheinend ein Staatenbund. Die Babylonier nannten die örtlichen Fürsten Könige, den Oberkönig, der nicht unbedingt in Susa residieren mußte, aber merkwürdigerweise „(Groß-)Minister" (*šukkallum*). Die Gründe dafür müssen noch näher untersucht werden. Später wurde Elam wohl von Susa aus zentral regiert.

Für das Selbstverständnis der Könige Altvorderasiens und ihre jeweiligen Ansprüche sind die Titulaturen, die sie sich in ihren längeren Inschriften beilegten, eine sehr wichtige Quelle. Meistens stehen rein weltliche Titel wie etwa „großer, starker König" neben solchen, die die Berufung durch die Götter betonen. Andere Titel wie in Babylonien und Assyrien „König der vier (Welt-)Ränder" (seltener „[Welt-]Ecken") beinhalten den Anspruch auf größere Gebiete wie etwa das ganze Mesopotamien. Die Titulaturen von Kleinkönigen sind bescheidener, können aber auch in mancher Hinsicht aufschlußreich sein. Auf die Problematik der Titulaturen in den verschiedenen Ländern sowie ihrer Kontinuität oder Auswechselbarkeit kann hier nur hingewiesen werden.[2]

In längeren Titulaturen fehlt fast nie ein Hinweis auf den Einsatz des Königs für die sozial Schwachen, insbesondere Witwen und Waisen, sowie für Gerechtigkeit im Lande im Auftrage der Götter,

---

[2] Vgl. dazu das umfassende Werk von M.-J. Seux, Épithètes royales, akkadiennes et sumériennes, Paris 1967; ders., Artikel: Königtum B: II. und I. Jahrtausend, RlAss. VI (1980–81), 140–173, auch zu den Königinnen, zu Revolten gegen Könige usw.

die ihn eingesetzt haben. Nicht nur Hammurabi sah es als eine seiner vornehmlichen Aufgaben an, „daß der Starke dem Schwachen kein Unrecht tue". Hammurabi und manche andere nahmen die sozialen Pflichten im Rahmen der Gesellschaftsordnungen ihrer Zeit sicher sehr ernst; bei anderen Königen vor allem in Assyrien sind da gewiß Zweifel angebracht. Hinweise auf ein soziales Versagen von Königen und dessen Folgen finden sich oft in den Vorzeichendeutungen, aus denen sich ja auch sonst ethische Normen ablesen lassen (vgl. S. 149). Allgemeingehaltene Hinweise auf soziale Reformen gibt es öfter; konkrete Angaben können wir manchen Gesetzsammlungen und Rechtsverordnungen (s. S. 125 ff.) entnehmen. Zum Hauptthema von Königsinschriften wurden solche Reformen nach unserer Kenntnis nur bei dem sozialen Reformator Uruinimgina von Lagasch (s. S. 44), der Übergriffe seiner Vorgänger auf das Tempeleigentum und die Ausbeutung der Menschen durch Funktionäre anprangert und dann genau angibt, wie hinfort zu verfahren sei.[2a] Die Absetzung des Königs durch Lugalzaggesi von Umma nach nur acht Jahren Regierung verhinderte die Durchsetzung der Reformen, die übrigens teilweise auch durch realpolitische Interessen bestimmt waren.

Ganz kurz muß hier auch noch von den Königinnen die Rede sein. Außerhalb von Südarabien, wo im ersten Jahrtausend oft Königinnen regierten, waren regierende Königinnen eine ganz seltene Ausnahme. Nicht lange vor der Akkade-Dynastie soll in Kisch die Schankwirtin Ku-Baba den Thron usurpiert haben. Obwohl darüber nur spätere Nachrichten vorliegen, war Ku-Baba wohl eine historische Gestalt. Auch kleinere Staaten hatten vereinzelt Königinnen.

Die Königin als Königsgattin hatte normalerweise gewiß keine Regierungsfunktionen. Kurze Inschriften von Königinnen sind vereinzelt bekannt. Starke Frauen haben sicher oft einen erheblichen Einfluß ausgeübt. Wir erfahren davon meistens nur dann, wenn Briefe als Quellen die Königsinschriften ergänzen. In Mari hatte Zimrilims Gattin Schibtum offenbar eine starke Stellung. In Assyrien mischten sich Königinnen bisweilen in Streitigkeiten beim Thronwechsel ein. Die aus Syrien stammende Gemahlin Sanheribs, Naqija/Zakūtu, hatte noch in den ersten Jahren ihres Enkels As-

---

[2a] Für eine Bearbeitung der Inschriften vgl. H. Steible, Die altsumerischen Bau- und Weihinschriften, Teil I: Inschriften aus Lagaš, unter Mitarbeit von H. Behrens, Wiesbaden 1982, S. 278–358.

surbanipal einen starken Einfluß und wurde von den Beamten gefürchtet. Daß Sammuramat, die Semiramis der Griechen, nach 810 zeitweilig Regentin war, läßt sich aber nicht erweisen.[3]
Nur am Rande sei erwähnt, daß im Neuen Hethiterreich nach etwa 1400 die Königin neben dem König wichtige politische Funktionen innehaben konnte und von internationalen Korrespondenzen Abschriften erhielt.

2. Königsvergöttlichung

Während in Ägypten der Pharao kraft seiner Stellung als Gott angesehen und verehrt wurde, sind die Könige in Babylonien und Assyrien normalerweise Menschen wie andere auch. Aber es gibt da Sonderfälle, unter ihnen vereinzelt eine Selbstvergöttlichung von Königen aus Hybris. So haben die Akkade-Könige Naramsin (s. S. 45) und Scharkalischarri in mehreren Inschriften ihrem Namen das Gottesdeterminativ vorausgestellt und sich damit an die Stelle des Stadtgottes gesetzt. Nachträglich im Mythos vergöttlicht wurden einige Könige der frühdynastischen Zeit wie Enmerkar, Lugalbanda, Dumuzi und Gilgamesch. Inschriften von diesen sind nicht bekannt.

Etwas grundsätzlich anderes ist die sogenannte kultische Königsvergöttlichung, die in Babylonien von sumerischen und später auch semitischen Königen seit dem König Schulgi von Ur (s. S. 46) nachträglich auch für dessen Vater Urnammu in Anspruch genommen wurde, bis Hammurabi sie wieder abschaffte, ohne ebenso wie seine Nachfolger verhindern zu können, daß Namen wie *Hammurabi-ilī* „H. ist mein Gott" noch weiter gegeben wurden. Der Ausgangspunkt für diese Vergöttlichung war nicht etwa die Macht der als Gottkönige Verehrten, sondern der Kult der „Heiligen Hochzeit", in dem der König den Gott der Fruchtbarkeit Dumuzi und eine en-Priesterin die Liebesgöttin Inanna/Ischtar vertrat (s. S. 182). Nach dem ersten Vollzug des Kultes galt der König als Gott. Einigen von ihnen wurden Kultbauten ähnlich denen der

---

[3] Vgl. W. Schramm, War Semiramis assyrische Regentin? (Historia 21/1972, S. 513ff.). Ganz anders deutet die sagenhaften Überlieferungen auch zu Ninos (wohl = Tukulti-Ninurta I.) W. Nagel, Ninus und Semiramis in Sage und Geschichte. Iranische Staaten und Reiternomaden vor Darius, Berlin 1982.

Götter errichtet. In sumerischen Königshymnen erflehte man ihre Fürbitte oder pries sie selbst als Götter der oberen Welt (s. S. 216). Der Vollzug anderer Kulte durch den König im Rahmen seiner Pflichten bewirkte nirgends dessen Aufstieg in die göttliche Sphäre. Eine Nachwirkung der Königsvergöttlichung zwischen Schulgi und Rim-Sin war, daß einzelne Kassitenkönige ihrem Namen das Gottesdeterminativ voranstellten. Die Assyrerkönige haben sich selbst in den Zeiten ihrer größten Macht nie vergöttlicht, auch wenn sie einige Gottesprädikate auf sich übertrugen und damit gleichsam säkularisierten. Wenn in archäologischen Arbeiten auch für die Zeit nach Hammurabi der Terminus „Gottkönig" bei der Bildinterpretation eine erhebliche Rolle spielt, so steht das nicht im Einklang mit den aus den Quellen eindeutig zu erhebenden Tatsachen.[4]

Vorläufig nicht zu klären ist die Frage, ob es irgendeine Art von Königsvergöttlichung auch schon vor der Akkade-Zeit gegeben hat. Auf vielen Bildwerken, vor allem Rollsiegeln der frühsumerischen Zeit, begegnet der „Mann im Netzrock", den manche für einen Gott, andere für einen König halten; er tritt meistens als Schützer der Herden oder in Kultszenen auf und ist oft auch durch seine Größe herausgehoben. Später erscheint meist ein Gott als Schützer der „heiligen Herde" (s. S. 229).

Noch mehr umstritten ist die Deutung der Befunde in den sogenannten Königsgräbern des Royal Cemetery im frühdynastischen Ur. Die Gefolgschaftsopfer und die nicht nur nach dem Material kostbaren, vielfältigen Beigaben in diesen Gräbern, die in anderen Perioden nicht ihresgleichen haben, werden manchmal als Zeugnisse für den Glauben an ein Fortleben nach dem Tode zusammen mit dem bestatteten Gottkönig gedeutet, während andere die Beigaben fast nur als Zeugnisse einer hervorragenden Technologie und eines hochqualifizierten Kunsthandwerks gelten lassen. Die letztgenannte Auffassung muß in den Gräbern sehr viel unerklärt lassen. Der ganze Fragenkomplex bedarf erneuter gründlicher Untersuchungen.[5]

[4] Eine monographische Behandlung der Königsvergöttlichung fehlt noch. Zur „Heiligen Hochzeit" s. u. S. 186 und S. 182, Anm. 27; alle Arbeiten über sie und die Bearbeitungen sumerischer Königshymnen gehen auf das Thema kurz oder ausführlicher ein.
[5] Vgl. C. L. Woolley, The Royal Cemetery, Ur Excavations, Vol. II, New York 1934; A. Moortgat, Tammuz. Der Unsterblichkeitsglaube in der altorientalischen Bildkunst, Berlin 1949; ders. (s. S. 2, Anm. 1), S. 11 ff.

Die bei den Hethitern gebräuchliche Bezeichnung des Sterbens eines Königs als „er wurde Gott" enthält offenbar keinen Hinweis auf die Konzeption einer Königsvergöttlichung.

3. Stadt, Staat und Verwaltung

Trotz der Zehntausende von sumerischen und akkadischen Urkunden und, für mehrere Perioden, auch von Briefen, die von der Verwaltung handeln, lassen unsere Kenntnisse in diesem Bereich noch viel zu wünschen übrig. In der sumerischen Tempelstadt des frühen dritten Jahrtausends fielen vermutlich Staats- und Tempelverwaltung noch zusammen. Den sehr ausgedehnten Tempelanlagen in Uruk, für deren Bau sehr große Menschenmengen benötigt wurden,[6] steht anscheinend kein entsprechender Palast gegenüber. Für das Verhältnis von Tempel und Palast in späteren Städten vgl. S. 222f. Selbst in Provinzstädten stand später ein „Palast" (sum. é-gal „Großhaus" > akk. *ekallu*) als Verwaltungszentrum neben dem durch vielen Grundbesitz oft sehr reichen Tempel; die Kompetenzen beider waren wohl jeweils klar geregelt. Die Stadtgrößen vor etwa 700 schwankten zwischen etwa 5½ qkm innerhalb der Stadtmauern bei der Doppelstadt Uruk, die immer nur teilweise bebaut waren, und um 20 ha. Das späte Babylon und wohl auch Ninive waren noch größer. Der Bürgermeister (altbab. *rabiānum*) wurde nach der Stadtfürstenzeit gewiß vom König eingesetzt und mit den notwendigen Vollmachten ausgestattet.

Wir kennen für alle Hauptperioden der Geschichte eine Fülle von Bezeichnungen für Amtsträger aller Art vom Minister und Statthalter herunter bis zum kleinen Aufseher. Genau angeben können wir den Amtsbereich selten; er war aber oft gewiß auch nicht genau umschrieben, damit man Funktionäre nach Bedarf verschieden einsetzen konnte. Überdies wurden gleiche Bezeichnungen zu verschiedenen Zeiten oft unterschiedlich gebraucht. Die Inhaber hoher Hofämter versahen sehr oft zugleich Spitzenämter im Staat.[7] Über

[6] In die vielfältigen Probleme der Städte Altvorderasiens und ihrer möglichen Einwohnerzahlen führt mit Literatur ganz knapp ein W. von Soden, Tempelstadt und Metropolis im Alten Orient, in: Die Stadt, Gestalt und Wandel bis zum industriellen Zeitalter, hrsg. von H. Stoob, Köln–Wien 1979, S. 37–82.

[7] Der Obermundschenk (*rab šāqê*), im assyrischen Großreich einer der höchsten Hoffunktionäre, nahm auch an Feldzügen oft führend teil.

den Umfang der Vollmacht von Funktionären entschied der König wohl von Fall zu Fall.

Hohe wie mittlere und untere Bedienstete des Staates konnten zur Beaufsichtigung öffentlicher Arbeiten und in Kriegszeiten als Offiziere und Soldaten eingesetzt werden. Ob es nur militärische Rangbezeichnungen überhaupt gab, muß für die verschiedenen Perioden noch untersucht werden (s. S. 79). In Kriegsberichten werden einzelne Offiziere nur ganz selten genannt.

Schon in den frühesten sumerischen Urkunden bezeugt ist der sukal, akk. *š/sukkallu,* der sehr oft die Funktion eines Ministers hat, aber manchmal auch auf einer mittleren Ebene seinen Dienst versieht. Umgekehrt können „Schaffner" (agrig, akk. *abarakku*) in Assyrien auch Träger eines sehr hohen Amtes sein; sie heißen oft Groß-*abarakku*. Aus hurritisch *tertenn*- „Nachfolgender" wurde in Assyrien *tu/artānu,* die Bezeichnung des Oberministers als des zweiten nach dem König, der auch ein Heer führen konnte. Andere sehr hohe Beamte, die vielfach als Statthalter nicht nur für eroberte Gebiete eingesetzt wurden, waren der *šakkanakku* und der *šaknu*. Die Bürgermeister der Städte, die wichtige Funktionen wahrzunehmen hatten, wurden altbabylonisch meist *rabiānum* „Großer" genannt; später setzte sich vor allem die Bezeichnung *ḫaziānum/ḫazannu* durch.

Da Verwaltungsbeamte aller Art vor allem die Kunst des Schreibens beherrschen mußten, wurden sie vielfach einfach „Schreiber" genannt (sum. dub-sar, akk. *ṭupšarru*), oft mit Zusatz des Arbeitsgebietes, für das sie vor allem eingesetzt waren. Besonders wichtige Teilbereiche ihrer Tätigkeiten sind nach den Urkunden und Briefen die Verwaltung der Felder von Staat und Tempel, der nicht zuletzt die Vermessung des Bodens wohl auch für private Bodenbesitzer oder -pächter oblag, und der Dienst in Aufsichtsbehörden für die Viehwirtschaft, für Jagd und Fischfang. Weitere Behörden waren für öffentliche Arbeiten aller Art zuständig, insbesondere auch für Anlage und Instandhaltung der in regenarmen Gebieten so besonders wichtigen größeren Kanäle sowie, wo nötig, der Uferverbauungen. Die Bezahlung der Arbeiter erfolgte noch im zweiten Jahrtausend wohl ganz überwiegend in Naturalien und auch später nur teilweise in Geld. Silber- und Kupfermünzen wurden erst im sechsten Jahrhundert nach dem Vorbild von Lydien geprägt. Bis dahin mußte das Metall bei jeder Zahlung abgewogen werden. Eich- und Nachprüfstellen für Gewichte und Maße befanden sich bei den großen Tempeln, später aber auch bei städtischen

Behörden. Zölle und andere Abgaben von Handel und Gewerbe wurden von Steuereinnehmern (sum. enku, akk. *mākisu*) eingetrieben; die Institution des auf eigene Rechnung arbeitenden Steuerpächters scheint es aber nicht gegeben zu haben.[8]

Die Bürokratisierung war in Babylonien und Assyrien wohl schon früh sehr stark entwickelt. Umfassende Untersuchungen, die auch die in den verschiedenen Zeiten und Gebieten feststellbaren Unterschiede herausarbeiten, gibt es noch nicht. Ihnen stehen sehr erhebliche Schwierigkeiten vor allem bei den Städten und Kleinstaaten, in denen größere Archive noch nicht gefunden wurden, entgegen. In den Urkunden der Spätzeit aus dem Achämeniden- und Seleukidenreich finden sich zahlreiche Termini der iranischen und griechischen Verwaltungssprache.

4. Gesellschaft und gesellschaftliche Gruppen

Das Erkennen der gesellschaftlichen Gruppen in den Ländern und Städten Altvorderasiens in den verschiedenen Zeiten ist aus sprachlichen wie aus sachlichen Gründen sehr schwierig. Die bezeugten Termini begegnen zu selten in einem signifikanten Kontext und wurden nicht zu allen Zeiten im gleichen Sinn gebraucht. Gründlich untersucht wurden nur wenige von ihnen. Daher können im folgenden nur einige Fragen herausgegriffen werden, um an ihnen ganz kurz aufzuzeigen, worum es vor allem geht.

a) Mann und Frau, Ehe, Familie, Sippe

Die Familie war im Alten Orient wohl überall vaterrechtlich strukturiert, wobei die Rechte des Vaters als Familienoberhaupt aber keineswegs unbeschränkt waren, vor allem nicht in der städtischen Gesellschaft. In ihr waren Rechte, wie sie z. B. nach Ausweis des Alten Testaments in der Frühzeit die Väter noch hatten, mehr oder minder stark beschnitten. Auch die Mehrehe war ganz abgeschafft, so gewiß es vor allem in der Oberschicht und bei Fürsten möglich war, Sklavinnen oder andere Frauen als Nebenfrauen zu

---

[8] Belege und Literatur zu allen genannten Funktionären bieten das CAD und das AHw. (s. dazu S. 18f., Anm. 9). Vgl. noch F. R. Kraus, Staatliche Viehhaltung im altbabylonischen Lande Larsa, Amsterdam 1966.

haben.[9] Einehe wurde zumeist auch bei den Göttern angenommen. Zeugnisse für einen Harem an Königshöfen fehlen aus Babylonien ganz. In Assyrien hatten mindestens manche Könige, vielleicht unter hurritischem Einfluß, Frauenhäuser, für die besondere Ordnungen erlassen wurden.[10] Ähnliches gilt wohl mancherorts in Syrien.

Die Ehefrau hatte sozial einen ähnlichen Status wie der Mann und war, solange dieser lebte, wohl mit dessen Erlaubnis, voll geschäftsfähig; sie konnte, wenn ein Mann nicht da war, auch Firmen leiten, wie aus Briefen und Urkunden hervorgeht (s. S. 136f.). Als Mutter durfte sie nach göttlichem und menschlichem Recht den Respekt auch der erwachsenen Kinder beanspruchen. Die Mißachtung der Mutter war nicht weniger Sünde als ähnliches Verhalten dem Vater gegenüber; Verstoßung aus dem Hause und Enterbung drohte dem Kind, das sagte: „Du bist nicht mein Vater" oder „– nicht meine Mutter".

Das Eherecht zeigt deutlich, daß die Frau früher einmal von ihrem Vater gekauft werden mußte; spätestens im dritten Jahrtausend war die echte Kaufehe aber überwunden. Daß die Frau gleichwohl nicht voll gleichberechtigt war, zeigt besonders deutlich das Scheidungsrecht, das die kinderlose Frau besonders benachteiligte. Der Mann konnte seine Frau verstoßen, wenn er ihre Vermögensrechte respektierte, was ihm freilich, wenn Kinder da waren, recht teuer zu stehen kommen konnte. Eine Bußzahlung wurde oft zusätzlich verlangt. Die Frau, die sich lossagte, riskierte aber oft schwere Strafen bis hin zur Todesstrafe; dabei gab es im einzelnen viele Unterschiede. Ein Gesetzentwurf aus Assyrien schränkte um 1100 die Rechte der Frau in jeder Hinsicht noch viel stärker ein. Wir wissen allerdings nicht, wieviel davon einmal geltendes Recht wurde. Andererseits belehren uns zwei etwa 100–200 Jahre ältere Urkunden, daß es in Assyrien vorher teilweise üblich war, die Aufkündigung der Ehe durch Mann und Frau mit der gleichen Geldbuße zu belegen, beide

---

[9] Vereinzelt war, wie es scheint, eine „zweite" Gattin erlaubt, z. B. bei Kaufleuten, die lange Zeit in einem weit entfernten Land verbringen mußten. Der Ehevertrag konnte diese Möglichkeit ausschließen (s. die altassyrische Urkunde RA 76 [1982] 169 ff.). Staatsverträge des 14. Jh. unterstellen gelegentlich das Vorhandensein von „Gattinnen" an syrischen Fürstenhöfen (vgl. UF 6 [1974] 116, Z. 115).
[10] Vgl. E. Weidner, Hof- und Harems-Erlasse assyrischer Könige aus dem 2. Jahrtausend v. Chr., AfO 17 (1956) 257 ff.

also ganz gleich zu behandeln.[11] Der genannte Gesetzentwurf (s. dazu S. 130) wollte die Frau dann wieder ganz weit zurückwerfen. Die Zeugung und Geburt von Kindern stand in der Ehe im Vordergrund. Söhne wurden mit Vorrang gewünscht und als Erben zumeist bevorzugt (s. aber S. 186 Anm. 35); einen Vorzugsanteil erhielt sehr oft der Älteste. Mädchen wurden aber, soweit wir sehen können, keineswegs mißachtet. Über die Grundsätze bei der Kindererziehung ist sehr wenig bekannt, da einige Hinweise auf die Erziehung von Prinzen und die Schulung von Schreibern nicht als für alle typisch gelten können. Die starke Bindung der Kinder an ihre Eltern findet ihren Ausdruck auch darin, daß viele Götter als Vater bzw. Mutter angeredet wurden. Zahllose Terrakotten stellen meist nackte Frauen mit einem Kind im Arm dar; Mann und Frau zusammen sind, manchmal mit einem Kind, vor allem in der Kleinkunst oft abgebildet. Nur in Zeiten großer Not konnte es geschehen, daß Eltern ihre Kinder verkauften. Solche Vorkommnisse zählten zu den schlechtesten Omendeutungen. Von der Liebe der Geschwister untereinander ist viel seltener die Rede. In einem sumerischen Mythos von Dumuzi (s. S. 181) wird erzählt, daß seine Schwester Belili für ihn in die Unterwelt ging. In Elam und einigen Gebieten Kleinasiens wird, vermutlich nicht immer, dem Bruder ein Erbrecht vor den Kindern eingeräumt; man spricht dann von einem Fratriarchat.[12]

Eine erhebliche Bedeutung hatte in Babylonien und in anderen Gebieten das Institut der Adoption. Man adoptierte vor allem dann, wenn ein männlicher Erbe fehlte, aber nicht nur dann. Im einzelnen waren die Regelungen verschieden. In Elam und in Nuzi gab es auch eine Adoption zur „Bruderschaft" bzw. „Schwesternschaft"; durch letztere konnte eine Nebenfrau in die Familie kommen. Eine sehr große Rolle spielten in Nuzi auch Scheinadoptionen, mit denen man bestimmte Grunderwerbsverbote umging.[13]

Neben der Familie im engeren Sinn (akk. *kimtu*) standen im Recht wie auch in religiösen Aussagen die Großfamilie oder Sippe (*nišūtu*) und die die Sklaven einbeziehende Hausgemeinschaft *(salātu)*. Die Sumerer kannten in diesem Bereich, wie es scheint, nur den

---

[11] Vgl. C. Saporetti, The Status of Women in the Middle Assyrian Period, Malibu 1979.
[12] Vgl. P. Koschaker, Fratriarchat, Hausgemeinschaft und Mutterrecht in Keilschriftrechten, ZA 41 (1933) 90–183.
[13] Vgl. G. Wilhelm (s. S. 2, Anm. 1), S. 66ff.

Begriff im-ri-a; die Gründe dafür bleiben noch zu untersuchen. Für die Babylonier und Assyrer machten die drei Gemeinschaften zusammen den Lebenskreis einer Person aus; sie fühlte sich den Göttern gegenüber für die Schuld aller ihrer Angehörigen mitverantwortlich. Besondere Rechtsordnungen für Sippe und Hausgemeinschaft sind nicht überliefert; von der Hauswirtschaft wird gelegentlich in Briefen gesprochen.[14]

b) Freie und Sklaven

Die Bezeichnung „Freie" umfaßt hier die Bürger der Städte und die Bauern und Hirten. Die altsemitischen Sprachen kennen den Begriff 'frei' nur im Sinne von schuldenfrei, von bestimmten Verpflichtungen befreit, aber nicht im vollen Sinn der Wörter für 'frei' in den indogermanischen Sprachen, weil es „den Freien" als Idealbild nicht gab. Unter Befreiung verstand man nur die Entlastung von bestimmten Steuern und Dienstverpflichtungen. Frei im Vergleich mit den Sklaven waren auch die Angehörigen besonders abhängiger Gruppen. Die Sklaven gehörten, wenn wir recht sehen, immer einzelnen oder Tempeln, aber nicht wie im kaiserlichen Rom oft auch dem Staat. Aus diesem Grunde erfahren wir auch nichts über Sklavenaufstände; gab es doch selbst an Fürstenhöfen keine so großen Sklavenmassen, daß sich aus ihnen Sklavenheere hätten rekrutieren können. Allem Anschein nach waren die Sklaven wohl nirgends ohne jedes Recht ihren Herren ausgeliefert. Im einzelnen waren die Ordnungen sicher sehr verschieden; umfassende Studien dazu fehlen noch. Nach altbabylonischen Urkunden und Briefen konnten Sklaven, sicher nur mit Zustimmung ihrer Herren, auch geschäftlich tätig sein. Um ihre Flucht zu erschweren, mußten sie oft besondere Sklavenzeichen tragen; ein solches Zeichen war ein halb geschorener Kopf. Die Behörden waren gehalten, flüchtige Sklaven aufzugreifen und ihren Herren wieder zuzuführen. Skla-

---

[14] Vgl. A. Sjöberg, Zu einigen Verwandtschaftsbezeichnungen im Sumerischen, Heidelberger Studien zum Alten Orient, Wiesbaden 1967, 201 ff.; Artikel ›Familie‹ von E. Ebeling und ›Küche‹ von J. Bottéro, RlAss. III (1957) 9 ff.; VI (1981) 277 ff.; F. M. Fales, La struttura della parentela, in: L'Alba della civiltà (s. S. 4, Anm. 2) I, 180 ff.; E. Cassin, Structures familiales et pouvoirs de la femme, RA 63 (1969) 121 ff.; I. J. Gelb, Household and Family in Early Mesopotamia, State and Temple Economy I, Löwen 1979, 1–98.

vendiebstahl wurde oft hart bestraft. Für die Palastsklaven galten besondere Regelungen.[15] Daß sehr viele Sklaven durch Kriege in die Sklaverei gerieten, zeigen schon die keilschriftlichen Wortzeichen für den Sklaven und die Sklavin: Ligaturen von Mann bzw. Frau und Gebirgsland. Die Urkunden lehren aber, daß Sklaven sehr oft auch verkauft und gekauft wurden; trat vor Ablauf von 100 Tagen ein Epilepsie-Anfall (akk. *bennu*) auf, mußte der Verkäufer den Sklaven zurücknehmen. Sklaven wurden aber auch sehr oft freigelassen, wobei eine gewisse Bindung an das Haus des bisherigen Besitzers erhalten bleiben konnte, aber gewiß nicht mußte. Freigelassene wurden oft adoptiert; in anderen Fällen mußten sie sich freikaufen. Besondere Probleme gab es, wenn Sklavinnen ihrem Herrn Kinder gebaren; sie konnten dann nicht immer beliebig verkauft werden, und Freilassung war auch da nicht selten. Über die Stellung der Kinder entschied der Vater; wenn eheliche Kinder da waren, mußten deren Rechte beachtet werden.

Sklavenmißhandlungen waren sicher nicht selten; als Angehörige der *salātu* in Babylonien (s. S. 69) wurden sie aber normalerweise gewiß erträglich behandelt. Die Wörter für Sklave und Sklavin, sum. ìr und géme, akk. (*w*)*ardu* und *amtu*, waren zugleich Bezeichnungen für Diener und Dienerin. Sie wurden als Selbstbezeichnungen auch von Freien sowohl Höhergestellten gegenüber gebraucht als auch in Gebeten vor den Göttern; selbst Könige nannten sich Diener der Götter. Den Wörtern für Sklaven haftete also nichts Abwertendes an. Daß Sklaven sich gelegentlich auch einmal ein offenes Wort ihren Herren gegenüber erlauben durften, zeigt, freilich in satirischer Überzeichnung, das „Zwiegespräch zwischen Herr und Diener" wohl aus dem frühen ersten Jahrtausend (s. auch S. 214).

Sichere Zeugnisse für den Aufstieg von Sklaven in führende Stellungen sind mir nicht bekannt. Eine etwaige Herkunft aus dem Sklavenstand wird allerdings wohl niemand hervorgehoben haben.

---

[15] Vgl. I. Mendelsohn, Slavery in the Ancient Near East, New York 1949; I. J. Gelb, Definition and Discussion of Slavery and Serfdom, UF 11 (1979) 283 ff. mit Bibliographie; I. Cardellini, Die biblischen „Sklaven"-Gesetze im Lichte des keilschriftlichen Sklavenrechts, Königstein–Bonn 1981; Artikel ›Lastenfreiheit‹ von G. Ries, RlAss. VI (1983) 508 ff.

c) Seßhafte und Nichtseßhafte (Nomaden und Halbnomaden)

Die altorientalische Gesellschaft war oft bis hinein in die größeren Städte mehr oder weniger instabil, nicht nur wegen kriegerischer Auseinandersetzungen zwischen den Staaten und größerer Wanderungsbewegungen, sondern auch wegen des Nebeneinanders von Seßhaften und Nichtseßhaften sowie meist kurzlebigen Zwischengruppen in den meisten Gebieten. Fast alle unsere Schriftquellen stammen aus den Städten und Dörfern der Ansässigen und stehen auch dort immer nur für kürzere oder etwas längere Perioden in ausreichendem Umfang zur Verfügung. Dazwischen liegen oft lange Zeiten, über die wir kaum etwas wissen. Für weite Bereiche Syriens und Mesopotamiens fehlen Quellen immer noch fast ganz. Weiterreichende Folgerungen aus den Bereichen, die wir leidlich überblicken, können daher nur mit großer Vorsicht gezogen werden.

Zunächst ganz kurz zur Terminologie. Nomaden sind Wanderhirten, die mit ihren Herden in für regelmäßigen Ackerbau nicht geeigneten Gebieten herumziehen. Mit dem aus dem Arabischen entlehnten Begriff Beduinen bezeichnen wir heute nur noch die Kamelnomaden, die infolge der dem Esel weit überlegenen Leistungsfähigkeit des Kamels auch längere Strecken durch Wüsten zurücklegen können. Manche Nomaden- bzw. Beduinenstämme oder -clans betreiben dort, wo es ihnen am Rande des Kulturlandes möglich erscheint, zeitweise auch den Ackerbau neben der Viehzucht. Wir sprechen dann von Halbnomaden oder Halbbeduinen. Typische Vertreter des Halbnomadentums sind nach dem Alten Testament die Erzväter. Nomaden überfallen das Kulturland in der Regel nur zum Beutemachen, da sie gar nicht den Wunsch haben, ansässig zu werden. Halbnomaden hingegen können leichter zum ständigen Ackerbau übergehen. Umgekehrt schließen sich einzelne oder Gruppen, die aus den Städten fliehen müssen, eher Halbnomadenstämmen an als Vollnomaden. Gerade solche Überwechsler von der einen zur anderen Gruppe werden oft als Kondottieri besondere Elemente der Unruhe und können bei ausreichender Gefolgschaft erhebliche Veränderungen bewirken.

Für den Orient hat in den letzten Jahren besonders intensiv M. B. Rowton diese Verhältnisse studiert und in zahlreichen Aufsätzen jeweils Teilaspekte behandelt. Er spricht von einer "dimorphic structure" in Altvorderasien und nennt die Überwechsler von der "urban society" zum "enclosed nomadism" (Halbnomadentum) und umgekehrt "parasocials".[16] Starke Staaten können sich solcher Unruhestifter meistens erwehren oder werden versuchen, sie als Offiziere oder Führer von Einsatzkommandos beispielsweise beim Kanalbau in ihren Dienst zu nehmen. Auf dem Wege über solche Stellungen haben sich dann nicht wenige zu Fürsten oder Königen aufgeschwungen und als „Städter" Dynastien begründet. Dieses letztere war in Babylonien z. B. in den Jahrhunderten nach dem letzten sumerischen Reich der 3. Dynastie von Ur (s. S. 19) oft der Fall und dann wieder nach 1000 in der Zeit des Eindringens der Aramäerstämme. In den altbabylonischen Dokumenten werden die in die städtische Gesellschaft noch nicht voll integrierten Elemente Martu (akk. *Amurru*)-Leute genannt, weil sie vorwiegend aus dem Westen kamen. Sie dienten je nach Bedarf als Arbeiter bei öffentlichen Unternehmen und als Soldaten.[17] Auch die von den Landbesitzern oder -pächtern etwa für die Ernte eingesetzten Mietlinge (akk. *agru*) stammten teilweise aus diesem Personenkreis. Sklaven wurden für Erntearbeiten seltener eingesetzt.

Noch keine einhellige Meinung gibt es über die akk. *muškēnum*, wörtlich „der sich Prosternierende", genannte Personenklasse, die in den altbabylonischen Gesetzen, Briefen und Omina oft, in Urkunden aber merkwürdigerweise nur selten erwähnt wird.[18] Dort, wo er dem *awīlum* „Mensch, Bürger" gegenübergestellt wird, ist seine Stellung deutlich untergeordnet; eben deshalb enthalten die Gesetze mehrere Sonderbestimmungen zu seinem Schutz. Oft standen Angehörige dieser Klasse im Dienst des Palastes. In Syrien gibt es einige Zeugnisse für die *muškēnum* genannte Klasse auch noch aus der Amarna-Zeit. Sonst verwenden die Texte nach etwa 1500 das Wort im Sinne von „Armer". In diesem Sinn wurde es in das Hebräische, Aramäische und Arabische sowie viel später in die romanischen Sprachen – frz. 'mesquin', ital. 'meschino' – entlehnt.

Teilweise schon in altbabylonischer oder noch früherer Zeit, vor

---

[16] Der letzte Aufsatz von M. B. Rowton zu diesem Thema, in dem die früheren Beiträge zitiert sind, ist ›Dimorphic Structure and the Parasocial Element‹ (JNES 36 [1977] 181 ff.).
[17] Vgl. R. Kupper, Les nomades en Mésopotamie au temps des rois de Mari, Paris 1957, 147 ff.; G. Buccellati (s. S. 19, Anm. 10); R. Harris, Ancient Sippar, Istanbul 1975, 94 ff.
[18] Vgl. F. R. Kraus, Vom mesopotamischen Menschen ... und seiner Welt, Amsterdam 1973; Artikel: *muškēnu*, CAD M$_2$ (1977) 272 ff. mit Literatur. Eine neue Untersuchung auf breiter Basis ist für *muškēnu* notwendig.

allem aber in der Amarna-Zeit in Syrien und in Nuzi gibt es verschiedene Bezeichnungen für nicht voll integrierte Gruppen fremder Herkunft, die natürlich oft Elemente der Unruhe bildeten. Besonders viel diskutiert unter diesen wird seit langem das in seiner Grundbedeutung noch nicht ganz geklärte Wort *ḫapiru*, das altägyptisch und in Ugarit als ʿ*pr* erscheint, weil es an hebr. ʿ*ibrî* „Hebräer" anklingt, aber sicher nicht mit diesem gleichzusetzen ist. Über diese und ähnliche, weniger weit verbreitete Gruppenbezeichnungen in wenigen Sätzen angemessen zu sprechen, ist nicht möglich, da sie je nach Ort und Zeit oft verschiedenartige Gruppen bezeichnen.[19] Vor allem das Schicksal syrischer Stadtstaaten wurde von Angehörigen der nicht oder nur mangelhaft integrierten Randgruppen wie z. B. der Ḫapiru oft entscheidend mitbestimmt.

Randgruppen besonderer Art entstanden im Hethiterreich und nach 1300 in zunächst kleinerem, nach 900 aber immer größerem Umfang auch in Assyrien durch die bereits erwähnten (s. S. 53) Verschleppungen und Umsiedlungen, offiziell „Ausreißungen" genannt, die vor allem die Oberschichten feindlicher Länder betrafen. Erneut praktiziert hat sie der Chaldäerkönig Nebukadnezar II., der u. a. große Teile der Juden nach 600 nach Babylonien brachte. Ziel der Umsiedlungen war keineswegs immer das Kerngebiet des jeweiligen Großreichs; oft waren es vom Heimatland der Betroffenen weit entfernte Provinzen. Versklavt wurden sicher nur Teile der Verschleppten; viele andere wurden bei öffentlichen Arbeiten eingesetzt oder bei Eignung ins Heer eingereiht. Handwerker konnten ihr Handwerk vor allem dann, wenn es wie etwa manche Arten des Kunsthandwerks oft gebraucht wurde, weiter ausüben. Die Integration der Nachkommen der Umgesiedelten wurde gewiß meistens begünstigt. Den Urkunden ließe sich hierzu gewiß noch mancherlei entnehmen; es gibt dafür aber erst wenige Untersuchungen.

Die Assyrer nennen als Zahlen für die Verschleppten im 13. Jahrhundert die runden Zahlen 14 400 und 28 800; später waren die gewiß immer überhöhten Zahlen nicht selten sechsstellig. Dabei erhebt sich die Frage, wie man den Transport solcher Menschenmassen über weite Strecken bewerkstelligen konnte. Assyrische Reliefs zeigen Frauen und Kinder bisweilen auf Wagen, die Männer aber zu Fuß.

[19] Vgl. den Artikel ›Ḫabiru‹ von J. Bottéro, RlAss. IV (1972) 14ff.; O. Loretz, Habiru-Hebräer, Berlin 1984. Die Keilschriftschreibungen lassen Lesungen mit *b* und *p* zu; in Ägypten und Ugarit wird ʿ*pr* geschrieben.

Alles in allem machten die Aramäer (s. dazu S. 53) wohl den größten Teil der aus den Kleinstaaten Mesopotamiens und Syriens Verschleppten aus. Da nach Babylonien und Assyrien durch Unterwanderung zunächst des flachen Landes erhebliche Aramäergruppen oft bereits früher gekommen waren, hatten die verschleppten Aramäer für ihre Integration die geringsten Schwierigkeiten. Zur Bildung besonderer Randgruppenklassen ähnlich denen des zweiten Jahrtausends in Babylonien und Syrien kam es im ersten Jahrtausend in Assyrien und in den Städten Babyloniens wohl nicht, da unsere Quellen von Auseinandersetzungen zwischen Einwohnergruppen verschiedener Herkunft nichts berichten. Die Urkunden des fünften Jahrhunderts aus dem achämenidischen Nippur nennen viele Sondergruppen, die aber kaum als Klassen einzustufen sind.[20]

d) Die großen Tempel. Lehnswesen und Feudalismus

Bei den Sumerern gab es ganz überwiegend kein Privateigentum am Boden, da dieser den großen Tempeln gehörte, die die eigentliche Basis jedes Stadtstaates bildeten, ohne mit diesem ganz identisch zu sein. Die Stadtfürsten und andere Angehörige der Oberschicht haben gewiß oft versucht, trotzdem zu privatem Bodenbesitz zu kommen; Texte aus Lagasch bezeichnen das im 24. Jahrhundert aber ausdrücklich als verwerflich.[21] Irgendein Feudalismus konnte sich unter solchen Umständen nicht entwickeln. Erst aus der Zeit der semitischen Könige von Akkade (s. S. 45) sind umfangreiche Steinurkunden teilweise erhalten, die zahlreiche Landkäufe der Könige außerhalb des sumerischen Gebiets registrieren.[22] Da damals vielleicht auch manche Funktionäre solche Käufe tätigten, mögen daraus Ansätze zu einem Feudalismus entstanden sein, die aber die danach folgende Fremdherrschaft der Gutium gerade im akkadischen Norden kaum überlebt haben. In den folgenden Jahrhunderten bis etwa 1500 weisen weder in Babylonien noch in

---

[20] Vgl. M. W. Stolper, Management and Politics in Later Achaemenid Babylonia: New Texts of the Murašû Archive, Dissertation, University of Michigan 1974.
[21] Für die sog. Reformtexte des Königs Uruinimgina, die die Mißstände anprangern, vgl. S. 62.
[22] Vgl. I. J. Gelb, Old Akkadian Stone Tablet from Sippar, RSO 32 (1957) 83 ff. auch zum Obelisken des Manischtuschu.

Mesopotamien die Quellen auf einen Feudalismus hin; bestimmend ist eine bürgerliche Gesellschaft.[23]

Die Einbrüche und Staatengründungen der Hethiter und Hurriter in Kleinasien und Syrien-Mesopotamien sowie der Kassiten in Babylonien führten dann zu stark veränderten Verhältnissen. In allen von diesen Völkern okkupierten oder gegründeten Staaten entstanden oft dünne Herrenschichten mit adelsähnlichen Vorrechten und besonderen Verpflichtungen gegenüber dem Fürsten. Ihren Mitgliedern wurde meist Grundbesitz zugewiesen, der durch weitere Schenkungen im Falle von besonderen Verdiensten oder zusätzliche Käufe oft noch vergrößert wurde. Kleinere oder größere Gruppen von Landarbeitern oder Pächtern gerieten auf den Gütern in die Abhängigkeit der Grundherren. Man kann daher in allen diesen Staaten von einem echten Feudalsystem sprechen, obwohl sich in den Städten die Stellung von Bürgertum und Priesterschaft oft wenig änderte. Im einzelnen hat sich dieses System sicher überall etwas verschieden ausgeprägt. Unsere Quellen geben uns gute Einblicke vor allem im osttigridischen Fürstentum von Arrapcha (s. S. 51) und in Babylonien sowie für Syrien in Ugarit. Für andere syrische Städte und Assyrien sind die Quellen weniger ergiebig; für Mesopotamien fehlen sie ganz. Aus dem Hethiterreich kennen wir nicht viele Urkunden. Manche wichtige Fragen bedürfen noch der Klärung.

Die Befreiung Babyloniens von der Kassitenherrschaft nach 1150 und die Beseitigung der meisten Hurriterstaaten durch die Hethiter und Assyrer hat anscheinend am Feudalsystem in diesen Bereichen zunächst wenig geändert; es bildete sich vor allem in Assyrien immer mehr ein einheimischer Feudaladel, dem in den großen Städten allerdings ein sehr selbstbewußtes Bürgertum gegenübertrat. Die Könige versuchten mit wechselndem Erfolg, die verschiedenen Gruppen gegeneinander auszuspielen und damit die Zentralgewalt zu stärken, mußten gleichwohl auf Landbesitzer wie Bürger und Priester sehr oft Rücksicht nehmen. In Babylonien haben nach etwa 1000 die Aramäereinbrüche zu immer größeren Besitzverlusten beim Landadel geführt, die dessen Bedeutung sehr stark minderten.

---

[23] Privater Großgrundbesitz spielte damals, falls überhaupt vorhanden, keine Rolle. Auch ein städtisches erbliches Patriziat hat es anscheinend nicht gegeben. Vgl. auch R. Harris (s. S. 73, Anm. 17); Artikel ›*ilku*‹ von B. Kienast, RlAss. V (1976) 52 ff. Manche Fragen in diesem Bereich werden allerdings verschieden beurteilt; sie bedürfen weiterer Untersuchungen.

Die Entwicklung führte dort also vom Feudalstaat weg und begünstigte wohl vor allem die großen Tempel, die nach Ausweis der Urkunden auch außerhalb der Städte viel Besitz hatten und bewirtschafteten. Sie wurden dadurch in der Chaldäer- und Achämenidenzeit zu riesigen Wirtschaftskörpern, deren Aktivitäten noch nie umfassend dargestellt wurden. Sie konnten an Bürger viele mehr oder weniger einträgliche Tempelämter wie etwa die Ausübung bestimmter Handwerke im Tempelbereich oder Beteiligungen am Opferdienst vergeben, die, besonders stark in der Seleukidenzeit, wie Aktien gehandelt wurden (s. auch S. 185).

Während in Assyrien das Ende des Großreichs zur Zerstörung der meisten Städte und zu Menschenverlusten größten Ausmaßes führte, womit die Auflösung aller früheren Ordnungen verbunden war, blieben diese in Babylonien nach der Eingliederung in das Achämenidenreich ganz überwiegend erhalten. Zugleich wurde allerdings nach und nach das iranische Feudalsystem auch auf Babylonien übertragen. Das Urkundenarchiv des großen Handels- und Bankhauses Muraschû in Nippur aus dem fünften Jahrhundert bezeugt das in vielfältiger Weise; allerdings sind in diesen Urkunden noch viele Termini nur unzureichend verständlich.[24]

Innerhalb des Bürgertums bildeten Handwerk, Handel und die die Verwaltung beherrschenden Schreiber Stände, die in der Spätzeit teilweise zunftähnlich organisiert waren.[25] Gegeneinander abgeschlossene Kasten sind aber nirgends erkennbar. Einzeluntersuchungen werden hier noch vieles zu klären haben.

Über die gesellschaftlichen Verhältnisse in den Dörfern verraten uns die zu allermeist aus den Städten stammenden Schriftquellen nur wenig. Einen Sonderfall stellt der Gutsbezirk Puzrisch-Dagan nahe Nippur zur Zeit der 3. Dynastie von Ur dar, aus dem Zehntausende von Urkunden bekannt sind. Eine systematische Aufarbeitung der Urkundenmassen steht noch aus.

---

[24] Vgl. M. W. Stolper (s. S. 75, Anm. 20); Artikel ›Lehenswesen in der Perserzeit‹ von G. Cardascia, RlAss. VI (1983) 547ff.
[25] Vgl. D. B. Weisberg, Guild Structure and Political Allegiance in Early Achaemenid Mesopotamia, New Haven–London 1967; H. M. Kümmel, Familie, Beruf und Amt im spätbabylonischen Uruk, Berlin 1979. Umfassende Untersuchungen zum Thema fehlen noch.

5. Heer- und Kriegswesen

Kampfhandlungen aller Art von kleinen Überfällen und ihrer Abwehr bis hin zu großen Kriegen beherrschen die Geschichte im Alten Orient wie anderswo. Die Hauptwaffen der einzelnen wie Äxte, Keule, Schwert, Lanze, Pfeil und Bogen unterschieden sich auch ziemlich wenig. Als Material traten seit dem vierten Jahrtausend neben Stein, Holz und Rohr verschiedene Bronzearten und seit etwa 1400 zuerst bei den Hethitern das Schmiedeeisen, das wegen der Schwierigkeit der Eisenverarbeitung die Bronzewaffen allerdings nirgends ganz verdrängte; auch stand in vielen Gebieten das Kupfer reichlicher zur Verfügung. Schutzwaffen waren neben Helmen und Schilden zeitweise auch Setztartschen und Panzer verschiedener Art, in späterer Zeit auch für Pferde; bei letzteren, die teilweise noch einen Nackenschutz hatten, waren Schuppen oder Ringe aus Metall auf starke Stoffe oder Leder aufgenäht. Unter den Bezeichnungen gab es manche Wanderwörter.[26]

Gekämpft wurde lange Zeit ganz überwiegend zu Fuß in geschlossener oder aufgelockerter Ordnung. Bildwerke zeigen uns die Phalanx, die die Sumerer seit etwa 2500 oft für den Nahkampf bildeten. Die Semiten verwendeten dagegen Netze, die Spezialkämpfer so auswarfen, daß sich die langen Lanzen in ihnen verfingen; Teile der Phalanx wurden dadurch kampfunfähig.[27] Die Akkade-Könige gaben die starre Phalanx auf. Viele Kampfbilder besitzen wir dann wieder von den Assyrern nach 900; sie zeigen keine geschlossene Schlachtordnung. Auf eine durchaus planmäßige Aufstellung der Verbände weisen allerdings die akkadischen Wörter für die Schlachtreihe (*sidru, sidirtu*). Über die Kampfausbildung der Truppen erfahren wir aus den Quellen nichts.

Über die Stärke der Kampftruppen bei größeren Feldzügen geben die Quellen nur sehr unzureichend Auskunft. In altbabylonischen Briefen aus Mari lesen wir, daß die damals oft eingesetzten Koalitionsverbände bis zu 30000 Mann stark sein konnten. Die Armeen der Einzelstaaten reichten damals nur selten für größere Operationen aus.[28] Die Assyrer geben zwar oft sicher weit überhöhte Zahlen

---

[26] Vgl. E. Salonen, Die Waffen der alten Mesopotamier, Helsinki 1965, mit Literatur und Abbildungen.

[27] Besonders charakteristisch ist die leider nur teilweise erhaltene Darstellung einer Schlacht auf der sog. Geierstele des Königs Eannatum von Lagasch.

[28] Hilfstruppen schickten bisweilen auch weit entfernte Länder wie z. B.

über die Verluste der Feinde an Toten und Gefangenen an, die manchmal sechsstellig sind und in späteren Inschriften eines Königs oft viel höher sind als in den Erstberichten über den Feldzug. Diese sind aber so wenig als bare Münze zu nehmen wie etwa die Behauptung Salmanassars III., er habe in seinem 14. Jahr 120000 Mann nach Syrien geführt.[29]

Auch bei kritischer Bewertung sehr vieler Zahlenangaben dürfen wir nicht daran zweifeln, daß man sehr große Truppenmassen nicht nur in einer Schlacht einsetzte, sondern auch über Hunderte von Kilometern, etwa von Assyrien nach Syrien, marschieren lassen und verpflegen konnte. Das setzte auch bei rücksichtsloser Durchführung von Requisitionen eine gut durchdachte Organisation und die Anlage brauchbarer Wege voraus. Wo immer möglich, wurde auf verschiedenen Wegen marschiert. Einzelangaben auch zum Einsatz von Arbeitskommandos sind den Quellen nur selten zu entnehmen.

Über die Heeresgliederung oberhalb der kleinen Einheiten, für die oft die Zahlen 10, 50 und 100 angegeben werden, wissen wir wenig. Die größeren Einheiten wurden vermutlich jeweils nach Bedarf zusammengestellt. Eine Hierarchie der höheren Dienstgrade hat es wohl selbst in Assyrien nur in Ansätzen gegeben.[30]

Die Masse der Soldaten wurde wohl überall nur von Fall zu Fall – das konnte manchmal Jahr für Jahr sein! – eingezogen. Es gab aber immer größere oder kleinere Einheiten, die dem König jederzeit zur Verfügung standen und die zugleich eine Art von Kadertruppe für die Aufstellung größerer Verbände bildeten. Sehr groß waren diese Einheiten meistens nicht; denn Sargon von Akkade hielt es für erwähnenswert, daß ihm jederzeit 5400 Mann zur Verfügung standen, die im Palast verpflegt wurden. Vergleichbare Zahlen aus jün-

Elam, das zur Zeit des Zimrilim von Mari Truppen nach Eschnunna schickte und auch mit Mari verhandelte.

[29] Wahrscheinlich blieben in den Zeiten der Eroberungskriege große Truppenverbände der Assyrer auch während des Winters in von Assyrien weit entfernten Provinzen, um im Frühjahr schnell wieder verfügbar zu sein.

[30] Vgl. den Artikel ›Heer‹ von E. Salonen in RlAss. IV (1975) 244ff. mit Literatur. Für die höheren Offiziere muß es eine Sonderausbildung gegeben haben, die ihnen das in Generationen angesammelte Wissen über Truppenführung vermittelte. Zeugnisse dafür sind m. W. nicht bekannt. Vgl. noch F. Malbran-Labat, L'Armée et l'organisation militaire de l'Assyrie, Genf 1982.

gerer Zeit fehlen. Sofern, wie im späteren Assyrerreich, eroberte Gebiete zu Provinzen des Reiches wurden, hatten die Statthalter Truppenverbände zu ihrer Verfügung, die die Festungen bemannten und wohl in deren Nähe angesiedelt wurden. Diese Verbände wurden dann bisweilen zu Privatarmeen der Statthalter und ermöglichten ihnen Aufstände gegen die Zentralregierung.

Wie überall bildete die Infanterie den Kern der Armeen. Die jüngeren Texte unterscheiden die Lanzenträger und die Schildträger von den Bogenschützen. Die Pioniere gewannen vor allem in den Armeen der Assyrer als Brücken- und Wegebauer eine große Bedeutung. Von Onagern gezogene, wenig bewegliche Kampfwagen mit Scheibenrädern gab es nach Bildern und Texten schon bei den Sumerern. Zu einer oft kampfentscheidenden Waffe wurden aber erst die in Massen operierenden leichten, pferdebespannten Kampfwagen mit Speichenrädern, die zuerst von den Hurritern und Hethitern eingesetzt wurden. Wagenkämpfer waren überwiegend die Lehnsleute der Könige und damit die Oberschicht auch der kleineren Feudalstaaten der Zeit nach 1500. Verwendet wurden Rassepferde, die einem intensiven Training unterzogen wurden.[31] Besetzt waren die Wagen ursprünglich nur mit dem Kämpfer und dem Lenker; später kam noch ein Schildträger hinzu. Reiter wurden als Meldereiter schon sehr früh eingesetzt. Eine Reiterei als Kampftruppe gab es aber nicht vor dem neunten Jahrhundert und dann vor allem in Assyrien. Sie wurde zur Abwehr von Einfällen iranischer Reitervölker entwickelt. Etwa zur gleichen Zeit ermöglichte in Arabien die Kamelzucht auch den Kampfeinsatz von Kamelreitern; Kämpfe mit arabischen Kamelreitern wurden auf assyrischen Reliefs mehrfach abgebildet.[32] Von Kamelreitern auf aus Zentralasien über Iran eingeführten Trampeltieren erfahren wir nichts.

Zur Vorbereitung von Kriegen haben die Assyrer, wie wir aus vielen Briefen erfahren, Spione und Agenten eingesetzt; die *dajjālu* erscheinen sogar als eine eigene Truppengattung. Auch die Propaganda durch Wort und der Abschreckung dienende Bilder spielte eine sehr große Rolle (s. u.).

[31] Vgl. A. Salonen, Die Landfahrzeuge des alten Mesopotamien, Helsinki 1951; W. Nagel, Der mesopotamische Streitwagen und seine Entwicklung im ostmediterranen Bereich, Berlin 1966; Artikel ›Kampfwagen‹ von W. Farber, M. A. Littauer und J. H. Crouwel, RlAss. V (1980) 336 ff. Vgl. auch S. 106, Anm. 14.

[32] Vgl. E. Strommenger – M. Hirmer, Fünf Jahrtausende Mesopotamien, München 1962, Abb. 242 f.

Als eine besondere Kampfesart entwickelte sich früh der Festungskrieg. Der mit Türmen versehenen Festungsmauer (akk. *dūru*) war oft noch eine Außenmauer (akk. *šalḫû*) vorgelagert; komplizierte Toranlagen sollten das Eindringen der Feinde erschweren. Oft wurde Anlehnung an einen Fluß gesucht. Im Gebirge wurden die Bergfestungen mannigfach ausgebaut. Die Angreifer setzten Mauerbrecher mit schweren Stoßstangen ein und errichteten, wo es möglich war, Belagerungsrampen, die möglichst die Höhe der Stadtmauer erreichen sollten. Aus altbabylonischer Zeit kennen wir viele mathematische Aufgaben mit Lösungen für die Einübung in die Rechnungen, die zur Vorbereitung von Belagerungsbauwerken benötigt wurden. In einigen Fällen hat man auch große Flüsse teilweise umgeleitet, um durch die Wassermassen Mauern und Gebäude zum Einsturz zu bringen.[33]

Für Flußüberquerungen wurden Boote bereitgestellt und, wo möglich, Brücken errichtet. Die Soldaten benutzten aufgeblasene Hammelhäute, um mit Waffen an Flußufer-Mauern heranzukommen. Daß die Schwimmkunst damals wenig verbreitet war, zeigt schon das Fehlen von Wörtern für 'schwimmen' in mehreren Sprachen.

Die Überquerung der Lagunen am Persischen Golf mit einer von Griechen gebauten Kriegsflotte hat nach unserer Kenntnis zuerst der Assyrerkönig Sanherib um 700 unternommen. Über mögliche Seekriegshandlungen der Küstenstaaten wie Elam oder der Länder am Mittelmeer können wir den Quellen wenig entnehmen. Sie konnten wohl nur in Küstennähe durchgeführt werden.

Die Gründe, aus denen im Alten Orient Krieg geführt wurde, und die jeweils angestrebten Kriegsziele sind ebenso vielfältig wie sonst in der Welt und doch im Grunde immer die gleichen: Abwehr von wirklichen oder befürchteten Übergriffen anderer und der Versuch, andere zu unterwerfen, auszubeuten und bei Widerstand ganz auszuschalten. Man war fast überall überzeugt, mit dem Krieg den Willen von Gottheiten zu erfüllen, die verletztes Recht wiederherstellen und ihr Herrschaftsgebiet ausweiten wollten. Trotzdem war auch überall der Wunsch lebendig, in Frieden zu leben, sofern das für möglich gehalten wurde. Bei den Völkern, die wirtschaftlich reiche Gebiete bewohnten, ging es immer wieder um die Abwehr von

---

[33] Vgl. H. Waschow, 4000 Jahre Kampf um die Mauer. Der Festungskrieg der Pioniere, Bottrop 1938; Artikel ›Festung‹ von E. Ebeling, RlAss. III (1957) 50ff.

Angriffen der weniger Begünstigten. Um diese Abwehr zu erleichtern, bildete sich vielfach die Tendenz heraus, dem eigenen Gebiet durch Eroberungen Sicherheitszonen vorzulagern, in denen die Angriffe rechtzeitig aufgefangen werden konnten. Der Wunsch, diese Sicherheitszonen auszuweiten, führte dann oft zu hemmungsloser Eroberungspolitik wie z. B. bei den Akkade-Königen Babyloniens und später den Assyrern, aber auch sonst bei vielen Königen. Es muß jedoch auch gesagt werden, daß andere sich da Zurückhaltung auferlegten und sich nur begrenzte Ziele setzten. Zu diesen gehören neben manchen anderen Hammurabi von Babylon und sein älterer Zeitgenosse Schamschi-Adad I. von Assyrien.[34]

Die Anwendung besonders barbarischer Methoden bei der Kriegführung gab es auch wohl überall, wenn die Situation das nahelegte oder begünstigte. Nicht allgemein üblich war es, sich der Grausamkeiten zu rühmen und sie sogar übertreibend darzustellen, wie das die Assyrer in Wort und Bild taten, um durch die Verbreitung von Schreckensbildern die Völker auch ohne Krieg zur Unterwerfung zu bringen. Daß es allenthalben neben Barbarei auch Menschlichkeit gab, erschien nicht erwähnenswert und wurde daher vergessen, damals wie heute.

---

[34] Der letztere wies seinen Sohn Jasmach-Adad brieflich an, die Bewohner unterworfener Gebiete so zu behandeln, daß sie den König freiwillig ohne Zwang anerkennen.

VII. ERNÄHRUNG UND LANDWIRTSCHAFT. DIE TIERZUCHT

Landwirtschaft wird hier im weitesten Sinne des Wortes verstanden und umfaßt auch die Sammeltätigkeit, vor allem die Fischerei, und die Jagd. Ob in den teilweise bewaldeten Gebirgsländern auch schon eine Art von Forstwirtschaft betrieben wurde, wissen wir nicht; einige Hinweise auf die Fürsorge für Wälder in Mythen könnten in dieser Richtung gedeutet werden.

Die Bedingungen für Ackerbau, Gärtnerei und Viehwirtschaft sind im Orient je nach den natürlichen Gegebenheiten (s. dazu S. 5ff.) sehr verschieden. Nur eine – noch nicht verfügbare – Monographie könnte das im einzelnen darstellen. Die schriftlichen Quellen stehen für bestimmte Perioden in Babylonien überreich zur Verfügung und für Assyrien sowie Teile von Mesopotamien und Nordsyrien sehr reichlich. Eine umfassende Auswertung konnte daher noch nicht in Angriff genommen werden. Die vielfältigen Möglichkeiten der Pollenanalyse wurden bisher nur wenig genutzt. Von verstärkter Arbeit auch mit naturwissenschaftlichen Methoden dürfen wir noch wichtige Aufschlüsse erwarten.[1]

Das Sammeln im eigentlichen Sinn spielte für die Ernährung im Alten Orient wohl überall nur eine sehr untergeordnete Rolle. Von Pilzen ist nur ganz selten die Rede;[2] für manche wildwachsenden Pflanzen, Früchte, Beeren usw. kennen wir vielleicht nur die Wörter nicht. „Honig" (sum. làl, akk. *dišpu*) war in Babylonien wohl nur selten Bienenhonig, viel häufiger ist gewiß der Dattelsirup gemeint. Die Bienenzucht hatte wohl nur in Kleinasien einige Bedeutung.[3] In großem Umfang betrieben wurde wohl überall das Sammeln von Heilkräutern; vgl. dazu S. 157. Bei Tieren gibt es Zeugnisse für das Essen von Schildkröten und Heuschrecken. Auch die Eier mancher Vögel und von Schildkröten wurden gesammelt.

---

[1] Vgl. B. Hrouda und Mitarbeiter, Methoden (s. S. 43, Anm. 7).
[2] Vgl. CAD K 120 und 133 zu *kamʾatu* „Trüffel" und *kamūnu* B.
[3] Im 8. Jh. rühmt sich der Statthalter Schamasch-reschu-ussur, am mittleren Euphrat die Bienenzucht eingeführt zu haben; vgl. E. Ebeling, Artikel: Biene, RlAss. II (1938) 25.

1. Fisch- und Vogelfang. Die Jagd

Der Fischfang, ganz überwiegend gewiß von Berufsfischern[4] betrieben, hatte für die Ernährung überall dort, wo das Wasser nicht zu weit entfernt war, eine sehr große Bedeutung. Über die Fischerei im Mittelmeer und in den großen Salzseen wissen wir kaum etwas. Sehr reiche Quellen stehen uns jedoch für Babylonien zwischen etwa 2500 und 1500 und wieder für die Spätzeit zur Verfügung. Sie zeigen, daß zwischen der Süßwasserfischerei und der in der Lagune und im Persischen Golf unterschieden werden muß. Leider sind viele sumerische und akkadische Ausdrücke und Fischbezeichnungen in den Wirtschaftstexten noch nicht sicher zu deuten. Fanggeräte waren vor allem Wurf- und Stellnetze sowie Fischspeere, Harpunen und Reusen; Angeln wurden, vielleicht wegen der vielen großen Fische, seltener ausgeworfen. Man fischte vom Ufer aus oder benutzte Boote, auf dem Meer auch Segelschiffe. Zum Tragen der Fänge wurden meistens Körbe verwendet. Unter den vielen Fischarten der Flüsse waren die Karpfenfische (Cyprinidae) wohl die am weitesten verbreiteten. Für die Konservierung wurde viel Salz benötigt; es gab wohl auch schon einige pikante Fischkonserven. Fische werden sehr oft abgebildet, einzeln und als Bewohner von Flüssen und Lagunen. Fischer spielen in einigen Mythen eine Rolle (s. S. 209 zum Adapa-Mythos).

Die wirtschaftliche Bedeutung des Vogelfangs war sicher viel geringer. Vogelfänger (sum. mušen-dù, akk. *us/šandû*) werden in Keilschrifttexten aber oft genannt. Fanggeräte waren vor allem Netze und Fallen; abgebildet wird aber auch das Schießen auf Vögel. Lockvögel wurden oft eingesetzt, ebenso Jagdfalken wohl vor allem bei königlichen Jagden. Unsere unzureichende Kenntnis der Vogelbezeichnungen erschwert die Bestimmung der vorzugsweise gefangenen Vogelarten.[5] Daß Vögel nicht nur als Nahrungsquelle und wegen ihrer Eier Beachtung fanden, zeigen einige Texte, die Vogelstimmen wiederzugeben suchen (s. S. 153). Zu den domestizierten Vögeln vgl. S. 91.

Die Jagd hat zwei primäre Funktionen: Sie dient der Beschaffung

---

[4] Vgl. A. Salonen, Die Fischerei im alten Mesopotamien, Helsinki 1970; der Fischer hieß sumerisch šu-ku₆ und akkadisch *bāʾeru* „Fänger" oder *šuḫaddāku*.

[5] Vgl. A. Salonen, Vögel und Vogelfang im alten Mesopotamien, Helsinki 1973.

von Fleisch sowie von Fellen für die Bekleidung und Knochen für die Herstellung von Geräten, und sie dient der Abwehr der Raubtiere sowie der Tiere, die die Felder und Gärten heimsuchen. Frühzeitig gewann zusätzlich eine manchmal kaum geringere Bedeutung als dritte Funktion die Jagd als Sport, der Freude macht, und als Mittel, männliche Kraft einzusetzen und vor anderen zu beweisen. Das Recht, die Jagd um ihrer selbst willen auszuüben, behielten sich, weil Jagdtiere meist nicht in beliebiger Menge vorhanden waren, oft die Fürsten mit ihrem Gefolge und Feudalherren vor. Sie stellten ihr Tun gern als die Ausführung der Befehle von Jagdgöttern wie vor allem Ninurtas, des Nimrod der Bibel, hin.

Durch Berichte in Wort und Bild gut bezeugt sind vor allem die Jagden der Assyrerkönige seit Tiglatpilesar I. auf Löwen und andere Raubtiere sowie Gazellen, Steinböcke, Hirsche, Wildpferde, Elefanten usw. Der König jagte auf dem Wagen oder zu Pferde; große Hunde wurden auf das Wild gehetzt. Seltener ist in Briefen wie denen aus Mari von der Jagd die Rede. Urkunden verzeichnen manchmal Gegenstände, die aus Fellen oder Körperteilen von Jagdtieren hergestellt wurden, enthalten aber kaum Hinweise, die Schlüsse auf die wirtschaftliche Bedeutung von Jagdunternehmungen erlauben. Für die Ernährung der Bevölkerung hat die Jagd wohl nur in den Gebirgsländern eine größere Bedeutung gehabt; aus diesen jedoch haben wir nur ganz wenige Nachrichten.[6]

2. Die Tierzucht

Die Tierzucht ist einer der Hauptbereiche der Landwirtschaft, steht aber nicht nur in ihrem Dienst. Sie soll hier als Ganzes behandelt werden. Alle Tiere wurden übrigens zur Gewinnung von Vorzeichen vielfältig beobachtet.

a) Hunde, Katzen, Mungos

Der Hund (sum. ur-gi$_7$, semit. *kalbu*) zählt zu den frühesten Haustieren und diente vor allem dem Schutz von Herden und

---

[6] Vgl. A. Salonen, Jagd und Jagdtiere im alten Mesopotamien, Helsinki 1976; Artikel ›Jagd‹ von W. Heimpel und L. Trümpelmann, RlAss. V (1977) 234 ff.

Wohnungen gegen ihre Feinde. Trotz vieler in den Städten frei herumlaufender Hunde war er wohl auch im Alten Orient überwiegend jeweils an einen bestimmten Herrn gebunden und wurde von ihm unterhalten. Er war allerdings auch ein Aasfresser, der in Ortschaften die Funktionen von Hyänen und Schakalen wahrnahm. Es gab, soweit wir sehen können, nur zwei Hauptrassen, große Windhunde, die vor allem auch als Jagdhunde dienten, und sehr starke Doggen, die den im Orient oft kleineren Wölfen zumeist überlegen waren und sich daher besonders als Hirtenhunde eigneten. Die Quellen unterscheiden mehrere Unterrassen, die wir nur teilweise identifizieren können. Der Hund war oft das Begleittier von Heilgottheiten; es gab aber auch „böse Hunde". „Hund" als Schimpfwort ist aber wenig gebräuchlich.[7]

Die Hauskatze (sum. sa-a, akk. *šurānu*) wurde wie überall als Mäuse- und Rattenjäger gehalten, spielte sonst aber für den Menschen wohl keine erhebliche Rolle und wird daher anders als die Hunde nur selten abgebildet.[8] Als Mäusejäger hatte sie wie heute noch in Südasien einen Konkurrenten in dem größeren und stärkeren Mungo (sum. nin-kilim, akk. *šikkû*), der zusätzlich noch die so wichtige Funktion eines Schlangenjägers hat und in Texten oft genannt wird.[9] Aus Syrien und Kleinasien erfahren wir über ihn wie über die Katze fast nichts.

b) Equiden, Kamele

Obwohl das Thema Pferdezucht besonders viel behandelt wurde, gibt es gerade da noch mancherlei Unklarheiten.[10] Die Ausdeutung

---

[7] Vgl. den Artikel ›Hund‹ von W. Heimpel und U. Seidl, RlAss. IV (1975) 494 ff.

[8] Vgl. den Artikel ›Katze‹ von W. Heimpel und U. Seidl, RlAss. V (1980) 488 ff.

[9] Vgl. B. Landsberger – I. Krumbiegel, Die Fauna des alten Mesopotamien, Leipzig 1934, 110 ff. Auch die Schlangen und die Wildtiere werden dort behandelt. Für Tierdarstellungen vgl. E. Douglas van Buren, The Fauna of Ancient Mesopotamia as Represented in Art, Rom 1939.

[10] Vgl. A. Salonen, Hippologica Accadica, Helsinki 1955 zu allen Equiden; Fr. Hančar, Das Pferd in prähistorischer und früher historischer Zeit, Wien–München 1956; I. G. Khlopin, Das Pferd in Vorderasien, Orientalia Lovaniensia 13 (1982) 1 ff. Das Pferd wird sum. „Bergesel" (anše-kur-ra) genannt; akk. *sisû* ist ein Wanderwort noch ungeklärter Herkunft (s. AHw., S. 1051 f.).

von Bildern ist oft umstritten. Vor allem aber haben die uns überlieferten Wörter für Equiden, sofern sie sich nicht einer genaueren Deutung ohnehin noch entziehen, im Laufe der Zeit mehrfach verschiedene Gattungen bezeichnet, ohne daß wir das schon überall klar erkennen könnten. Die Domestizierung war bei allen Equiden und Kamelen schwierig, dauerte Jahrhunderte und erforderte manchen Neuanfang.

Am frühesten domestiziert war wohl der Esel (sum. anše, semit. ḫimāru; Eselin ème bzw. atānu), der eine sehr vielseitige Verwendung in der Wirtschaft und bei ausreichender Wasserversorgung für Transporte auch über weite Strecken ermöglichte. Urkunden, Briefe und die Literatur handeln überall in mannigfacher Weise von ihm, bezeichnen übrigens weder ihn noch Kamele oder Schafe als (besonders) dumm. Er wurde auch geritten und konnte bei Verwendung geeigneter Gurte viel tragen. Eselsmilch wurde wohl nur selten getrunken. Die Esel waren auch für wenig Begüterte erschwinglich.

Nicht nur oft störrisch wie die Esel, sondern dazu noch bissig waren die nicht selten ausschlagenden Onager oder Halbesel, die als Wagenzugtiere schon im dritten Jahrtausend verwendet wurden, aber besonders gut gezäumt werden mußten. Nur Fohlen von ihnen können gezähmt werden, erwachsene Tiere nicht mehr. Nach Knochenfunden in Syrien muß es noch eine weitere, früh ausgestorbene Equidenfamilie gegeben haben, die ähnlich wie die Onager genutzt wurde. Wie die Semiten diese Tiere benannten, ist noch nicht geklärt; im dritten Jahrtausend standen in Ebla dafür die Wörter kūdanum und aglum zur Verfügung, die im Akkadischen und später wohl andere Equiden bezeichneten und in Babylonien anders als in Mari und Assyrien dann nur noch literarisch verwendet wurden. Für die Landwirtschaft ist der Einsatz von Onagern bisher nicht nachweisbar. Gründliche Untersuchungen zu diesen Equiden fehlen noch.

Manche sprechen für das dritte Jahrtausend auch schon von Maultieren im Orient, bedenken dabei aber nicht, daß diese, da fast immer fortpflanzungsunfähig, eine Pferdezucht neben der Eselhaltung voraussetzen. Erste, sehr seltene Erwähnungen von Pferden begegnen erst in sumerischen Texten der Zeit um 2000; sie sind auch in altassyrischen und altbabylonischen Texten nicht zahlreich. Es ist daher fraglich, ob in Mari-Texten wirklich schon von Maultieren gesprochen wird. Auch nach der Mitte des zweiten Jahrtausends wurden diese, weil sie wegen der Unkosten für die Kreuzung von

Pferden und Eseln teurer als die Esel waren, nur beschränkt eingesetzt, vor allem als Zugtiere für Wagen. Die Pferdezucht selbst, die schon in den Hurriterstaaten, bei den Hethitern und wenig später in Assyrien gepflegt wurde, wie hethitische und assyrische Trainingsvorschriften zeigen,[11] diente wohl immer nur den Königen, Fürsten und Großgrundbesitzern sowie dem Heer (s. S. 80). Nach etwa 900 lagen besonders wichtige Zentren der Pferdezucht in Armenien und Nordwestiran; der Pferdeexport von dort war ein erheblicher Wirtschaftsfaktor. Eine große Rolle spielte die Pferdezucht im ersten Jahrtausend auch in Syrien-Palästina; die Assyrer wollen auf ihren Feldzügen dort oft viele Tausende von Pferden erbeutet haben. Weiße Pferde galten als besonders wertvoll und wurden nicht selten den Tempeln geschenkt.[12]

Die Kamelzucht wurde seit etwa 1100 vor allem im arabischen Raum von Beduinen oder Halbnomaden (s. dazu S. 72) betrieben und für das zweihöckrige Trampeltier in Nordiran. Als Tribut und durch Kauf kamen viele Kamele nach Assyrien und in andere Länder; sie wurden zumeist als Lasttiere eingesetzt. Dromedarzuchtzentren muß es seit etwa 700 auch in Südbabylonien gegeben haben, wie Tributlisten und viele Terrakotten erweisen. Für die Kamelhaltung in Syrien-Palästina ist das Alte Testament eine wichtige Quelle. Für den Einsatz von Reitkamelen durch Araber im Krieg vgl. S. 80.[13]

c) Rinder, Schafe, Ziegen, Schweine

Die Anfänge der Rinderzucht im Orient reichen wie die des Akkerbaus in das sechste Jahrtausend zurück. Nur ansässige Bauern konnten Rinder züchten und das nur dort tun, wo der anbaufähige Boden für Felder und für Wiesen ausreichte; denn die Rinderhirten mußten die Tiere von den Feldern fernhalten können. Für das dritte Jahrtausend bezeugen die Quellen eine entwickelte Rinderzucht.

[11] Vgl. A. Kammenhuber, Hippologia Hethitica, Wiesbaden 1961; E. Ebeling, Bruchstücke einer mittelassyrischen Vorschriftensammlung für die Akklimatisierung und Trainierung von Wagenpferden, Berlin 1951.
[12] Vertragsbrüchigen wurde manchmal die Schenkung eines (gewiß sehr teuren) Schimmels als Strafe auferlegt.
[13] Die umfangreiche und z. T. kontroverse Literatur zur Domestizierung faßt der Artikel ›Kamel‹ von W. Heimpel, RlAss. V (1980) 330ff. zusammen. Ein Anachronismus ist es, wenn die Genesis den Erzvätern Israels Kamele zuschreibt.

Das gilt besonders für Syrien. In Urkunden aus Ebla finden sich bisweilen ganz auffällig große Zahlen, z. B. einmal 11788. Man fragt sich, wo so viele Tiere geweidet haben sollen.[14] Spätere Beutezahlen für Syrien sind bisweilen ebenfalls fünfstellig, dürften aber erheblich überhöht sein. In Babylonien werden, wenn ich recht sehe, in der Regel viel kleinere Zahlen genannt. Nach einem altbabylonischen Brief kostete ein Rind sowiel wie 30 Schafe, war aber trotzdem nicht allzu teuer.

Die Stiere wurden wegen ihrer Aggressivität wie überall gewiß nur als Zuchttiere verwendet. Die Ochsen mußten Pflüge, Eggen und Ackerwagen ziehen und Drescharbeit leisten (s. S. 94). Als Zugtiere auf Straßen dienten sie nur selten. Es gab aber auch Mastrinder, die zur Schlachtung für Opfer und die Tafel der Fürsten bestimmt waren. Die Kühe dienten wohl ganz überwiegend der Nachzucht und der Milchgewinnung. Altersangaben sind bei Rindern besonders häufig. Es gab für die größeren Herden besondere Rinderhirten und -fütterer, die oft im Dienst der Tempel standen und auch die Ställe (nur für Muttertiere?) in Ordnung halten mußten. Ob man die Kotfladen in größerem Umfang für die Düngung verwendete, wissen wir nicht. Trockene Fladen waren im holzarmen Babylonien ein wichtiger Brennstoff. Aus den gegerbten Häuten wurden Decken und wohl auch Schuhzeug hergestellt, aus den Hörnern mancherlei Gegenstände.

Stiere wurden sehr oft abgebildet, etwas seltener auch Kühe, diese auf Reliefs auch mit dem Melker oder ihrem Kalb. Der Stier war dem Mondgott und den Wettergöttern zugeordnet; vgl. dazu und zur Hörnerkrone S. 168. Die schwere, aber glückliche Geburt eines Kalbes mit Hilfe des Mondgottes im Mythos war ein beliebtes Thema für Beschwörungen in babylonischen Geburtshilferiten (s. S. 192). Das Götterepitheton Stier beanspruchten bisweilen auch Könige.

Das Schaf war das wichtigste Nutztier für die Nomaden ebenso wie für die Ansässigen, da es genügsam ist und immer wieder auf andere Weiden getrieben werden kann. Die großen Tempel wie die

---

[14] Vgl. D. O. Edzard, Archivi reali di Ebla II: Verwaltungstexte verschiedenen Inhalts, Rom 1981, Nr. 25. Eine Monographie zur Rinderzucht fehlt; für die Pflugrinder vgl. A. Salonen (s. S. 93, Anm. 18), S. 376ff. Vierergespanne werden besonders häufig erwähnt; Zweier-, Sechser- und Achtergespanne wurden aber auch eingesetzt. Vgl. noch F. R. Kraus (s. S. 67, Anm. 8).

Paläste und einzelne verfügten oft über sehr große Herden; in Ebla werden sogar sechsstellige Zahlen für den Gesamtbestand an Schafen genannt (s. S. 89). Das Schaf gab Milch, wurde regelmäßig geschoren und war das wichtigste Fleischtier. Der Mist diente als Dung; die Felle und Hörner waren mannigfach verwendbar. Der Schafhirt galt als Urtyp des Hirten. An ihn dachten die Könige, die sich als Hirten ihrer Menschen bezeichneten; Hirt (sum. sipa, akk. $rē^{ɔ}û$) war aber auch ein viel gebrauchter Göttertitel. Große Hunde (s. S. 86) dienten dem Schutz der Herden. In Urkunden, Briefen und anderen Quellen finden sich so viele Tausende von Hinweisen auf Schafe, daß selbst bei Beschränkung auf bestimmte Perioden eine umfassende Darstellung der Schafzucht nur sehr schwer erarbeitet werden kann.

In den Opferkulten war das Schaf das am häufigsten geschlachtete Tier. Die der Voraussage der Zukunft dienende Eingeweide-, insbesondere Leberschau wurde fast nur an Schafen durchgeführt; s. dazu S. 146ff. Obwohl es heiliges Tier der Göttin Inanna/Ischtar war (s. S. 168), wurde das Schaf verhältnismäßig wenig und fast nur in der Kleinkunst abgebildet.

Gegenüber der Schafzucht spielte die Ziegenhaltung wohl überall im Orient nur eine untergeordnete Rolle. Gleichwohl ist in Urkunden und Briefen auch von Ziegen häufig die Rede. Neben der Milch fand vor allem Ziegenhaar vielfältig Verwendung. Ziegenböckchen werden besonders oft erwähnt.

Wenn in den Texten von Butter gesprochen wird, so handelt es sich in der Regel um eine besonders präparierte Art von Sahne – ganz überwiegend von Schafen – und nicht um die Butter, die wir kennen. Vom Käse ist so auffällig selten die Rede, daß er für die Ernährung keine große Bedeutung gehabt haben kann. Einzeluntersuchungen fehlen hier aber.[15]

Schweinefleisch war in Babylonien und Assyrien anders als in Israel nicht generell als unrein verpönt, sondern wurde ebenso wie das Schweineschmalz durchaus gegessen, sicher allerdings viel weniger als Schaffleisch. In Urkunden des ersten Jahrtausends wird das Schwein allerdings so selten erwähnt, daß wir daraus wohl auf einen

---

[15] Von der Butter (sum. ì-nun-na, akk. *ḫimētu*) ist zu allen Zeiten oft die Rede. Der Käse (sum. ga-àra, akk. *eqīdu* oder *gubnatu*) wird in akkadischen Texten ganz selten genannt, in neusumerischen Urkunden hingegen häufig. Ein weiteres akkadisches Wort für eine Käseart könnte noch unerkannt sein.

nur noch geringen Verzehr von Schweinefleisch schließen müssen. Wie die Schweine gehalten wurden, muß noch untersucht werden.

d) Geflügel

Die Geflügelzucht setzt, soweit wir sehen können, erst viel später ein als die Viehzucht. Zuerst, vielleicht schon gegen Ende des dritten Jahrtausends, wurden in Babylonien Gänse gehalten; Enten kamen wohl früh im zweiten Jahrtausend dazu. In beiden Fällen ging es sowohl um das Geflügelfleisch als auch um die Eier. Sehr häufig bezeugt sind in Briefen und Urkunden der älteren Zeit weder Gänse noch Enten, und auch von Eiern ist vor dem ersten Jahrtausend recht selten die Rede, am häufigsten noch von Straußeneiern, die wie gewiß auch Eier anderer Vögel in der Steppe eingesammelt wurden. Eine wesentliche wirtschaftliche Bedeutung hatte die Geflügelhaltung im zweiten Jahrtausend sicher nicht.

Verschiedene Wildhühnerarten wie z. B. der Frankolin werden schon im zweiten Jahrtausend als Jagdtiere genannt. Das Haushuhn wurde aber wohl erst im ersten Jahrtausend aus Indien eingeführt und wird in der Spätzeit öfter abgebildet, ist aber in Texten nicht sicher nachweisbar.[16] Opfertiere waren in der Spätzeit Babyloniens vor allem Enten und Tauben, seltener Gänse; mit diesen Vögeln hatte es auch der oft genannte Vogelfütterer zu tun. In Israel kannte man nur Tauben als Opfervögel, die Arme anstatt von Schafen darbringen konnten. Enten, Gänse und Hühner nennt das Alte Testament nicht.

3. Die Land- und Gartenwirtschaft

a) Die Voraussetzungen

Die für den Ackerbau in Vorderasien in Frage kommenden Flächen und Berghänge waren hinsichtlich ihrer Ausdehnung und ihrer Qualität vielfachen Veränderungen unterworfen, von denen wir

---

[16] Ein akkadisches Wort für das Haushuhn ist nicht bekannt. Für die Geflügelhaltung finden sich bei A. Salonen (s. S. 84, Anm. 5) wichtige Hinweise unter *kurkû* „Gans" (S. 216 ff.), *paspasu* und *ūsu* „Ente" (S. 237 ff., 288 ff.). *tarlugallu* „Hahn" (S. 154 f.) bezeichnet wohl nur vereinzelt den Haushahn.

nur einen ganz kleinen Teil in etwa erfassen können. Besonders ausgedehnt waren die anbaufähigen Gebiete im regenreichen vierten Jahrtausend (s. S. 7); ein erheblicher Teil von diesen war damals gewiß noch bewaldet, obwohl die Waldrodungen längst eingesetzt hatten. Hier kann es nur um die historische Zeit gehen, die in Babylonien um 3000 einsetzt, in anderen Gebieten meistens erheblich später. In dieser Zeit waren die Menschen kurz- und längerfristigen Klimaschwankungen nicht mehr ganz hilflos ausgesetzt, hatten aber doch nur sehr beschränkte Möglichkeiten, dem Verlust von Ackerland durch zuviel oder – viel häufiger! – zuwenig Wasser und durch die Bodenversalzung entgegenzuwirken. Dabei sind die überwiegend gebirgigen Gebiete, in denen der Regenfeldbau (s. dazu S. 7f.) möglich ist, den ganz auf künstliche Be- und Entwässerung angewiesenen Bereichen gegenüber erheblich begünstigt. Die Grenzen beider Zonen in den gebirgsnahen Gebieten Mesopotamiens etwa waren sicher erheblichen Schwankungen unterworfen, und voll ausreichende Regenmengen gab es auch im Regenfeldbau-Bereich keineswegs überall. Außerdem waren die Regenfälle über das Jahr meistens sehr ungleich verteilt. Die für die Landarbeit so wichtigen kleineren Wasserläufe finden sich außerhalb des Gebirges nur an wenigen Stellen, beispielsweise im Bereich der Quellflüsse des Chabur; ganzjährig Wasser führen aber auch da nicht alle Bäche. Die natürlichen Voraussetzungen für reichliche Ernteerträge auf guten Böden sind also im Orient nur ziemlich selten gegeben.[17]

In den regenarmen Gebieten ist Ackerbau nur dort möglich, wo Kanäle aus den Flüssen abgeleitet werden können, die sich dann weiter vielfältig verzweigen bis hin zu den Feldern; sie leiten das Wasser dann dort, wo das Gefälle ausreicht, auch wieder ab. Die Unterhaltung der Hauptkanäle ist Sache des Staates; die der kleinen obliegt den Feldbesitzern und -pächtern (s. S. 66). Die Kanäle führen nur während eines Teils des Jahres ausreichend Wasser und sind immer von Versandung bedroht; für die Felder besteht dagegen dauernd die Gefahr einer Versalzung vor allem durch Salpetersalze. Wenn das Salz nicht durch Entwässerung reduziert wird, können sehr gute Böden ganz unfruchtbar werden. Ackerbau in Babylonien, der nie im ganzen Land betrieben wurde, erforderte also viel

---

[17] In dem im Erscheinen begriffenen ›Tübinger Atlas des Vorderen Orients‹, Wiesbaden 1977ff., finden sich auch zur Landwirtschaft wichtige Karten.

Arbeit und sorgfältige Planung, erbrachte dann aber auch gute Erträge.

Auch in Assyrien sowie in Mesopotamien in der Nähe der großen Flüsse sowie in weiten Teilen der Ebenen und des Hügellandes waren die Möglichkeiten für einen intensiv betriebenen Ackerbau gut; oft konnten Überschüsse exportiert werden. Abseits der Flüsse sowie im größten Teil Arabiens überwog das Steppenland und südlich des Euphrats die Wüste. Fruchtbare Gebiete gab es hingegen im Bereich der Gebirgsländer West- und Ostarabiens.

b) Die Methoden

Die geschilderten Umstände, die in weiten Gebieten den Ackerbau sehr erschweren, zwangen sehr früh dazu, über eine angemessene Bodenbearbeitung nachzudenken und die Geräte immer wieder zu verbessern. Pflüge mit zunächst kupferbeschlagener Holzschar und wohl schon vor 3000 auch Bronzeschar drängten früh die Hacken und Spaten zurück; auch Eggen dürfte es schon früh gegeben haben. Vorläufig nicht sicher zu datieren ist die Einführung des den Boden nur wenig aufreißenden Saatpfluges mit einem eingebauten Trichter für das Saatgut neben dem Umbruchpflug. Wenn die Saat in die vom Pflug gezogenen Furchen fiel, ging bei den trockenen und nach Bewässerung oft sehr harten Böden viel weniger verloren als beim Säen mit der Hand. Aus der Zeit um 2000 besitzen wir ein sumerisches Lehrgedicht über den Ackerbau, das noch nicht überall verständlich ist.[18] Es beschreibt von der Bewässerung an die einzelnen Tätigkeiten und bestätigt die auch aus Urkunden zu entnehmende Tatsache, daß man je Flächeneinheit in Babylonien viel weniger Saatgut brauchte als bei uns: es fordert etwa 8 g für 6 m Saatfurche und auf 6 m Breite nur 8 Saatfurchen, vielleicht zur Schonung der Böden, und einen regelmäßigen Wechsel der Saatfurchenrichtung. Diese Richtmaße darf man gewiß nicht verallgemeinern. Bei harten Böden hat man in altbabylonischer Zeit nach dem Eggen noch Erdklumpen „zerbrochen".

Bei einer Ernte im Jahr, gewiß dem Normalfall, mußte im Früh-

---

[18] Vgl. A. Salonen, Agricultura Mesopotamica, Helsinki 1968; S. 202 ff. zum sumerischen Lehrgedicht; Artikel ›Landwirtschaft‹ (nach Ackerbau und -wirtschaft) von A. Deimel, B. Meissner und K. Butz, RlAss. I (1928) 16 ff. und VI (1983/84) 470 ff.

sommer in der ganz kurzen Zeitspanne zwischen dem Abfließen des auf die Felder geleiteten Hochwassers und dem Steinhartwerden der austrocknenden Böden umgebrochen werden. Gesät wurde in der Regel im Spätherbst, geerntet im Frühjahr.[19] Babylonien hatte auf guten Böden meist reichliche Ernten, die bei guter Bestockung einen sechzig- bis hundertfachen Ertrag bringen konnten. Leider gibt es noch viele metrologische Unklarheiten, die die Auswertung der überaus zahlreichen Zahlenangaben in Briefen und Urkunden erschweren und bisher verhindert haben. Geschnitten wurde das Korn mit Sicheln; von der Aufstellung der Garben oder Stadel zum Trocknen und dem Wenden der Garben ist nur vereinzelt die Rede. Zum Dreschen trieb man normalerweise über die sorgfältig geglätteten Tennen Tiere, die das Korn „austraten" (akk. *diāšum*). Ob auch Dreschschlitten verwendet wurden, ist nicht ganz sicher. Wichtig war nach dem Dreschen das Worfeln zur Trennung von Körnern und Hülsen; es konnte nur bei Wind durchgeführt werden. Da die Erntearbeiten ebenso wie die Bestellung meistens unter einem gewissen Zeitdruck standen, mußten dafür immer zusätzliche Arbeiter angeworben werden (s. S. 73). Nach der Ernte wurde das Korn entweder in Speichern in der Nähe der Felder gelagert oder bald abtransportiert, wo immer möglich, auf dem Wasserwege. Die Kornmengen wurden gemessen und nicht gewogen. Gegen Ungeziefer im Korn gab es wohl nur wenig Schutz; gegen die Mäuse setzte man Mungos und Katzen ein.

Im Regenfeldbaugebiet und in den Bergländern war die Landarbeit in manchem gewiß anders organisiert; über ergiebige Quellen verfügen wir aber nur für Assyrien und das altbabylonische Mari sowie einige Städte Nordsyriens. Einzeluntersuchungen dazu fehlen noch. Auch in diesen Gebieten wurde oft mit künstlicher Bewässerung gearbeitet. Sanherib von Assyrien baute nach 700 neben anderen Kanälen einen 50 km langen Kanal, der über einen 280 m langen, breiten Aquädukt Wasser des Gomel-Flusses in den Choser leitete, um Assyrien mehr Wasser zuzuführen (s. S. 55). Meister des Kanalbaus im Gebirge waren die Urartäer; teilweise erhebliche Reste der Großanlagen sind heute noch erhalten. Einige Assyrerkönige rühmen sich übrigens der Einführung neuer Pflüge.

---

[19] Zu den Jahreszeiten für Aussaat und Ernte bei Herbst- und Frühjahrssaat vgl. A. Salonen (s. S. 93, Anm. 18), S. 190 ff. Im einzelnen gibt es hier noch mancherlei Probleme wegen der örtlich verschiedenen Monatskalender.

c) Getreidearten;
Flachs, Sesam und Erbsen

An Getreidearten sind für den Alten Orient bezeugt Gerste, Emmer, Weizen und Hirse; Roggen und Hafer wurden nicht angebaut. Von den genannten Getreidearten gab es Unterarten. Die Bedeutung, die jede von ihnen für die Ernährung hatte, war aber nicht überall die gleiche. Mindestens teilweise war das eine Folge der verschiedenen Bodenqualitäten. Schwierigkeiten macht es, daß einige Wörter sowohl eine bestimmte Getreideart bezeichnen können als auch das Getreide allgemein; der Sprachgebrauch in Assyrien weicht von dem in Babylonien teilweise ab.[20]

Den sumerischen Wörtern še "Gerste, Getreide", ziz "Emmer" und gig "Weizen" entsprachen im Babylonischen šeʾu sowie uṭṭatu, kunāšu und kibtu. Für den Verbrauch auch der Menschen stand in Babylonien und im dritten Jahrtausend ebenfalls in Nordsyrien (Ebla) zweifellos die Gerste an erster Stelle. Aus ihr wurden Brot, allerlei Grützen, Mehl und das normale Bier hergestellt.[21] In Gerste wurde auch der Hauptteil der Löhne ausgezahlt; sie diente weithin als Zahlungsmittel. Das Gerstenbrot (sum. ninda, akk. ak(a)lu) war das Grundnahrungsmittel und erscheint als solches auch in Dichtungen neben dem Wasser. uṭṭatu bedeutet auch "Einzelkorn" und ist mit etwa $1/22$ g die kleinste Gewichtseinheit.

Aus Emmer und mehr noch aus Weizen wurden feinere Backwaren und Grützen hergestellt, die auch mehr kosteten, sowie ein süßes Bier. Genaue Zahlen für den Anteil von Emmer und Weizen am Verbrauch lassen sich vorläufig nicht geben; die unübersehbare Masse von Einzelangaben in Briefen und Urkunden konnte noch nicht verarbeitet werden. Die Brote aller Art dürften wie heute im Orient überwiegend Fladenbrote gewesen sein. Sie wurden gewiß zumeist im Hause gebacken; von Bäckern ist anders als z. B. von Müllern und Köchen nur sehr selten die Rede.

Auch in Assyrien stand der Gerstenanbau und -verbrauch wohl im Vordergrund; von Weizengebäck hören wir nur sehr selten. Für Kleinasien im zweiten Jahrtausend gilt wohl das gleiche. In hethiti-

---

[20] Vgl. Fr. Hrozný, Das Getreide im alten Babylonien, Wien 1913; R. C. Thompson, A Dictionary of Assyrian Botany, London 1949, 89 ff.
[21] Vgl. außer Fr. Hrozný (Anm. 20) W. Röllig, Das Bier im alten Mesopotamien, Berlin 1970.

schen Texten werden ähnlich wie in den babylonischen Wortlisten auffällig viele Brotsorten – z. T. Kuchen? – genannt. In Israel diente die Gerste wohl überwiegend als Futter, wenn die Angaben im Alten Testament richtig gedeutet sind. Die auf geringen Böden wachsende, wenig Ertrag bringende Hirse (akk. *duḫnu*) wird nur in einzelnen Textgruppen wie denen aus Nuzi und den spätbabylonischen Urkunden häufiger genannt.

Öl wurde in Babylonien und den Teilen Mesopotamiens, in denen der Ölbaum nicht gedieh, aus den ölreichen Sesamsamen durch Auspressen gewonnen; das Wort Sesam geht auf akk. *šamaššammu* oder ein noch älteres Wort zurück. Akk. *šamnu* wie sum. ì bezeichnen zwar Fette aller Art; für die meistgebrauchten Tierfette gab es aber eigene Wörter. Es muß mindestens gebietsweise viel Sesam angebaut worden sein; von Ölpressern (akk. *ṣāḫitu*) ist sehr oft die Rede. Das Öl diente auch der Körperpflege. In den Bergländern wurde, wo verfügbar, das Olivenöl bevorzugt. Nach Assyrien führte vielleicht erst Sanherib den Ölbaum ein. Flachs für Leinen und Leinöl wurde in Babylonien und Assyrien, wie es scheint, seltener als in Palästina angebaut.

Von den eiweißreichen Hülsenfrüchten wurde die Erbse (sum. gú-gal, akk. *ḫallūru*) teilweise wohl auch auf Feldern angebaut. Lieferungsverzeichnisse nennen manchmal auffällig große Mengen von ihnen. Bei anderen sumerischen und akkadischen Wörtern für Hülsenfrüchte ist die Deutung umstritten. In Palästina wurden anstatt der Erbsen anscheinend vorzugsweise Linsen gegessen.

Ob Futterpflanzen wie Lupinen oder Kleearten eigens angebaut wurden, ist noch nicht bekannt.

Die Agrarüberschüsse waren für die Gebiete intensiven Ackerbaus ein wichtiger Exportartikel; vgl. dazu S. 123.

d) Gärten:
Dattelpalmen, Obstbäume, Gemüse

Innerhalb der Städte wie vor ihren Toren und in den Dörfern gab es überall dort, wo die Wasserverhältnisse das zuließen, Gärten aller Größen. Sie waren mit Vorrang Baumgärten; denn nur die Bäume konnten den auch für Gemüse und Kräuter notwendigen Schatten liefern. Angaben über die Gärten und ihren Ertrag gibt es in Urkunden, Briefen und in anderen Texten aus Babylonien und Assyrien in überreicher Fülle; ihrer sachgemäßen Auswertung stehen aber große Schwierigkeiten mannigfacher Art entgegen. Das Thema wurde daher noch nie umfassend behandelt.[22]

Unter den Gartenbäumen hatte in Babylonien und in den Teilen Mesopotamiens, in denen sie wuchs, die Dattelpalme die mit Abstand größte wirtschaftliche Bedeutung; nur für sie gibt es auch schon Spezialuntersuchungen.[23] Um Früchte zu tragen, braucht sie viel und reichlich Wasser; in Mesopotamien liegt die Nordgrenze für sie etwa am 35. Breitengrad. In Assyrien und Syrien-Palästina gab es keine Palmkulturen. In Babylonien waren Datteln eines der wichtigsten Lebensmittel; die Wörter für die Palme und die Datteln (sum. gišimmar, akk. *gišimmaru*; zulum(b), *suluppu*) stammen wohl aus dem Protoeuphratischen. Die Datteln wurden frisch oder getrocknet gegessen oder in verschiedener Weise verarbeitet; Dattelsirup ersetzte den Honig. Vielfältig verwendet wurde aber auch das Palmholz, obwohl als Bauholz von geringer Qualität, dazu die Rispen und Palmfiedern. Die Befruchtung der Palmen muß von Menschenhand erfolgen und ist oft abgebildet. Die Dattelkulturen erfordern also viel Arbeit. Angesichts des reichen Ertrages konnten Datteln auch exportiert werden.

Unter den Obstbäumen sind allen voran nicht nur für Babylonien die Feigen-, Granatapfel- und Apfelbäume zu nennen, weil deren Früchte viel gegessen wurden. Wesentlich seltener werden Birn- und Quittenbäume und einige andere noch nicht bestimmbare Obstbäume erwähnt; Zitrusfrüchte gab es wohl noch nicht. Weit verbreitet nicht nur in Gärten waren die Pistazie und der Johannisbrotbaum sowie außerhalb von Babylonien der Ölbaum, dessen Oliven freilich zumeist ausgepreßt wurden. Daneben pflanzte man in den Gärten sicher auch Zier- und Nutzholzbäume an, wie sie in weitaus größerer Zahl in den Gebirgswäldern zu finden waren.

Ausgedehntere Baumgartenanlagen vor allem im Besitz der Tempel gab es auch in Babylonien. In Assyrien legten die Könige seit Tiglatpilesar I. große Parks mit vielerlei Obst- und Nutzholzbäumen sowie (später) Ölbäumen an, die in den Inschriften, mehrfach mit Einzelangaben über die Bäume, beschrieben werden und auch als Tierparks benutzt wurden. In ihnen wurden viele nichteinheimi-

---

[22] Vgl. den Artikel ›Garten‹ von E. Ebeling, RlAss. III (1959) 147ff.
[23] Vgl. B. Landsberger, The Date Palm and Its By-products according to the Cuneiform Sources, Graz 1967; D. Cocquerillat, Palmeraies et cultures de l'Eanna d'Uruk, Berlin 1968.

sche Bäume angepflanzt. Teilweise waren diese Parks (ass. *kirimaḫḫu*) eher Wälder.

In den Gärten wurden im Schatten der Bäume auch Beete für allerlei Gemüsepflanzen und Kräuter angelegt, die sorgfältig bewässert und gepflegt wurden. Die sehr zahlreichen Namen von Gartenpflanzen aller Art, die uns aus Babylonien und Assyrien überliefert sind, können wir nur zu einem kleinen Teil, manchmal aufgrund von Vergleichen mit aramäischen Pflanzennamen, deuten. Ob man auch Blumen als Blumen zog, wissen wir nicht; manche Aussagen in Dichtungen deuten aber darauf hin. Sehr viel gebraucht wurden Kräuter oder Teile von ihnen für die Medizin (s. dazu S. 155 ff.). Wie viele Heilkräuter in den Gärten gezogen wurden oder auf Feldrainen, läßt sich noch nicht sagen. Die sehr häufige Nennung des Gärtners (akk. *nukaribbu*) in den Texten ist ein weiteres Zeichen für die große Bedeutung der Gartenwirtschaft.

VIII. DAS HANDWERK

1. Begriff, Organisation, Lehre. Die Schule

Der Alte Orient kennt keinen Begriff Handwerk. Es gibt das vorsumerische Wort ummia, akk. *ummiānum/ummânu* etwa im Sinn von „Fachmann", das im dritten Jahrtausend auch in Ebla bezeugt ist und später (bestimmte) Handwerker, Gelehrte und Künstler sowie Geldverleiher (s. S. 121) bezeichnete, also immer Männer mit fachlicher Schulung. *ummânūtu* ist die Handwerkskunst und die Gelehrsamkeit, in letzterem Sinn mit *ṭupšarrūtu* sinnverwandt (s. u.). Mehrere Handwerkerbezeichnungen sind vorsumerisch und gehen danach mindestens auf das vierte Jahrtausend zurück.[1]

ummia/*ummânu* ist der Handwerksmeister. Den Gesellen nannten die ihm unterstehenden Lehrlinge gern den „großen Bruder". Für die Lehrlinge schloß man mit dem Meister einen Lehrvertrag, der von diesem eine vollständige Lehre forderte und die Bezahlung festlegte; erhalten sind solche Verträge aus Nuzi und aus neu- und spätbabylonischer Zeit.[2] Da Handwerkerwissen nicht schriftlich fixiert wurde, konnte es nur durch eine intensive mündliche und praktische Lehre vermittelt werden.

Auch die Schule der Schreiber war wie ein Handwerksbetrieb organisiert. Meister und „großer Bruder" brachten den Schülern in strenger Zucht das Schreiben und Rechnen, Grundkenntnisse im Sumerischen und das jeweils erforderliche Sachwissen, vor allem die Terminologie, bei. Viele Schreiber brauchten nur Urkunden und Briefe zu schreiben; für diejenigen, die auch Literaturwerke (ab)schreiben wollten, kam eine gelehrte Ausbildung wohl an ande-

---

[1] Vgl. E. Salonen, Über das Erwerbsleben im alten Mesopotamien. Untersuchungen zu den akkadischen Berufsnamen, Teil I, Helsinki 1970, zum ganzen Kapitel VIII.

[2] Vgl. M. San Nicolò, Der neubabylonische Lehrvertrag in rechtsvergleichender Betrachtung, München 1950, und ergänzend E. Salonen (s. Anm. 1), S. 29ff. auch zu Kodex Hammurabi § 188f., nach dem der Lehrling als Ziehkind in das Haus des Meisters aufgenommen werden konnte; H. P. H. Petschow, Artikel ›Lehrverträge‹, RlAss. VI (1983) 556ff.

rer Stelle hinzu; die Vorlagen wurden meist diktiert. Auf Stein schrieben wohl Steinmetzen nach Vorlagen auf Ton.[3] Auch Gelehrte nannten sich oft schlicht Schreiber (dub-sar, *ṭupšarru*).

2. *Spinnen, Weben, Nähen, Sticken*

Das Spinnen und Weben war im Orient wie später überwiegend, aber nicht ausschließlich die Arbeit von Frauen. Durchweg besorgten sie wohl das Auskämmen und Zupfen der Wolle sowie zumeist das Spinnen, das nur mit Spindeln durchgeführt wurde, also wohl kein Lehrberuf war. Spinner werden m. W. nie, Spinnerinnen (bab. *ṭāmītu*) nur vereinzelt genannt, aber gelegentlich abgebildet. Ganz anders stand es mit dem Weben. Die Weber (akk. *i/ušparu*) waren nach einer Lehrzeit teilweise auf bestimmte Arbeiten wie Leinen- oder Buntweberei spezialisiert und arbeiteten an Webstühlen, deren Teile oft nur aus lexikalischen Listen bekannt sind. Weberinnen werden sehr oft genannt. Gewebt wurden Stoffe aller Art, grobe wie sehr feine. Stoffe wurden auch viel exportiert, wie z. B. die altassyrischen Urkunden zeigen, die mannigfache Stoffarten unterscheiden. Färbemittel waren Alaun, Kermes und andere, die noch nicht genau bestimmbar sind. Färben und Bleichen wurden in jüngerer Zeit von Spezialisten besorgt. Als Handwerker galten auch Wäscher und Wäscherinnen, die zumeist Walker (sum. azlag, akk. *ašlāku*) genannt wurden.

Das wohl überall den Frauen übertragene Kleidernähen war kein Handwerk; es gibt kein akkadisches Wort für den Schneider und nur in späten Texten eines für den Flickschneider (*mukabbû*). Das ist sehr merkwürdig, weil für Könige, Götterbilder, hohe Priester und andere sehr kunstvolle Gewänder hergestellt wurden, die ein hohes Können erforderten. Vielleicht waren manche Weber zugleich Schneider. Spätbabylonische Texte nennen öfter besondere Trauergewandschneider (*šaqqāja*). Für den Gewandschmuck sind Statuen und Reliefs eine sehr ergiebige Quelle. Der auch an mytho-

---

[3] Schreibfehler zeigen, daß das oft ohne Kenntnis der Keilschrift geschah. Zum Schreiber als Verwaltungsbeamten s. S. 66 und zu der Serie „é-dub-ba „Tafelhaus" über die Schule S. 214. Im altbabylonischen Sippar gab es auch Schreiberinnen. Der Gott der Schreiber war Nabû (s. S. 172). Eine Monographie über den wohl vielseitigsten Beruf im Alten Orient fehlt noch. Vgl. auch S. 108.

logischen Szenen so reiche Bildschmuck auf den Staatsgewändern assyrischer Könige, den wir aus den peinlich genau nachbildenden Reliefs kennen, wurde vermutlich gestickt. Wörter für sticken und die Kunststickerin sind aber ebensowenig bekannt wie eines für den Hersteller kunstvoller Fransensäume.[4]

Als eigene Berufe galten die Sackwirker (akk. *sabsû, sabsinnu*) und die Teppichknüpfer (*kāṣiru*, in Nuzi *mardatuḫlu*); der *kāṣiru* war allerdings zusammen mit Webern auch an anderen Arbeiten an Textilien beteiligt. Die Teppichherstellung ist besonders reich bezeugt für das altbabylonische Mari und für Nuzi. Die Knüpftechnik wurde freilich wohl erst nach 1500 entwickelt.[5]

Die Textilgewebe beschäftigten gewiß zu allen Zeiten sehr viele Menschen und waren damit ein besonders wichtiger Wirtschaftszweig.

Eine Spezialität Syriens und dort besonders der Phönizier war die Herstellung von Purpurstoffen, weil nur dort die Purpurschnecke vorkam. Aus der in Nuzi-Urkunden bezeugten Purpurstoffbezeichnung *kinaḫḫu* ist gewiß der Name Kanaan abgeleitet.[6]

3. Die Bearbeitung von Häuten. Das Leder

Felle aller Art waren die älteste Bekleidung der Menschheit und dienten auch als Schläuche. Der sogenannte Zottenrock auf sumerischen Bildwerken war ein stilisierter Fellrock. Das Gerben der Felle zu Leder nach der Enthaarung mit Hilfe von Galläpfeln, Baumrinden, Alaun und anderen Substanzen wurde sicher schon sehr früh versucht, konnte aber erst nach und nach so fortentwickelt werden, daß eine ausreichende Festigkeit und Wasserabstoßung erreicht wurden. Da Lederreste nur in ganz trockenen Böden erhalten bleiben, gibt es kaum Möglichkeiten zur chemischen Untersuchung alter Leder.

In den meisten Fällen unterschieden die alten Sprachen nicht zwi-

---

[4] Vgl. die Artikel ›Kleidung‹ und ›Leinen‹ von H. Waetzoldt und E. Strommenger, RlAss. VI (1980–83) 18ff., 583ff. Die Keilschrifttexte nennen sehr viele Stoffarten; nur wenige können wir schon identifizieren.
[5] Vgl. W. Mayer, *Mardatu* „Teppich", UF 9 (1977) 173ff.
[6] Vgl. B. Landsberger, Über Farben im Sumerisch-Akkadischen, JCS 21 (1969) 139ff. (S. 155ff. zu den gefärbten Wollstoffen).

schen Haut, Fell und den verschiedenen Arten von Leder (vgl. sum. kuš, akk. *mašku*; aram. *gildā* und *ṣallā*, hebr. ᶜ*ōr*); nur das Rohleder bezeichnete wohl akk. *dušû*. Es gab auch nur ein (vorsumerisches) Wort für den Lederarbeiter (sum. ašgab, akk. *aškapu*, aram. *aškāfā*); Schuster und Sattler wurden nicht unterschieden, ein besonderes Wort für den Gerber erscheint erst ganz spät (akk. *rēsinu*). Die Handwerkslehre muß beim Lederarbeiter besonders intensiv gewesen sei. Eine Spezialisierung auf bestimmte Arbeiten war aber gewiß unumgänglich.

Eine der Hauptaufgaben des Lederarbeiters war die Herstellung von Sandalen und später auch anderem Schuhwerk wie Stiefeln (akk. s/*šuḫuppatu*); das Wort für den Schuh (akk. *šēnu*) ist bereits ursemitisch. Angefertigt wurden die Schuhe wohl überwiegend aus dem besonders festen Rindsleder, sofern Rinder verfügbar waren. Für die Schäfte der Teile des Unterschenkels bedeckenden Stiefel mag aber auch Ziegenleder verwendet worden sein. Sehnen dienten als Haltebänder. Über das Aussehen von Sandalen und Stiefeln belehren Rundplastiken und Reliefs vor allem aus den Zeiten, in denen fußlange Gewänder nicht üblich waren, sowie Tonmodelle.[7] Strümpfe sind übrigens bisher nicht nachgewiesen, wohl aber bisweilen Gamaschen und Kniebinden.

Die Verwendung der verschiedenen Arten von Leder oder teilweise vielleicht auch nicht gegerbten Häuten war sehr vielfältig. Ledergürtel wurden neben Stoffgürteln gebraucht. Besonders wichtig war Leder aber für die Ausrüstung von Soldaten. Lederriemen und -einsätze wurden benötigt vor allem für Helme und Panzer, die wohl fast nie ganz aus Bronze oder Eisen bestanden, sowie, mit Metallbeschlägen, für Schilde aller Art. Vermutlich konnte man hier auch zwei oder drei Schichten Leder zusammennageln oder übereinandernähen. Mindestens im ersten Jahrtausend waren auch die Bogenfutterale ähnlich vielen Köchern aus Leder. Schließlich brauchte man Leder auch an den Streitwagen und vor allem für das Zaumzeug neben gedrehten Stricken und Seilen sowie darüber hinaus für viele Werkzeuge.

Türen aus bis zu 10 Ochsenhäuten wurden im frühen zweiten Jahrtausend in Babylonien hergestellt, waren aber wohl eher eine Ausnahme, da für das Wort Tür normalerweise das Holzdeter-

---

[7] Vgl. den Artikel ›Leder(industrie)‹ von M. Stol, RlAss. VI (1983) 527ff.; A. Salonen, Die Fußbekleidung der alten Mesopotamier, Helsinki 1969.

minativ verwendet wurde.[8] Eine umfassende Behandlung der Herstellung und Verwendung des Leders im Alten Orient steht noch aus.

Als Schreibmaterial wurde Leder in Babylonien nur in der Spätzeit vereinzelt verwendet. Auch in Syrien-Palästina wurde es vor der Achämenidenzeit höchstens da und dort einmal unter ägyptischem Einfluß dafür gebraucht.

4. Rohrbearbeitung: Flechtarbeiten

In den waldarmen Flachlandgebieten Vorderasiens hatte wie andere Rohrarten das Schilfrohr, das entlang der Wasserläufe sowie in den Sümpfen und Hors reichlich wuchs, wirtschaftlich eine viel größere Bedeutung als in waldreichen Ländern. Es wurde nicht nur für Körbe aller Art, Schäfte von Pfeilen, Lanzen und leichteren Geräten sowie Zäune gebraucht, sondern vielfältig auch im Boots- und Schiffbau, für die Herstellung von leichten Türen und Rohrmöbeln und vor allem auf dem Lande für Hütten und Unterstände für Menschen und Tiere. Entsprechend wurde von dem Rohrarbeiter – akk. *atkuppu* ist ein vorsumerisches Kulturwort – ein vielseitiges Können verlangt, zumal da er zugleich ein Mattenflechter war, der alle zum Flechten geeigneten Materialien, darunter auch Halfagras und Binsen, verarbeiten mußte; von Flechtern und Flechterinnen neben ihm (akk. *sābiku, musabbiktu*) wird nur vereinzelt gesprochen. Angesichts der vielfältigen Aufgaben des *atkuppu* wird es mindestens in den Städten Spezialisierungen gegeben haben; für leichte Rohr- und Flechtarbeiten benötigte man ihn gewiß nicht. An anderen Stellen hat er Tischlern, Schiffbauern und Waffenschmieden zugearbeitet. In der Spätzeit war das Handwerk im Tempeldienst einträglich genug, um als Pfründe gehandelt zu werden. Ob bestimmte Rohrgegenstände und Matten auch exportiert wurden, ist noch nicht geklärt.[9]

Bei großen Baumassiven wie den Tempelhochterrassen (*ziqqurratu*) wurden in Abständen Schilfmattenschichten zwischen die

---

[8] Vgl. A. Salonen, Die Türen des alten Mesopotamien, Helsinki 1961, oft.

[9] Für die Verwendung von Rohr und Schilf vgl. die Anm. 8, und S. 104–106, Anm. 10–14, genannten Bücher von A. Salonen an vielen Stellen.

Ziegelschichten gelegt und dicke geflochtene Schilfseile als Haltetaue eingezogen. Ob das auch eine Arbeit des *atkuppu* war, wissen wir nicht. Viel verwendet wurden Schilfmatten auch für Dächer; verkohlte Reste von diesen Matten und Seilen sind oft noch erhalten.

5. Holzbearbeitung: Zimmermanns- und Tischlerarbeiten

Für die Bearbeitung und Verwendung von Holz waren im Orient die Bedingungen in den waldreichen Gebirgsgebieten und im waldarmen Babylonien grundverschieden. Häuser etwa und längere Brücken aus Holz konnten nur in Waldgebieten gebaut werden. Viele Gegenstände aber bis hin zu Wagen und Schiffen mußten mindestens hauptsächlich aus Holz hergestellt werden ohne Rücksicht darauf, ob die Qualität des verfügbaren Holzes sich für bestimmte Objekte wirklich eignet. Daher ist nach den lexikalischen Listen Babyloniens die Zahl der Holzgegenstände viel größer als etwa die der aus Kupfer, Ton oder Leder hergestellten. Da Holz nur in Wüstengebieten anders als in verkohlten Resten überlebt, können wir unsere Kenntnisse der Holzverarbeitung fast nur den alten Texten entnehmen, die für Gesamtmesopotamien und Teile Nordsyriens in überaus großer Zahl vorhanden sind. Für einige Gegenstände können Reliefs, Gemälde und Ton- oder Steinmodelle Anschauungsmaterial liefern und damit die Deutung von Bezeichnungen ermöglichen.[10] Die in Keilschrift überlieferten Wörter für die wichtigsten Holzarten können wir deuten; bei manchen anderen Wörtern können wir nur Vermutungen äußern und auch oft nicht sagen, ob es sich um einheimische oder importierte Hölzer handelt.

Sehr viele Holzgegenstände wurden sicher in Heimarbeit ohne Heranziehung von Handwerkern angefertigt, die Herstellung anderer und außerdem viele Zimmermannsarbeiten erforderten aber handwerkliches Können. Bei der Vielfalt der geforderten Arbeiten ist es merkwürdig, daß man Zimmerleute und Tischler oder Schreiner nicht unterschied und für alle das vorsumerische Wort verwendete, das sumerisch als nagar, akkadisch als *na(g)gāru/nangāru*, aramäisch als *naggārā* und arabisch als *naǧǧār* erscheint.[11] Durch

---

[10] Ein Thron aus Urartu z. B. ist auf einem assyrischen Relief sehr genau abgebildet. Vgl. A. Salonen (s. S. 106, Anm. 15).
[11] Vgl. A. Salonen, Die Hausgeräte der alten Mesopotamier, Teil I, Helsinki 1965.

hinzugesetzte Genitive konnten Stellmacher, Schiffsbauer und andere genauer bezeichnet werden. Über die Werkzeuge der Zimmerleute und Tischler, von denen es gewiß eine große Zahl gab, ist sehr wenig bekannt.

Ob und wieweit man Zimmerleute beim Bau einfacher einstöckiger Häuser benötigte, wissen wir nicht; sicher ging ihnen das Zurechtschneiden der Stämme für das flache Dach und, wo nötig, für die Türen besser von der Hand; Sägen etwa hatte auch kaum jedermann zur Verfügung. Ein hohes Können wurde von ihnen aber bei dem Bau von Tempeln und Palästen gefordert, für die wertvolle Bauhölzer wie Zypressen aller Art, Zedern, Buchsbaum und andere vor allem aus Syrien importiert wurden. Zur Überdachung sehr großer Räume mußten lange Stämme zugeschnitten und eingesetzt werden. Für die großen Prachttüren mußten Balken zurechtgeschnitten und zusammengefügt werden; die einfachen Häuser hatten vielleicht nur Holzrahmentüren, an denen durch Holzriegel gehaltene Matten befestigt wurden.[12] Was es sonst noch an Holzteilen im Hause gab, war je nach Menge und Qualität des verfügbaren Holzes sicher sehr verschieden. Zu allen diesen Fragen sind die Texte, vor allem die vielen Urkunden und Briefe, noch nicht systematisch durchgesehen worden.

Die großen Stämme aus Syrien und anderen waldreichen Gebieten wurden geflößt und für die Flöße mit starken Schilfseilen zusammengebunden. Für andere Ladungen mußten Schiffe gebaut werden, vorwiegend aus Holz, aber unter mannigfacher Verwendung des leichteren Rohrs und von Schilf. Als Schiffbauer erscheinen in den Texten Zimmerleute und „Schiffer", letztere wohl vor allem für die nur flußabfahrenden Schiffe, die nach Ankunft abgebaut wurden, weil man flußauf nur bei geringer Strömung fahren konnte und auch dann in der Regel nur auf kürzere Strecken. Schiffe für längeren Gebrauch und solche, die auch für die Küstenschiffahrt verwendbar waren, mußten viel sorgfältiger konstruiert und dauerhafter abgedichtet werden. Für die Kriegführung wichtig wurden Schiffe erst im achten Jahrhundert, als die Assyrer den Krieg gegen Elam auch in den Lagunen am Persischen Golf führten. Dafür mußten freilich griechische Schiffbauer zur Hilfe herangeholt werden. In Assyrien selbst aber gelang es den Schiffbauern Sanheribs, Flöße zu konstruieren, die auf dem stark strömenden Tigris Steinblöcke

---

[12] Vgl. A. Salonen (s. S. 103, Anm. 8) und den Artikel ›Haus‹ von E. Heinrich und D. O. Edzard, RlAss. IV (1973) 176ff.

von 30 Tonnen Gewicht transportieren konnten. Sie wurden vom Land aus an Seilen gehalten.[13] Bei den Wagen standen seit jeher nebeneinander der vierrädrige Transportwagen (sum. mar-gíd-da, akk. *ereqqu*) und der zweirädrige, leichte Wagen für den Kampf und Einzelreisen (sum. gigir, akk. *narkabtu*). Sie konnten nur von Fachleuten gebaut werden. Dabei hielt man merkwürdig lange an den schwerfälligen, keinen Stoß abfangenden Scheibenrädern fest. Erst nach 1500 setzten sich zunehmend zunächst überwiegend sechsspeichige, später jedoch acht-, zehn- oder mehrspeichige Räder durch. Auch die anderen Wagenteile aus verschiedenen Materialien wurden immer besser durchkonstruiert.[14] Für längere Reisen waren aber Reittiere gewiß immer bequemer. Wagen wurden oft schon früh sehr sorgfältig abgebildet, während die vielen kleinen Tonmodelle nur grob gearbeitet waren.

Hochentwickelt war auch die Möbelfertigung vor allem für Paläste und Tempel, manchmal mit Metallbeschlägen. Nach etwa 800 war Urartu in diesem Bereich führend.[15] Soweit wir sehen können, wurden Schränke noch nicht gebaut. In welchem Ausmaß man auch Schutzanstriche etwa aus Öl und bestimmten Pasten, die in Urkunden oft genannt werden, herstellen konnte, wissen wir nicht. Bemalt wurden Holzwaren sicher oft, und zwar durch die Hersteller selbst; denn einen Malerberuf scheint es nicht gegeben zu haben; nur von Stoffärbern (*ṣāpû, muṣappiu*) ist öfter die Rede.

6. Lehm und Ton. Ziegel, Keramik und Kleinplastik

Obwohl die Mineralogen den Ton von dem mehr oder minder eisenhaltigen Lehm unterscheiden, spricht man in der Archäologie

[13] Vgl. A. Salonen, Die Wasserfahrzeuge in Babylonien, Helsingfors 1939, auch zu den Kriegsschiffen; ders., Nautica Babyloniaca, Helsinki 1942; M.-Ch. de Graeve, The Ships in the Ancient Near East (c. 2000–500 B.C.), Löwen 1981.
[14] Vgl. A. Salonen, Die Landfahrzeuge des alten Mesopotamien, Helsinki 1951; M. A. Littauer und J. H. Crouwel, Wheeled Vehicles and Ridden Animals in the Ancient Near East, Leiden 1979.
[15] Vgl. A. Salonen, Die Möbel des alten Mesopotamien, Helsinki 1963; bezieht auch Syrien und Urartu ein; R. D. Barnett, The Excavations of the British Museum at Toprak Kale near Van, Iraq 12 (1950) 1 ff. und 16 (1954) 3 ff.

Lehm und Ton. Ziegel, Keramik und Kleinplastik

ohne Rücksicht auf das jeweilige Material immer von Lehmziegeln, aber von Tongefäßen, -figuren und -tafeln. Auch sum. imi, akk. *ṭīd/ṭu* und hebr. *ḥomer* stehen für den Ton und den Lehm. Die Massenherstellung von Ziegeln stand für den Alten Orient wohl nicht auf einer Stufe mit den Handwerken; der Beruf „Ziegler" (akk. *lābinu*) begegnet ziemlich selten. Für die Großbauten im frühsumerischen Uruk konnten um 3000 jeweils einige Millionen kleine Riemchenziegel im Format 18/8/8 cm verbraucht werden; für die noch viel größeren Bauten Nebukadnezars II. in Babylon wurden jeweils Hunderttausende von Großziegeln (etwa 33/33/10 cm) benötigt. Nach der Herstellung der geeigneten Lehmmasse mußte man diese in eine Holzform füllen und nach Trocknung jeden Ziegel aus ihr entnehmen. Die Zahl der dann noch in Öfen zu brennenden Backsteine war viel kleiner, aber doch noch gewaltig groß; sie mußten auch besonders sorgfältig geglättet und abgeschliffen werden. Neben den Tausenden von Zieglern und Arbeitern mußten die Arbeitsorganisatoren stehen, die auch die Beschriftung bzw. Stempelung eines Teiles der Backsteine überwachten. Seit etwa 1400 wurden überdies aus reliefierten, oft farbig glasierten Ziegeln Ziegelreliefs von vor allem im späteren Assyrien bisweilen gigantischen Ausmaßen hergestellt. Die Glasurmasse wurde häufig als (künstlicher) Lasurstein bezeichnet. Vor allem für Grundmauern und Höfe wurden viele Ziegel asphaltiert. Schließlich mußte ein angemessen haltbarer Mörtel in entsprechenden Mengen angemischt werden.

Die luftgetrockneten wie die gebrannten Ziegel sind für den Orient wahrscheinlich eine Erfindung Babylonien-Assyriens im vierten Jahrtausend. Die anderen Länder übernahmen sie von dort.[16]

Viel älter als die Herstellung geformter Ziegel ist die Töpferei, deren Erzeugnisse mit und ohne Verzierungen in allen Ländern von größter Mannigfaltigkeit sind. Noch im vierten Jahrtausend war die Gebrauchskeramik sehr grob und ohne Töpferscheibe geformt. Ohne Scheibe konnte aber auch schon eine feine bemalte oder mit Ritzmustern versehene Kult- und Schmuckkeramik hergestellt werden. Die Einführung zunächst einer langsam rotierenden Töpferscheibe, der später schneller rotierende folgten, ermöglichte dann die Schaffung immer neuer, teilweise sehr dünnwandiger Gefäße mit Tüllen, Henkeln, Deckeln und Reliefierung. Wie diese

---

[16] Vgl. A. Salonen, Die Ziegeleien im alten Mesopotamien, Helsinki 1972; H. Gasche, Artikel ›Lehm als Baumaterial‹, RlAss. VI (1983) 550ff.

Scheiben genau ausgesehen und funktioniert haben, ist m. W. noch nicht bekannt; wir kennen auch das akkadische Wort dafür noch nicht. Für den Töpfer gibt es ein vorsumerisches Wort, das sum. als baḫar, akk. als *paḫāru*, aram. als *paḫḫārā* und arab. als *faḫḫār* erscheint. Wir dürfen vermuten, daß angesichts der überaus großen Zahl von Tongefäßtypen die Töpfer sich auf bestimmte Gruppen spezialisieren mußten und daß nicht alle auch verzierte Gefäße herstellen konnten. Historisch fällt auf, daß es nach der großen Zeit der prähistorischen bemalten Keramik (Tell Halaf, Samarra usw.) nach 3000 nur zeitweise eine bemalte Keramik von einigem Rang gab, vor allem in der Dschemdet-Nasr-Zeit und kurz danach, dann aber erst wieder in der Mitannizeit. Später trat dann vor allem in Assyrien eine emaillierte und glasierte Keramik an die Stelle der bemalten, die auch für alte Bildmotive neue Formen der Gestaltung fand.[17] Für kleinere Gefäße wurde anstatt des Tons oft die Fritte benutzt. Auf der fast zu allen Zeiten weit verbreiteten Keramik mit Ritzmustern finden sich nur selten einfache Bilddarstellungen. Etwa zur Aufbewahrung von Wein wurden vor allem in Urartu Großgefäße von bis zu 250 l Inhalt hergestellt. Über die sicher recht verschiedenartigen Töpferöfen (sum. udun, akk. *utūnu*) wissen wir leider nur wenig. Da sich die Keramikforschung zu sehr auf das Zeichnen zahlloser Gefäßprofile beschränkt, sind überhaupt sehr viele wichtige technische Daten unbekannt.[18]

Aus Ton angefertigt wurden auch viele andere Gefäße sowie in sehr großer Zahl Modelle aller Art. Mit dem Ton umgehen mußten weiterhin die Keilschriftschreiber, die sich ihre Tafeln gewiß selbst formen und, sofern man sie nicht nur trocknete, auch brennen mußten (s. noch S. 131). Der so verschieden gute Erhaltungszustand der alten Tontafeln ist nicht zuletzt auch durch die Wahl des Tons bedingt, die auch bei literarischen Texten nicht überall mit der erwünschten Sorgfalt vorgenommen wurde.

Aus Ton hergestellt wurde schließlich auch der bei weitem größte

[17] Vgl. A. Salonen, Die Hausgeräte der alten Mesopotamier, Teil II: Gefäße, Helsinki 1966, und den Artikel ›Glas‹ von A. L. Oppenheim und H. Kühne, RlAss. III (1969) 407ff.; A. Oppenheim – R. H. Brill – D. Barag – A. von Saldern, Glass and Glassmaking in Ancient Mesopotamia, Corning, N.Y. 1970.
[18] Angesichts der für niemanden überschaubaren Massenfunde an Keramik bei jeder Grabung konnte eine umfassende Behandlung der Keramik im Alten Orient noch nicht in Angriff genommen werden. Für einige Aspekte vgl. B. Hrouda (s. S. 43, Anm. 7), S. 139ff.

Teil der Kleinplastik nicht nur in den steinarmen Gebieten, da Stein doch immer viel schwerer zu bearbeiten war und die Metallfigürchen außer denen aus Gold einer mehr oder weniger schnellen Korrosion ausgesetzt waren. Stück für Stück freihändig geformt wurden Terrakotten nicht sehr oft. In den allermeisten Fällen wurden Tonformen hergestellt und besonders sorgfältig gebrannt. Für vollplastische Figuren brauchte man je zwei Formen. In der Frühzeit wurden die Terrakotten oft bemalt und in der späteren Zeit wie Gefäße manchmal mit Farbglasuren überzogen. Zu den Terrakottafiguren und -darstellungen s. S. 228ff.

7. Stein für Geräte, Groß- und Kleinplastik und Bauten

Der Stein wurde trotz seiner Härte vom Menschen früher bearbeitet und vielfältiger genutzt als der Ton und die Metalle. Wohl schon im vierten Jahrtausend hat man nicht nur einzelne Steine aller Art gesammelt, sondern auch schon weniger hartes Gestein wie Kalkstein, wo es möglich war, gebrochen. Im dritten Jahrtausend konnte man dann mit Hilfe von Bohrlöchern und quellendem Holz auch schon Blöcke von Hartgestein herausbrechen und in sehr mühsamer Kleinarbeit mit Hammer, Meißel und allerlei Schleifmitteln zu großen und kleinen Bildwerken und anderen Gegenständen verarbeiten. Steinbrüche für Dolerit- und Dioritstatuen lagen wohl in Oman. Andere Steine wurden aus den Gebirgen Irans, Kleinasiens und Syriens importiert. Transportiert wurden gewiß ganz überwiegend die noch unbearbeiteten Blöcke. Die beträchtlichen Bearbeitungsabfälle standen für Steingeräte und -gefäße und vor allem die Zehntausende von Rollsiegeln sowie Steinperlen zur Verfügung, für die sich die auch im Alluvialland stellenweise anstehenden Kalksteine weniger eigneten. Kleine Steingegenstände wurden dann sicher oft auch wieder exportiert. Für die Steine im Mythos vgl. S. 204f.

Von den Steine bearbeitenden Handwerkern erscheint nur der Siegelschneider (sum. bur-gul, akk. *palurkullu*) sehr oft in den Urkunden, während die sum. Lehnwörter *zadimmu* „Steinbearbeiter" und *alamgû* „Bildschneider" ebenso selten belegt sind wie *urrāku* und *ēṣiru* „Bildhauer" (nur in Assyrien?). Offenbar hatte die Bildhauerei in Babylonien nach etwa 1600 an Bedeutung stark verloren, während sie in Assyrien von Hofbediensteten betrieben wurde. Zu den Steinbildwerken sowie den Roll- und Stempelsiegeln als Kunstwerken vgl. S. 223 ff.

Während Steinmesser auch aus dem feinen schwarzen Obsidian nach 3000 wohl nur gelegentlich noch hergestellt wurden, blieben Steingefäße nicht zuletzt als Mörser in Gebrauch, ebenso Mahlsteine verschiedener Größen aus den jeweils verfügbaren Steinarten. Aus Babylonien und Assyrien kennen wir sehr viele Listen von magischen Steinen zumeist wohl in Perlenform; sie beginnen in der Regel mit dem Lapis Lazuli, der aus dem Osten importiert und ganz besonders viel gebraucht wurde. Als Schmucksteine finden sich auch Achat, Jaspis, Karneol, Bergkristall und andere Halbedelsteine sehr oft, die eigentlichen Edelsteine wie etwa der Smaragd nur sehr selten in der Spätzeit.[19]

Als Baustein wurde im Lande gebrochener Kalkstein in Babylonien nur selten in größerem Maßstab benutzt, so vor allem im frühsumerischen Uruk bei einem sehr großen Kalksteinfundament-Tempel und dem sogenannten Steingebäude[20] sowie im frühdynastischen Ur für Steingräber im sogenannten Königsfriedhof (s. dazu S. 64). Die Steinblöcke wurden dort zumeist nicht zu Quadern behauen. In Assyrien und Syrien dagegen wurde Stein viel mehr für Bauten verschiedener Art und manchmal auch für große Steinsärge verwendet. In beiden Gebieten wurden wie in Kleinasien auch große Orthostatenreihen aus Kalkstein in Palästen aufgestellt, dazu gewaltige Figuren von Mischwesen mit Stierleib (ass. *aladlammû*) mit Gewichten bis zu 30 Tonnen in Dur-Scharrukin und Ninive. Die Steinbrüche, aus denen die riesigen Blöcke herausgeschlagen wurden, sind zumeist bekannt. Der Kalkstein kommt dort sehr weich aus der Erde, wird aber an der Luft sehr hart (s. S. 224 f.).

In vielen Städten Syriens wurde ebenso wie in Kleinasien sehr viel mit Bruchsteinen und teilweise auch Quadern gebaut. Vervollkommnet wurde die Steinmauerung in den Festungsanlagen und Tempeln von Urartu nach 800.

[19] Vgl. R. C. Thompson, A Dictionary of Assyrian Chemistry and Geology, Oxford 1936; B. Landsberger (s. S. 101, Anm. 6); im RlAss. die Artikel ›Edelstein (Halbedelstein)‹ von G. G. Boson, II (1938), 266 ff., ›Jaspis‹, ›Kalkstein‹ und ›Karneol‹ von D. O. Edzard und M. Tosi, V (1977–80) 269 f., 323 ff., 448 ff. und ›Lapislazuli‹ von W. Röllig, G. Herrmann und P. R. S. Moorey, VI (1983) 488 ff.

[20] Vgl. E. Heinrich – U. Seidl, Die Tempel und Heiligtümer im alten Mesopotamien; Typologie, Morphologie und Geschichte, Berlin 1982, 35 ff.

8. Die Verarbeitung von Metallen

Die Anfänge der Metallbearbeitung liegen in Vorderasien wohl schon im fünften Jahrtausend. Wirtschaftlich von größerer Bedeutung wurde sie jedoch erst im vierten und dann vor allem im dritten Jahrtausend. Voraussetzung für die Nutzung der Erze, die man besonders in Kleinasien auf der Erdoberfläche oder in geringen Tiefen fand, war die Fähigkeit, Metall zu schmelzen und die teilweise sehr hohen Schmelztemperaturen angemessen zu regulieren. Auch die verschiedenen Techniken der Metallbearbeitung, das Gießen, das Hämmern des noch weichen Metalls und das Treiben, konnten nur nach und nach erlernt werden. Daß mehrere Metalle nur legiert mit anderen verwendbar waren, lernte man früh; Kupfer, Gold und Silber sind rein ziemlich weich und wurden meistens als legierte Erze gefunden. Bei herbeigeführten Legierungen mußte der sehr ungleich hohe Schmelzpunkt der Metalle beachtet werden. Sehr oft gelangen Legierungen trotzdem, manchmal aber vielleicht nur zufällig; von den Fehlschlägen erfahren wir nichts. Besonders ärgerlich ist, daß wir über die im Orient gebräuchlichen Kupferlegierungen nur unzureichend unterrichtet sind; neben der später allgemein üblichen Zinnlegierung stand ja noch eine Arsenlegierung mit besonderen technischen Problemen dort, wo Zinn nicht verfügbar war. Es gibt Keilschrifttexte, aus denen man Legierungsverhältnisse errechnen kann, aber die wurden noch nicht systematisch studiert. Auch Analysen von Metallfunden wurden noch nicht in der notwendigen Anzahl durchgeführt; es bleibt also überall noch viel nachzuholen, ehe wir befriedigende Erkenntnisse erhoffen können.[21] Das gilt auch für die lexikalische Arbeit, die den Sprachgebrauch selbst bei so viel gebrauchten Wörtern wie sum. an-na, akk. *annaku* „Zinn" und wohl auch „Arsen" noch nicht voll klären konnte; einige Wörter konnten wohl auch mehr als nur eine Metallart bezeichnen.

---

[21] Vgl. R. C. Thompson (s. S. 110, Anm. 19), S. 58 ff.; H. Limet, Le travail du métal au pays de Sumer au temps de la IIIe Dynastie d'Ur, Paris 1960; C. Zaccagnini, La terminologia accadica del rame e del bronzo nel I millennio, OrAnt. X (1971) 123 ff. und die Artikel ›Eisen‹ von F. Schachermeyr, RlAss. II (1938) 316 ff., ›Gold‹ von W. F. Leemans, H. Otten, J. Boese und U. Rüss, ebd. III (1969) 504 ff. und ›Kupfer‹ von W. Röllig und J. D. Muhly, ebd. VI (1983) 345 ff. mit viel Literatur; dazu jetzt H. Waetzoldt – H. G. Bachmann, Zinn- und Arsenbronzen in den Texten aus Ebla und aus dem Mesopotamien des 3. Jahrtausends, OrAnt. 23 (1984) 1 ff.

Das allgemeinste Wort für den Metallarbeiter ist sum. tibira, bab. *qurqurru* und ass. *tabiru*. Noch mehr gebraucht wurde aber sum. simug, akk. *nappāḫu* „Schmied" (wörtlich „Anbläser" des Blasebalgs *nappaḫ(t)u* für den Schmelzofen, sum. dinig, akk. *kūru*). Da noch bis ins zweite Jahrtausend hinein Kupfer mit dem Legierungsprodukt Bronze das bei weitem am meisten gebrauchte Metall war, begegnen die genannten Wörter am häufigsten im Zusammenhang mit diesen Metallen. Daneben finden wir oft den *nappāḫ ḫurāṣi* „Goldschmied", der auch Silber und andere Metalle für Schmuck und wertvolle Geräte verarbeitete. Erst seit dem Ende des zweiten Jahrtausends tritt zu diesen noch der *nappāḫ parzilli* „Eisenschmied, Grobschmied" vor allem wohl für die Herstellung von Waffen. Zwar war Meteoreisen in Ostkleinasien schon zu Beginn des zweiten Jahrtausends bekannt und galt dort als wertvoller als Gold; aber eine Eisenverarbeitung im größeren Stil wurde erst möglich, als es vielleicht zuerst den Hethitern gelang, Eisenerze in irgendeiner Form zu verhütten und für die jeweiligen Verwendungen geeignete Legierungen herzustellen. Für viele Gebrauchsgegenstände blieb man aber auch später bei der leichter zu bearbeitenden Bronze. Legierungen mit unterschiedlichem Feingehalt gab es übrigens auch beim Gold, das von weit her eingeführt wurde und daher zu manchen Zeiten sehr knapp und teuer war. Von auffällig großen Goldmengen handeln im dritten Jahrtausend in Nordsyrien die Texte von Ebla; manche zweifeln heute viele Mengenangaben dieser Texte an.

Die Zahl der ganz oder größtenteils aus Bronze oder anderen Kupferlegierungen hergestellten Gefäße manchmal erheblicher Größe, der Geräte, Werkzeuge, Nägel und anderer Gegenstände war sehr groß.[22] Eisen wurde später vor allem für Schneide- und Schlagwerkzeuge wegen der größeren Härte oft bevorzugt. Auch das Kunsthandwerk arbeitete insbesondere für größere Bildwerke, für die Gold und Silber zu teuer waren, viel mit Bronze (s. auch S. 228). Ein Zentrum der Metallkunst war etwa zwischen 900 und 650 das Reich von Urartu, in dem wohl auch neue Techniken entwickelt wurden. Götterfigürchen aus Bronze wurden vor allem in Syrien-Phönizien in sehr großer Zahl gefunden. Von Gefäßen und Bildwerken aus Edelmetall oder mit Edelmetallüberzug ist natürlich besonders wenig auf uns gekommen, weil Feinde und Diebe sie immer wieder einschmolzen. Am ehesten blieben sie in Gräbern

---

[22] Vgl. A. Salonen (s. S. 108, Anm. 17), S. 249 ff.

erhalten, die den Grabräubern entgingen. Das berühmteste Beispiel dafür ist der Königsfriedhof von Ur aus der frühdynastischen Zeit (s. dazu S. 64). Bei Kunstwerken aus verschiedenen Materialien dürften verschiedene Handwerker zusammengearbeitet haben.

IX. HANDEL UND VERKEHR

1. Wege und Straßen

Gebaute Straßen mit Backstein- oder Steinpflasterung und oft auch Kanalisation gab es zumeist wohl nur in den Städten. Zwischen diesen waren vor der Achämenidenzeit im Flach- und Hügelland auch die Hauptverbindungen, vielleicht abgesehen von einigen Ausnahmen, Landwege oder Pisten, die während der Trockenzeit fest sein konnten wie eine Straße und dann leidlich befahrbar waren. Da die Keilschrifttexte öfter von der Instandhaltung (akk. *šutēšuru*) von Wegen sprechen, dürfen wir annehmen, daß man schon einiges getan hat, um besonders viel gebrauchte Verbindungen nicht zuletzt für Heeresbewegungen befahrbar zu erhalten und an schwierigen Stellen so zu befestigen, daß sie nicht nach Regengüssen unpassierbar wurden. Kleinere Wasserläufe und seichte Flüsse wurden, wo möglich, überbrückt, größere Flüsse an Furtstellen oder auf Fährbooten überquert. Der Chabur z. B. hatte zwischen der Vereinigung der Quellflüsse und der Mündung zwei große Furten, die bis in die Neuzeit hinein von den Ostweststraßen genutzt wurden. Die Assyrer bauten an geeigneten Stellen auch Pontonbrücken und verwendeten für sie einzelne kreisrunde Guffen aus lederbezogenem Geflecht oder Papyrusboote, die auf Reliefs öfter abgebildet sind.[1] Fährseile dürften die Überquerung von stark strömenden Flüssen erleichtert haben. Einzelne feste Brücken (akk. *titurru*) über den Euphrat gab es in einigen Städten Babyloniens nach den Texten wohl schon früh im zweiten Jahrtausend. Steinbrücken in Babylon und Ninive sind aber erst für die Zeit nach 700 sicher bezeugt. Die Bibel spricht nirgends von Brücken.[2]

Die Situation in den Gebirgen war ganz anders. Hier war vielerorts ein Wegebau durch Wegschlagen von Hindernissen und Aufmaue-

---

[1] Vgl. A. Salonen (s. S. 106, Anm. 13), Tf. XVIIIff.

[2] Neben das alte Wort *titurru* tritt in Babylonien nach 700 das auch ins Aramäische und Arabische übernommene Wort *gišru*, das ursprünglich einen Schlagbaum bezeichnete. Genauere Untersuchungen auch aufgrund der Brückenreste sind noch erforderlich.

rung an anderen Stellen unerläßlich. Auch mußten Holzbrücken über reißende Bäche und kleinere Schluchten nach der sicher häufigen Zerstörung durch Hochwasser immer wieder neu gebaut werden, ergänzt durch leichtere Behelfsbrücken nur für Fußgänger und Tragtiere. Die Assyrerkönige berichten seit 1100 von Brücken aus Stämmen und dem Wegebau auch im Hochgebirge. Genauere Einzelaussagen erlauben die Quellen noch nicht.

2. Die Wasserwege

Die eben geschilderten Wegeverhältnisse, die den Einsatz schwerer Lastwagen auf längere Strecken kaum zuließen, zwangen dazu, mit Massengütern, wo immer möglich, auf die Wasserwege auszuweichen, auch wenn diese bei den Gefällestrecken der Flüsse oft nur abwärts befahren werden konnten. Die Wasserwege gewannen damit eine überragende Bedeutung für den Fernverkehr und, wo vorhanden, ein Monopol für den Transport ganz schwerer Güter wie langer Baumstämme und großer Steinblöcke. Im Alluvialland wurde das sehr weitmaschige Flußnetz durch die großen Kanäle ergänzt. Die Entstehung von Handelszentren abseits der Flüsse und Kanäle war im Tiefland kaum möglich. Auf kurze Strecken konnten übrigens Schiffe auch vom Land aus getreidelt werden.[3] Die Ufer der Flüsse wurden, wo nötig, befestigt; die Schutzmauern bedurften häufiger Reparaturen. Im Flußlauf selbst mußte zur Verhütung von Versandung in Bereichen schwacher Strömung oft gebaggert werden, was nur in Friedenszeiten möglich war. Schiffe und Boote wurden durch Rudern, schwere Lastschiffe und Flöße meist durch Staken fortbewegt, konnten aber oft auch Segel aufsetzen; Steuerruder waren gerade auch dann notwendig, wenn man das Schiff in der Strömung treiben lassen konnte. Die Gebirgsflüsse waren immer nur auf kurze Strecken schiffbar. Wichtig für den Schiffsverkehr waren aber die großen Seen, vor allem die in Nordwestiran und Armenien gelegenen.

Unüberwindbare Verkehrshindernisse bildeten auch die Meere im Bereich des Orients nicht. Dabei gab es im östlichen Mittelmeer schon früh keine Beschränkung auf die Küstenschiffahrt, wie die Besiedlung Kretas wohl schon im vierten Jahrtausend zeigt; auch Zypern wurde kaum viel später vom Festland aus besiedelt. Trotz-

---

[3] Von Treidlern (akk. *šaddidu*) ist mehrfach die Rede.

dem stellte die Seeschiffahrt viel höhere Ansprüche an die Schiffbauer und die Seeleute, die sich auch außer Sichtweite des Landes orientieren können mußten. Diese Schiffahrt wurde daher nur von den Bewohnern der Küstenstädte betrieben. In Babylonien endet die Flußschiffahrt in Ur. Dort wurde auf Schiffe umgeladen, die die Lagunen befahren konnten und Güter bis zu den Inseln Failaka und Bahrein (akk. *Tilmun*) transportierten. Die Schiffahrt auf dem Persischen Golf lag, wenn wir recht sehen, in den Händen der Elamier, die zur Omanküste und in den Bereich der Indusmündung fuhren. Um 3000 muß es auch eine Umfahrung Arabiens bis in das Rote Meer gegeben haben, da in der Zeit der Schriftentstehung Beziehungen zwischen Babylonien und Ägypten bestanden, die nicht über Syrien gingen. Zeugnisse für die Umschiffung Arabiens in der Folgezeit vor dem Achämenidenreich sind bisher nicht bekannt.

Auf dem Mittelmeer muß die Verbindung zwischen Gubla/Byblos und Ägypten schon im dritten Jahrtausend mindestens zeitweise bestanden haben. Im zweiten Jahrtausend lag die Schiffahrt im Ostmittelmeer wohl ganz überwiegend in den Händen der Kreter. Später wurden diese durch die Phönizier und im ersten Jahrtausend immer mehr durch die Griechen abgelöst. Weder die hethitischen noch die assyrischen Eroberer Syriens wurden dort selbst zu Seefahrern. Über die Schiffahrt im Schwarzen Meer vor den Griechen und im Kaspischen Meer ist kaum etwas bekannt; gegeben hat es sie gewiß.

Große Handelszentren hielten sich manchmal über sehr lange Zeiten. Das gilt vor allem für manche Hafenstädte, aber auch für günstig gelegene Inlandplätze, wie z. B. Aleppo, Ninive und etliche mehr. Andere überlebten große Katastrophen nicht und hatten nur zeitweilig eine größere Bedeutung.

3. Grundbegriffe des Handels: Kauf und Verkauf. Das Geld

Unter Handel im weiteren Sinn verstehen wir den Austausch von Gütern aller Art, auch von Menschen (Sklaven) und von Immobilien, sowohl auf örtlicher Ebene als auch über weite Entfernungen zwischen Ländern ohne Rücksicht darauf, ob die Güter mit Geld bezahlt werden oder mit anderen Gütern auf der Basis des Tauschhandels. Unsere Quellen für den Handel im Alten Orient sind in erster Linie Urkunden aller Art, Geschäftsverträge wie Warenverzeichnisse, sodann Geschäftsbriefe, die wir aus dem mesopotamischen Raum zu vielen Tausenden haben, und Bezugnahmen auf den Handel jeglicher Art in literarischen Texten und offiziellen Inschriften. Archäologische Quellen sind neben einzelnen Bildwerken Gegenstände, die bei Grabungen gefunden wurden und sicher oder wahrscheinlich von weit her kamen, sowie Münzen und andere als Zahlungsmittel verwendete Gegenstände. Angesichts der unübersehbaren Fülle der Quellen sind wir von ihrer systematischen Durcharbeitung noch weit entfernt, und zusammenfassende Darstellungen gibt es, von mehr oder minder summarischen Zusammenfassungen abgesehen, nur für Teilbereiche.[4] Der Anteil der Geschäftsvorgänge, die beurkundet wurden, war in den meisten Keilschriftkulturen besonders groß; klein ist die Zahl der Urkunden aus dem Hethiterreich und aus Urartu. Über Zug-um-Zug-Geschäfte ohne Urkunden wissen wir natürlich fast nichts.

Die Phase des reinen Tauschhandels war im Alten Orient spätestens in der Mitte des dritten Jahrtausends überwunden. Im metallarmen Babylonien wurde vor allem auf Getreidebasis gekauft und verkauft; man könnte von einer Gerstenwährung sprechen. Auch Schafe mögen als Wertmesser für Waren gegolten haben. Als sich dann im dritten Jahrtausend die Bestände an Metall, vor allem an Kupfer und Silber, im Lande mehrten, wurde immer häufiger auf Kupfer- und noch später auch auf Silberbasis abgerechnet. Dabei dienten Metallstücke, die der Käufer vor dem Verkäufer abwiegen mußte, als Zahlungsmittel. Das Verbum für „(ab)wiegen, darwägen" (sum. lá, akk. *šaqālu*) wurde dadurch das Normalwort für „(be)zahlen". Man hatte natürlich Metallstücke mit einem festgelegten Normalgewicht; Gewichtsverluste durch die viele Benutzung und durch Abfeilen in betrügerischer Absicht nötigten aber immer wieder zum Nachwiegen. Es gab eine Art von Eichämtern für die Kontrolle der Gewichte; in Assur hieß das Amt *bīt ḫiburne*. Zu den besonderen Merkwürdigkeiten der Geschichte gehört nun, daß keines der intensiv Handel treibenden Völker des Orients in langen Jahrhunderten auf die Idee kam, die Metallstücke abzustempeln, um damit Gewichtsverluste sichtbar zu machen. Abgestem-

---

[4] Vgl. W. F. Leemans, Foreign Trade in the Old Babylonian Period, Leiden 1960, und dessen Artikel ›Handel‹, RlAss. IV (1972–73) 76 ff.; Artikel ›Kauf‹ von J. Krecher, C. Wilcke, K. Hecker, G. Cardascia, H. P. H. Petschow, R. Haase und B. Kienast, ebd. V (1980) 490 ff.; G. Pettinato, Il commercio con l'estero della Mesopotamia meridionale nel 3 millennio av. Cr. alla luce delle fonti letterarie e lessicali sumeriche, Mesopotamia VII, Torino 1972, 43–166; s. S. 121, Anm. 8.

pelte Metallstücke hätten alle Zahlungsvorgänge sehr erleichtert. Man überließ es dem kleinen Volk der Lyder, um 600 in Kleinasien die ersten beidseitig gestempelten Münzen zu prägen. Von Lydien aus trat dann die Münze sehr schnell ihren Siegeszug durch die Mittelmeerwelt an.

Praktisch zur Geldwirtschaft gelangt war man im Orient allerdings schon viel früher. Angesichts des geringen Wertes des Kupfers, der es für größere Zahlungen ungeeignet machte, ging man schon in altbabylonischer Zeit zu einer Art von Silberwährung über. Allerdings war damals in Babylonien das Silber und noch mehr das Gold viel zu knapp, um überall als Zahlungsmittel zu dienen. Wenn Gesetze und Urkunden gleichwohl zumeist Silberzahlungen forderten, so hieß das oft nur, daß Gerste, Vieh und Waren aller Art im Wert der geforderten Silbermenge in Zahlung zu geben waren. Das Wort für Silber, *kaspu* (hebr. *kesef*), wurde dadurch auch zum Wort für Geld schlechthin, obwohl später zeitweise auch in Gold abgerechnet wurde. Es lag jeweils an den sehr wechselnden wirtschaftlichen Verhältnissen, ob es schon im zweiten Jahrtausend zu einem Übergewicht der Geldwirtschaft kommen konnte oder ob der Tauschhandel nach wie vor überwog.[5]

4. Die Organisation des Handels. Der Kaufmann

Für den ganzen Alten Orient gültige Aussagen über die Organisation des Handels lassen sich nicht machen. Die politischen und wirtschaftlichen Bedingungen waren zu verschieden. Eine entscheidende Rolle für den Überlandhandel über größere Entfernungen spielte zunächst einmal die Größe der politischen Einheiten, weil das Überschreiten von Grenzen immer besondere Probleme für die Beteiligten mit sich brachte. Im dritten Jahrtausend haben wir es wohl überwiegend mit kleineren oder mittelgroßen Staatsgebieten zu tun, so daß große Teile des Überlandhandels den wechselhaften Bedingungen des Außenhandels unterlagen. Zölle und Abgaben aller Art konnten erhoben werden und waren in ihrer Höhe wohl selten genau festgelegt. Großreichbildungen wie vor allem das Reich von Akkade waren zu kurzlebig und in sich zu wenig gefestigt, als daß sie die Bedingungen für den Fernhandel entscheidend

---

[5] Vgl. C. Zaccagnini, La circulazione dei beni, L'Alba della Civiltà (s. S. 4, Anm. 2) II, 423 ff. mit viel Literatur.

hätten ändern können. Auf Kriegszügen wurde auch manches requiriert, das man sonst hätte erwerben müssen. Daß unter solchen Umständen Kaufleute, die ganz auf eigene Rechnung arbeiteten, größere Unternehmungen starten konnten, ist ganz unwahrscheinlich. Die Risiken für Leib und Leben sowie die Waren waren zu groß. Die Fürsten, die bei den Sumerern nach Ausweis der Urkunden auch den Überlandhandel beherrschten, konnten mit den Nachbarfürsten Vereinbarungen über den Schutz des Handels und die Abgaben treffen, die den Handel zwischen Nachbarländern ebenso wie den Durchgangshandel über einige Grenzen hinweg betrafen. Die Nichteinhaltung der Vereinbarungen, die normalerweise allen Beteiligten Nutzen brachten, konnte ein Kriegsgrund sein. Man wird daher meistens nicht leichtfertig den Karawanen den vereinbarten Schutz versagt haben. In Dichtungen über die Großkönige von Akkade treten bisweilen Kaufleute auf, die ihre Handelsinteressen vor dem König geltend machen.

Das Reich der 3. Dynastie von Ur eröffnete dem Handel von Ostarabien bis Syrien manche neue Möglichkeiten. In der Zeit danach brachte die politische Instabilität in einer Welt von Kleinstaaten mit oft wechselnden Grenzen und Bündnissen dem Handel manche Erschwerung. Ein staatliches Handelsmonopol wurde dann vor allem in der Hammurabi-Zeit nicht mehr beansprucht; private Handelshäuser bekamen mehr Spielraum. Sie mußten aber auch mit bewußten Handelsbehinderungen gegenüber Feindstaaten rechnen; Handelskriege waren ein Mittel der Politik. In der Kassiten- und Hethiterzeit zeigen die Korrespondenzen ein erneutes Vordringen des Staatshandels.

Ganz neue Verhältnisse schufen dann die Großreiche, die sich zunächst wie das Hethiterreich nur auf kürzere Zeit etablieren konnten und einen weiträumigen Binnenhandel ermöglichten. Seit etwa 880 vereinigte das Assyrerreich immer größere Teile Vorderasiens in seinen Grenzen, und nach seinem Untergang folgte auf das kürzere Zwischenspiel des Chaldäer- und Mederreichs das noch viel größere Achämenidenreich. Nun gab es einen wohl ganz von privaten Handelsfirmen betriebenen Binnenhandel über sehr große Entfernungen, der durch Urkunden allerdings merkwürdig wenig bezeugt ist und daher ebenso wie der noch verbliebene Außenhandel nicht angemessen beschrieben werden kann; eine Gesamtdarstellung fehlt deswegen noch.

Über den Handel auf den Wasserwegen wissen wir im einzelnen noch wenig; es ist zu vermuten, daß über große Entfernungen nur selten Schiffe allein fuhren. Möglicherweise wurden auch die großen, aus Zedern- und Zypressenstämmen gefügten Flöße zum Transport vor allem von schweren Handelsgütern benutzt. Über die Schiffahrt auf dem Mittelmeer ist hier nicht zu handeln.

Der Verkehr über weite Strecken über Land war ganz überwiegend ein Karawanenverkehr mit Eseln und nach 1100 immer mehr Kamelen als Lasttieren. Nur die Karawane bot Schutz gegen Überfälle einzelner Räuber und, wo solche Gefahren bestanden, wilder Tiere, und nur sie konnte die Transportkosten in erträglichen Grenzen halten. Merkwürdigerweise finden sich in den Sprachen des Alten Orients nur wenige Wörter, die vorzugsweise für die Karawane gebraucht werden. Sum. kaskal und akk. *ḫarrānu* sind vor allem Wörter für „Weg, Straße" und „Reise"; man weiß daher oft nicht, ob sie im Sinne von „Karawane" gebraucht sind, wenn von Geschäftsreisen die Rede ist.[6] Die Karawanen waren an bestimmte Karawanenwege gebunden, die bisweilen über Jahrtausende hinweg in etwa die gleichen waren. Im Gebirge gab es oft nur wenige gangbare Pässe, und Wasserstellen fanden sich in der Steppe auch nur selten in den notwendigen kurzen Abständen; sie können bei Kamelkarawanen allerdings erheblich weiter voneinander entfernt liegen als bei den Eselkarawanen der Frühzeit. Die Flüsse hatten nur wenige gangbare Furten; sie auf Booten zu überqueren, war auch nur dort möglich, wo solche verfügbar waren. Die Zeiten des Hochwassers, von Schnee und Eis oder zu großer Hitze, wenn Nachtreisen nicht möglich waren, mußten vermieden werden; wetterbedingte längere Unterbrechungen waren oft nicht zu finanzieren. Erfahrene Karawanenführer waren ebenso notwendig wie einige Begleiter, die auch mit Anderssprachigen verhandeln konnten. Über Einzelheiten ist den Quellen nur selten etwas zu entnehmen.

Mangels Quellen nicht lösbar ist bei den ganz langen Handelswegen etwa von Ostiran oder Südarabien nach Mesopotamien die Frage, ob in solchen Fällen die Karawane, die am Ausgangsort gebildet wurde, bis zum Bestimmungsort der Waren, wenn nötig, viele Wochen zusammenblieb oder ob dann die Waren nach einer gewissen Strecke an neu zusammengestellte Karawanen zum Weitertransport übergeben wurden; das letztere ist wahrscheinlicher, weil mit jeder Verlängerung der Reisestrecke zusätzliche Verständigungsschwie-

---

[6] Vgl. den Artikel ›Karawane‹ von D. O. Edzard und I. Eph'al, RlAss. V (1980) 414ff.; s. auch S. 121, Anm. 7.

rigkeiten und andere Probleme auftauchen mußten. Fremde Führer wären auf jeden Fall nötig gewesen.

Einen Sonderfall stellt nach 1850 der Karawanenverkehr zwischen Assyrien und seinen Handelskolonien in Ostkleinasien mit dem Zentrum Kanisch (s. dazu S. 47) dar, der von Iluschumma bis vielleicht in die Anfangsjahre von Ischme-Dagan I. wohl ohne längere Unterbrechungen 100–120 Jahre durchgeführt wurde und durch die Tausende von Urkunden und Briefen aus Kanisch überaus reichlich dokumentiert ist.[7] Betrieben wurde er offenbar von privaten Handelshäusern in enger Verbindung mit der Verwaltung in Assur und in Kanisch, die ebenso wie die Fürsten, deren Gebiete die Karawanenwege durchliefen, Zölle und Abgaben in zumeist wohl genau festgesetzter Höhe kassierten. Von Störungen des Verkehrs durch Überfälle unterwegs wird nur vereinzelt berichtet. Die Assyrer wohnten in Kanisch außerhalb der ummauerten Stadt in einem eigenen Viertel, das wie die Behörde *kārum* genannt wurde. Wie der Karawanenweg genau verlief und ob es streckenweise einige mögliche Wege gab, wissen wir nicht. Für die etwa 1000 km wird eine Reisedauer von ungefähr 2 Monaten einschließlich Ruhetagen vermutet.

Eine zentrale Rolle bei der Abwicklung auch des Karawanenhandels spielte in Babylonien wie in Assyrien der *tamkārum*, sum. dam-gàr, der sowohl eine öffentliche als auch private Funktionen in örtlich wie zeitlich verschiedener Verteilung wahrnahm und in den Texten oft ohne Namensnennung erscheint. Er ist zugleich eine Art von Handels- und Geschäfte-Aufseher und Kaufmann oder Händler auf eigene Rechnung sowie ein Finanzier (akk. *ummiānum*, s. S. 99) anstelle der nicht vorhandenen Banken.[8] Ein modernes Übersetzungswort, das überall paßt, fehlt leider. Vor der Akkade-Zeit erscheint er in Ebla wohl nur selten, aber, zumeist gewiß in öffentlicher Funktion, häufig in sumerischen Urkunden. Bis zur 3. Dynastie von Ur hat sich daran wohl nicht viel geändert, obwohl es auch Zeugnisse für Privatgeschäfte des dam-gàr gibt. In der alt-

---

[7] Vgl. P. Garelli (s. S. 47, Anm. 15); M. T. Larsen, Old Assyrian Caravan Procedures, Copenhagen 1967; K. R. Veenhof, Aspects of Old Assyrian Trade and Its Terminology, Leiden 1972.

[8] Vgl. W. F. Leemans, The Old-Babylonian Merchant. His Business and His Social Position, Leiden 1950; R. Harris, Ancient Sippar (s. S. 73, Anm. 17), S. 71 ff. (mit Liste von *tamkāru*-Aufsehern); Iraq 39 (1977) viele Aufsätze zum *tamkāru* und zum Handel (s. S. 117, Anm. 4); AHw. 1314f. zu *tamkāru* und *tamkārūtu*.

babylonischen Zeit zeigen die Gesetze Hammurabis neben Urkunden und Briefen die Vielfältigkeit der Geschäfte des *tamkārum*. Ebenso wichtig, wenn auch teilweise etwas andersartig, waren seine Dienste in den assyrischen Handelskolonien in Ostkleinasien. Nach 1500 erscheint er in manchen Urkundengruppen seltener; er organisierte bisweilen auch Sklavenimporte. Umfassende Untersuchungen fehlen da noch. Nicht genau zu bestimmen sind vorläufig auch Stellung und Funktionen des oft genannten Ober-*tamkārum* (akk. *wakil tamkārī*). Die Zahl der Bediensteten eines *tamkārum* dürfte sehr verschieden hoch gewesen sein.

5. Die Handelswaren

Leidlich exakte Angaben über die Handelsgüter einschließlich Sklaven und Tieren, über ihre Mengen ebenso wie die Herkunfts- und Bestimmungsländer sind trotz der Fülle der Urkunden nur selten möglich. Herkunftsangaben für bestimmte Waren, die dann auch Schlüsse auf Warennennungen ohne Herkunftsangabe zulassen, finden wir nicht sehr oft. Nicht wenige Waren können Importgüter sein, müssen es aber nicht. Auch fremdsprachliche Bezeichnungen etwa von Pflanzen, Tieren und mancherlei Gegenständen deuten nicht unbedingt auf fremde Herkunft, weil solche Pflanzen sicher sehr oft auch im Lande angebaut wurden. Selbst Metalle in Babylonien, die irgendwann einmal in das ganz metallarme Land importiert worden sein müssen, können nach dem Einschmelzen der Objekte, zu denen sie ursprünglich verarbeitet worden waren, vielfältig wiederverwendet werden. Fremde Herkunft kann dann bei solchen Rohstoffen oft nur vermutet werden. Das gleiche gilt für Metalle, Steine, Elfenbein und manches andere, das bei Ausgrabungen gefunden wurde. Noch schwerer und oft genug gar nicht zu beantworten ist die Frage, ob in Ländern mit hochstehender Verarbeitungstechnik wie Babylonien, Assyrien und manchen Gebieten Syriens, Kleinasiens und Irans ganz überwiegend nur Rohstoffe importiert wurden und nicht oft auch Fertigwaren und Gegenstände des Kunstgewerbes. Manchmal ist die fremde Herkunft auch solcher Waren leicht erkennbar; viel häufiger werden wir sie nicht bemerken. Die Exporte aus Babylonien waren außer Getreide und Datteln wohl ganz überwiegend Fertigwaren; Nachweise dafür aus den Urkunden lassen sich aber nicht allzu oft führen. Wir tun daher gut daran, genaue Aussagen nur dort zu machen, wo sie sich rechtfertigen lassen, und uns sonst mit summarischen Festellungen zu begnügen.

Ganz ungewöhnlich gut informiert sind wir über den Handel zwischen Assyrien und seinen Handelskolonien in Ostkleinasien (s. S. 121), da sehr viele Briefe nur oder ganz überwiegend von den Handelswaren handeln. Assur importierte das für die Herstellung von Bronze unentbehrliche Zinn oder Arsen (ass. *annukum*) vor allem aus Nordwestiran und exportierte es in die Handelskolonien und nach Süden. Nach Kleinasien gingen auch vielerlei Stoffe, die teilweise aus Babylonien stammten. Exportiert wurde von dort nach Assyrien vor allem Kupfer, von dem etliche Sorten unterschieden wurden, sowohl als Metall als auch in Gestalt von Kupfergeräten mannigfacher Art. Gold und Silber waren weniger Exportwaren als Währungsmetalle. Die altassyrischen Urkunden sind übrigens auch eine wichtige Quelle für den Handel innerhalb von Kleinasien.

Ein Zentrum auch des Metallhandels im dritten Jahrtausend war Ebla in Nordsyrien; einige Texte von dort nennen auffällig große Mengen an Gold, das gewiß nicht im Lande gefunden wurde. Für Babylonien war Syrien vor allem Holzlieferant, wenn der Euphratweg frei war. Das Kupfer kam in Babylonien vorwiegend aus Kleinasien, Zypern und Ostarabien, soweit bis jetzt feststellbar; das Gold mindestens in der Kassitenzeit aus Ägypten,[9] das in der altbabylonischen Zeit wohl kein Handelspartner war. Von den Steinimporten aus Ostarabien war schon die Rede (S. 109). Die reichlich sprudelnden Asphaltquellen am mittleren Euphrat ermöglichten Exporte nicht nur nach Babylonien; über Land waren sie wohl schwierig. An kleineren Handelsgütern, die oft über sehr weite Entfernungen transportiert wurden, sind vor allem Essenzen aller Art zu nennen.

Beim Handel mit Lebensmitteln stand das Getreide im Vordergrund, mit dem vor allem Babylonien einen Teil seiner fehlenden Rohstoffe bezahlen konnte. In diesem Bereich gab es natürlich sehr erhebliche Schwankungen aus klimatischen und politischen Gründen. Einführen mußte Babylonien, das nur Sesamöl produzierte, das begehrte Olivenöl aus dem Westen und außerdem für die oberen Zehntausend den neben dem Volksgetränk Bier gern getrunkenen Wein aus Teilen Nordmesopotamiens an den Gebirgshängen, aus Nordsyrien und, nicht zuletzt, aus Kilikien. Von Weinlieferungen

---

[9] Vgl. S. 111, Anm. 21, zu „Gold" in RlAss.

ist auch in den altbabylonischen Urkunden aus Mari oft die Rede. Fleisch konnte allenfalls getrocknet transportiert werden; bezeugt ist das vor allem für Fische. Von dem sicher bedeutsamen Salzhandel erfahren wir wenig; einfaches Salz gewann man oft aus den Salzablagerungen an manchen Flüssen.

Der Handel mit Tieren spielte eine größere Rolle wohl erst seit etwa 1400, als man begann, Pferde aus Kleinasien, Armenien und Nordiran in großer Zahl zu importieren. Später kamen dann noch Kamele (meist Dromedare) und, aus Iran, Trampeltiere dazu. Es gab aber auch Liebhaberimporte von allerlei exotischen Tieren. Schließlich darf der Sklavenhandel nicht vergessen werden, der die gewaltsame Beschaffung von Sklaven in Kriegen ergänzte. In der Hammurabizeit kamen viele Sklaven aus Iran nach Babylonien. Zur Zeit der späteren Großreiche bestand für den Handel mit ihnen wohl weniger Bedarf.

X. DAS RECHT

1. Rechtsverordnungen und Gesetzsammlungen

a) Grundbegriffe, Allgemeines zu den Gesetzen. Sumerische Gesetze

Einen Allgemeinbegriff Recht gibt es im Alten Orient nicht. Sum. di, akk. *dīnu* bezeichnet die Rechtssache, den Rechtsspruch und den Prozeß. nì-si-sá = *mīšaru* ist die Gerechtigkeit als Höchstwert, ergänzt durch nì-gi-na = *kittu* „Stetigkeit, Rechtlichkeit". Für den Schutz von Recht und Gerechtigkeit sind alle Götter zuständig, mit Vorrang aber der Sonnengott Utu/Schamasch, der alles sieht. Im strengen Sinn gibt es kein weltliches Recht, sondern nur ein religiöses, mögen auch handelsrechtliche Bestimmungen ein weitaus geringeres Gewicht haben als zentrale Rechtssätze. Auf der Erde ist der König für das Recht zuständig; er ist der oberste Richter (di-ku₅ = *dajjānu*), die letzte Instanz bei Berufungen und, wo es gefordert wird, der Gesetzgeber. Hammurabi nennt die Einzelgesetze *dīnāt mīšarim*.

Ob alle Sätze des Gewohnheitsrechts, das die Praxis bestimmt, in vielleicht ferner Vergangenheit einmal von einem König verkündet wurden, wissen wir nicht. Sicher ist aber, daß es jahrhundertelang einzelne Rechtsverordnungen gab, ehe um 2000 die ersten Gesetzsammlungen promulgiert wurden. Keine dieser Sammlungen ist ein Kodex wie etwa der Codex Justiniani, auch wenn dieses Wort sich bei uns eingebürgert hat. Selbst der Kodex Hammurabi behandelt nur einen kleinen Teil der Rechtsmaterie; er ist eine Sammlung von Reformgesetzen, denen wahrscheinlich bereits länger gültige Bestimmungen hinzugefügt wurden. Demgemäß ist keine der Gesetzsammlungen systematisch geordnet; Bestimmungen des Straf-, Zivil-, Handels- und Arbeitsrechts wechseln miteinander. Die allermeisten Gesetze sind kasuistisch formuliert und beginnen sum. mit tukumbi „wenn", akk. mit *šumma* und heth. mit *takku*.[1] Also z. B.: „Wenn ein Mann einen Raub begangen hat, wird er getötet."

---

[1] Vgl. zu allen Gesetzsammlungen in RlAss. III (1966) 243–297 die Ar-

Demgegenüber ist die für religiöse Gesetze wie z. B. die Zehn Gebote typische apodiktische Formulierung eine seltene Ausnahme; vgl.: „Eine Dirne darf sich nicht verhüllen; ihr Kopf bleibt entblößt." Ähnlich formuliert sind die in altbabylonischen Gesetzen zu findenden Tarifbestimmungen.

Bei den meisten älteren Gesetzsammlungen bis hin zu Hammurabi geht den Bestimmungen ein Prolog im Stil einer Königsinschrift voraus, der nur beim Eschnunnagesetz ganz kurz gehalten ist, sonst aber in verschiedener Weise auch von den Erfolgen des Königs im Krieg spricht. Außer in Eschnunna finden wir auch Epiloge mit Flüchen gegen denjenigen, der an die Gesetzesstele Hand anlegen sollte; bei Hammurabi ist dieser so lang wie nirgends sonst, bei Urnammu, wo er nur kurz gewesen sein kann, in der Kopie abgebrochen. Die Abschriften lassen teilweise Prolog und Epilog weg. In den Gesetzen selbst finden sich bisweilen wörtliche Übereinstimmungen in zwei oder mehr Sammlungen; als ganze sind aber alle neue, eigene Gesetzeswerke.

Das Erlassen einer, oft frühere Regelungen verändernden, Rechtsverordnung nannten die Babylonier *mīšaram šakānum*, die einzelne Bestimmung *ṣimdatum*;[2] solche Verordnungen wurden als Selbsteinführung des neuen Königs besonders oft am Regierungsanfang gleichzeitig mit der Verkündung von Arbeitserleichterungen erlassen. Urkunden und Briefe nehmen sehr oft auf eine *ṣimdatum* Bezug. Drei sind uns teilweise erhalten (s. u.). Die spätere Zeit kennt den Begriff *ṣimdatum* nicht mehr, obwohl es vergleichbare Erlasse auch in Assyrien gegeben haben muß. Von keinem späteren König auch in Babylonien ist ein Gesetzgebungsakt dieser Art bekannt. Das gleiche gilt für die Staaten Syriens und Kleinasiens. Für Elam s. S. 133.

Die für uns älteste Sammlung sumerischer Gesetze stammt von dem Begründer der 3. Dynastie von Ur Urnammu. In etwa 40 kurzen Paragraphen geht es zumeist um Straftaten, die in der Regel auch bei Körperverletzungen mit Geldbußen, in härteren Fällen wie Mord und Raub mit dem Tode bestraft werden. Im Gegensatz dazu stehen in der umfangreicheren, aber viel schlechter erhaltenen Gesetzsammlung des Lipit-Ischtar von Isin, soweit erhalten, vorwie-

---

tikel ›Gesetze‹ von J. Klíma, H. Petschow, G. Cardascia und V. Korošec mit viel Literatur.

[2] Vgl. zu diesen und anderen juristischen Begriffen die diesbezüglichen Artikel in AHw. und CAD, außerdem S. 129, Anm. 8.

gend Bestimmungen zum Ehe-, Familien- und Bodenrecht.[3] Nach § 28 darf ein Mann zu einer kranken Ehefrau eine zweite hinzunehmen und muß beide unterhalten. Schülertafeln und eine mit einer akkadischen Übersetzung versehene Abschrift aus dem ersten Jahrtausend mit familienrechtlichen Regelungen sind weitere Hinweise darauf, in welchem Ausmaß der Staat damals schon in diesen Bereich eingriff (vgl. S. 68) und auch Sklaven vor allzu großer Willkür schützte. Auf die Richter nimmt keines dieser Gesetze Bezug.[4]

b) Eschnunna-Gesetz und Kodex Hammurabi. Rechtsedikte

In babylonischer Sprache promulgierte nach unserer Kenntnis wohl zuerst Daduscha von Eschnunna um 1735 ein fast vollständig erhaltenes Korpus von 60 Paragraphen, das mit Tariffestsetzungen beginnt und dann von Schiffen und Getreide, Familie und Sklaven, Körperverletzungen, Tieren und Hausbau ohne strenge Stoffgliederung handelt. Ein Richter wird nie erwähnt, wohl aber einmal der Palast als Gerichtsinstanz. Bemerkenswert ist, daß die Todesstrafe nur fünfmal festgesetzt ist; in zwei weiteren Fällen entscheidet der König über ihre Verhängung. Verstümmelungen, Prügel und Ausweisungen werden wie in den sumerischen Gesetzen nirgends gefordert. Eine Ehe kann wie bei Hammurabi nur durch einen Ehevertrag konstituiert werden.[5] Mit den überwiegend noch unveröffentlichten Urkunden aus Eschnunna wurde das Gesetz noch nicht verglichen.

Alle bisher genannten Gesetze überragt der Kodex Hammurabi, von dem als einzigem eine Originalstele neben vielen Abschriftbruchstücken aus dem gleichzeitigen und späten Babylonien und aus Assyrien erhalten ist. Der Text galt als ein literarisches Muster für die Schulen. Sieben Kolumnen der Vorderseite der Stele wurden nach der Verschleppung nach Susa ausgemeißelt und sind nach Tontafeln nur teilweise ergänzbar. Die etwa 200 Bestimmungen zählt

---

[3] Die letzten Teilübersetzungen mit Literaturangaben bieten W. H. Ph. Römer und H. Lutzmann in ›Texte aus der Umwelt des Alten Testaments‹, hrsg. von O. Kaiser, Gütersloh 1982 ff., Band I, S. 17 ff. Das Verständnis der Bestimmungen läßt mehrfach noch zu wünschen übrig.
[4] Vgl. J. Klíma, RlAss. III 250 ff. (s. S. 125, Anm. 1).
[5] Die letzte Übersetzung bietet mit Literatur R. Borger in dem in Anm. 3 genannten Buch S. 32 ff.

man bei uns als 282 Paragraphen.[6] Das Strafrecht in den etwa 1695 abschließend formulierten Gesetzen ist ungleich härter als das der älteren Gesetze. Die Todesstrafe wird oft angedroht, vereinzelt in verschärfter Gestalt; Verstümmelungen nach dem Talionsprinzip und Prügel gibt es auch mehrfach. Die starre Durchführung von Analogien kann sogar zur Tötung Unschuldiger führen.[7] Der Grund für die oft viel härteren Strafen und Geldbußen kann nur der sein, daß Hammurabi das weniger harte herkömmliche Strafrecht für nicht ausreichend hielt zur Verbrechensbekämpfung in seinem durch Eroberungen vergrößerten Reich. Wie es um die Durchführung der Gesetze stand, wissen wir nicht. An die Sorgfalt der Richter bei Untersuchungen und Urteilen stellte der König hohe Anforderungen; sie mußten etwaige Täter unter Heranziehung von Zeugen überführen. Mangelnde Sorgfalt führte zum Verlust des Amtes und zu einer hohen Geldstrafe (§ 5). Willkür duldete Hammurabi nirgends. Wann er oder ein Statthalter als Berufungsinstanz angerufen werden konnten, ist im einzelnen nicht festgelegt; nach den Briefen geschah es wohl nicht so selten.

Auf die Regelungen im Familien-, Sklaven-, Boden- und Handelsrecht im einzelnen einzugehen ist hier nicht möglich; auf einiges wurde schon früher hingewiesen. Die vielen Studien zum Kodex Hammurabi seit 80 Jahren haben die merkwürdige Tatsache ergeben, daß in den Hunderten von Rechtsurkunden der Zeit nach Erlaß der Gesetze vielfach andere Regelungen anzutreffen sind, als man nach dem KH erwarten würde. Nur bei einem Teil der Bestimmungen wird die Gültigkeit durch Urkunden belegt. Wir müssen daraus schließen, daß die Reformgesetze sich nur teilweise durchgesetzt haben, oft aber das in den Städten verschiedene Gewohnheitsrecht nicht ändern konnten. Das gilt nicht zuletzt auch für die den *muškēnum* (s. S. 73) betreffenden Sonderbestimmungen. Eine umfassende Darstellung des tatsächlich angewandten Rechts der Zeit nach Hammurabi gibt es noch nicht. Ganz unreali-

---

[6] Die jeweils von den Erstherausgebern festgelegten Paragraphenzählungen entsprechen nicht den babylonischen Einteilungen, die Unterfälle nicht als besondere Gesetze ansehen; KH § 9–13 ist z. B. für die Babylonier nur ein Gesetz. Die letzten Übersetzungen des KH mit Literatur sind die von R. Borger, a. a. O. (s. S. 127, Anm. 3, 5), S. 39 ff., und A. Finet, Le Code de Hammurapi, Paris 1983, mit kurzem Kommentar und Sachregister.

[7] KH § 229 f. fordern die Tötung des Baumeisters, der durch unordentliche Arbeit den Tod des Bauherrn verschuldete; wurde jedoch dessen Sohn getötet, soll der Sohn des Baumeisters sterben.

stisch war z. B. die Festsetzung einer Geldstrafe für eine mißglückte Operation, die weit über dem dem Arzt im Falle des Erfolges zustehenden bescheidenen Honorar lag (§ 215ff.).

Von den Rechtsverordnungen (s. S. 126), die in den Texten erwähnt sind, ist nur eine aus dem Regierungsanfang von Hammurabis viertem Nachfolger Ammiṣaduqa zu großen Teilen erhalten, je ein Edikt von Samsuiluna und vielleicht noch einem dritten König, die mit dem ersten großenteils übereinstimmen, sind nur zu kleinen Teilen bekannt.[8] Sie enthalten nur einzelne Strafbestimmungen, die im Zusammenhang mit den wirtschaftlichen und sozialen Regelungen stehen, um derentwillen die Edikte erlassen wurden. Ammiṣaduqa unterscheidet dabei mehrfach zwischen den Bevölkerungsgruppen der Akkader und der Amurriter und erklärt Urkunden, die seinen Bestimmungen zuwiderlaufen, für ungültig. Diese Edikte geben uns noch mancherlei Probleme auf.

Aus nachaltbabylonischer Zeit kennen wir aus Babylonien nur ein neubabylonisches Bruchstück vielleicht aus dem siebenten Jahrhundert mit Regelungen zum Ehe- und Sklavenrecht und zu bodenrechtlichen Streitfragen. Anders als früher sind in diesen Gesetzen oder Gesetzentwürfen apodiktische Formulierungen häufiger als die kasuistischen. Wie umfangreich das ganze Gesetzeskorpus war, ist derzeit nicht feststellbar.[9]

c) Gesetze in Kleinasien und Assyrien

Ob die aus den altassyrischen Urkunden und Briefen aus Anatolien zu erschließenden rechtlichen Regelungen auf geschriebenen Gesetzen der Assyrer oder einheimischer Fürsten basierten, wissen wir nicht. In drei kleinen Fragmenten[10] sieht man meistens Reste

---

[8] Vgl. zu diesen Edikten und anderen sowie zu vielen juristischen, gesellschaftlichen und wirtschaftlichen Fragen in Zusammenhang mit ihnen vor allem F. R. Kraus, Ein Edikt des Königs Ammi-ṣaduqa von Babylon, Leiden 1958, und jetzt von ihm, unter Einarbeitung weiterer Studien auch anderer, sehr ausführlich ›Königliche Verfügungen in altbabylonischer Zeit‹, Leiden 1984.

[9] Vgl. R. Borger, a. a. O. (s. S. 127, Anm. 3, 5), S. 92ff. mit Literatur.

[10] Vgl. G. Eisser – J. Lewy, Die altassyrischen Rechtsurkunden vom Kültepe I, Leipzig 1930, 334ff. und jetzt noch B. Kienast, Das altassyrische Kaufvertragsrecht, Wiesbaden–Stuttgart 1984. H. Hecker verdanke ich wichtige Bemerkungen dazu.

von Gesetzen; es könnte sich aber auch um eine Art von Kaufmannssatzungen handeln. Die Hethiter haben in Anatolien schon im 16. Jahrhundert begonnen, Gesetzsammlungen zusammenzustellen, die dadurch bedeutsam sind, daß sie die Todesstrafe nur vereinzelt vorsehen und die Wiedergutmachung von Schuld über die Vergeltung stellen. Näher auf diese Gesetze einzugehen, ist hier nicht der Ort.[11]

Die Assyrer haben bald nach der Wiedererringung der Unabhängigkeit unter Assur-uballiṭ I. begonnen, einzelne Verordnungen aufzuschreiben, doch ist von den Tafeln fast nichts erhalten. Aufgefunden wurden etwa 20 in der Mehrzahl fragmentarische Stücke einer Kompilation aus der Zeit Tiglatpilesars I. von drei Tafeln mit Gesetzen und einer mit Verfügungen zur Aufrechterhaltung der Ordnung im Palast, insbesondere in dessen Frauenhaus.[12] Diese letzte Tafel nennt jeweils den König, von dem die Verordnung stammt: Der älteste ist Assur-uballiṭ I., der jüngste Tiglatpilesar I. Auf der annähernd vollständig erhaltenen ersten Tafel der Gesetze steht die Frau im Mittelpunkt, auf der ebenfalls achtkolumnigen zweiten das Bodenrecht und auf der von anderer Hand geschriebenen dritten das Sklaven-, Vieh- und Sachenrecht, wobei einzelne Bestimmungen überall aus dem Rahmen fallen. Noch nicht ganz geklärt ist, ob alle Gesetze als geltendes Recht anzusehen sind und nicht Teile von ihnen eher als Entwürfe für einen Ausbau der Gesetzgebung und eine Neuordnung bestimmter Rechtsmaterien. Neuerungen gegenüber der aus Urkunden ablesbaren älteren Praxis stellen vor allem manche der für die Frauen so degradierenden Bestimmungen dar, wie an einem Beispiel schon auf S. 69 gezeigt wurde. In keinem anderen altorientalischen Gesetz ist die Stellung der Frau so niedrig wie in diesem und den gleichzeitigen Palastbestimmungen, und in keinem anderen Gesetz finden wir eine so harte und brutale Strafpraxis. Dem Ehemann wird mehrfach erlaubt, seine Frau selbst hart zu strafen; in dem Fall darf allerdings ein an dem Verbrechen wie z. B. Ehebruch sonst Beteiligter weder besser noch schlechter davonkommen; auch Straffreiheit kann es nur für beide geben. Neben der Todesstrafe wurden, oft in Kombination, Prügel bis zu 100 Hieben, Frondienst und mannigfache Verstüm-

---

[11] Vgl. zuletzt E. von Schuler, a. a. O. (s. S. 127, Anm. 3), S. 96 ff.
[12] Vgl. zu den Gesetzen zuletzt R. Borger, a. a. O. (s. S. 127, Anm. 3), S. 80 ff. (nur Tafel I) und G. Cardascia, Les lois assyriennes, Paris 1969, mit Literatur; zu den Verfügungen E. Weidner (s. S. 68, Anm. 10).

melungen auferlegt. Als Beweismittel für die Richter dienten oft Ordale (s. u.). Im Strafrecht wie im Boden- und Sachenrecht ist das Bemühen um Gerechtigkeit und Differenzierung je nach den besonderen Umständen zu erkennen; es gab auch den Strafverzicht. Wie das in sich oft so widerspruchsvolle Recht der Gesetze angewandt wurde, ist für uns erst teilweise erkennbar. Die große Mehrzahl der erhaltenen mittelassyrischen Urkunden stammt aus der Zeit vor Tiglatpilesar I. Eine Rechtskodifizierung aus dem ersten Jahrtausend in Assyrien ist nicht bekannt.

2. Urkunden und andere Rechtsquellen. Zur Rechtspraxis

Rechtsurkunden und Verträge in sumerischer, babylonischer und assyrischer Sprache aus dem Großraum von Nordsyrien bis Elam besitzen wir für manche Perioden in überaus großer Zahl; sie werden vielfältig ergänzt durch öffentliche Korrespondenzen und Geschäftsbriefe und viel seltener durch Texte anderer Art. Aus dem Hethiterreich und aus Urartu fehlen Rechtsurkunden und Geschäftsbriefe fast ganz. Auf die inhaltlichen Aussagen der Urkunden und Briefe zu bestimmten Rechtsmaterien kann hier nicht eingegangen werden; sie sind zu vielfältig. Über den Aufbau der Urkunden und ihre Aussagekraft muß hier aber, unvermeidlich vereinfachend, einiges gesagt werden. Dabei soll es zunächst nur um die privatrechtlichen Verträge gehen, die die bei weitem größte Masse ausmachen; zu den Prozeßurkunden s. S. 135. Ihre Zahl ist deswegen so überaus groß, weil es den Grundsatz gab, daß alle Geschäfte von einem größeren Volumen und alle Vereinbarungen von einigem Gewicht schriftlich in Gegenwart von Zeugen abgeschlossen werden mußten. Eine Ehe ohne Ehevertrag erklären die Gesetze auch dann für ungültig, wenn die Partner sie schon seit langem vollzogen haben.

Urkunden wurden, um ihren Text nach Möglichkeit vor Zerstörung und eigenmächtigen Änderungen zu schützen, sehr oft in gesiegelte Tonhüllen eingeschlossen, auf denen der Text ganz oder häufiger in seinen wichtigsten Teilen wiederholt wurde. Wenn es später notwendig wurde, den Text noch einmal ganz zu lesen, mußte die Hülle zerschlagen werden und wurde wertlos; sehr viele Urkunden und auch Briefe wurden aber noch in ihren Hüllen gefunden. Urkunden wurden öfter gebrannt als Briefe, konnten aber auch luftgetrocknet aufbewahrt werden. Duplikate für beide oder mehr Vertragspartner wurden gewiß sehr oft geschrieben, sind uns aber nur ziemlich selten erhalten. Für Schuldscheine wurde manchmal vorgeschrieben, daß sie nach Rückzahlung zerschlagen werden müßten; Tausende von ihnen blieben aber bis heute erhalten.

Zu den Hauptthemen der Urkunden gehörten Kauf, Miete bzw. Pacht und Tausch von Sachen, Grundstücken, Feldern, Häusern, Tieren und Personen; gekauft wurden Sklaven, gemietet z. B. Erntearbeiter. Dazu kamen Bürgschaften, Haftungen, Gesellschaftsverträge, Schenkungen, Depots und vor allem in der Spätzeit Pfründenverkäufe (s. S. 77) und die schon erwähnten Schuldscheine teilweise mit Pfandgestellung. Trotz der Forderung der Schriftlichkeit auffällig wenig zahlreich sind die Ehe- und Adoptionsverträge sowie Erbauseinandersetzungen. Zu diesen allen kommen noch manche seltener bezeugte Vertragstypen.

Zu allen Zeiten und überall gab es für bestimmte Urkundentypen wie z. B. Verpflichtungsscheine oder Grundstückskäufe örtlich verschiedene, weitgehend festgelegte Formulare, während bei anderen Typen mehr Freiheit bestand. Im einzelnen aufzeigen können das nur Spezialstudien. Zumeist beginnen die Urkunden mit der Nennung und näheren Kennzeichnung der Sache, um die es geht, also etwa der Menge Gerste oder der Maße und der Lage des Grundstücks. In anderen Urkunden werden zuerst die am Geschäft beteiligten Partner genannt, wobei der Vatersname an die Stelle des nicht vorhandenen Familiennamens tritt. Nicht selten sind auch die verschiedenartigen Gesprächsurkunden, in denen der eine Partner sein Angebot oder seine Forderung vorbringt und der andere darauf antwortet bzw. ihn „erhört" oder die Beibringung von Zeugen verlangt. Notwendig ist dann die genaue Angabe, z. B. des Betrages, den der eine Partner zu zahlen hat. Bei Angeboten muß oft die Freiwilligkeit betont werden. Sehr häufig wird die nachträgliche Anfechtung des Vertrages ausdrücklich ausgeschlossen und eine Vindikation verboten. Oft hohe Konventionalstrafen werden dem Übertreter angedroht, zu denen vor allem im späteren Assyrien noch andere extreme Forderungen auch bei geringem Streitwert kamen, wie z. B. das Auflecken von 1 l auf den Weg gestreuter Kressesamen (s. noch S. 184). Zu allermeist folgt dann eine kürzere oder längere Zeugenliste, teilweise unter Beifügung ihrer Siegelabrollungen oder -abdrücke. Manche neubabylonische Urkunden enthalten auch Fluchformeln. Am Schluß, in späten Urkunden manchmal auch schon früher, werden oft der Ort, mindestens aber das

genaue Datum mit der jeweils üblichen Jahresbezeichnung – Datenformel, Eponym oder Regierungsjahr des Königs – genannt. Manchmal gibt es danach noch besondere Schlußklauseln. Den Urkundentyp kennzeichnende Überschriften sind z. B. in Nuzi sehr häufig.
Angesichts der begrenzten Zahl und so ungleichmäßigen Verteilung der Gesetzsammlungen sowie ihrer, wie schon gesagt wurde, begrenzten Aussagekraft für die Rechtspraxis sind die Rechtsurkunden in Verbindung mit die gleichen Themen behandelnden Briefen die ergiebigste Quelle für die altorientalischen Rechte und die Tätigkeiten der Richter. Trotz ihrer oft nur bescheidenen Zahl sind die Urkunden aus Syrien, den Hurritergebieten und Elam besonders wichtig für uns; sie sind allermeist in babylonischer Sprache abgefaßt. Unter den in Syrien aufgefundenen Archiven sind bisher nur die von Ugarit (etwa 1400–1200) und Alalach (etwa 1700–1200) zu großen Teilen veröffentlicht, juristisch aber erst wenig ausgewertet.[13] Offenbar nahm hier der König besonders oft unmittelbar Einfluß auch auf privatrechtliche Vereinbarungen. Urkunden zum Lehnsrecht sind wie in der Amarna-Zeit vergleichsweise reichlich bezeugt auch in Assyrien, Babylonien und besonders im Fürstentum Arrapcha, aus dem das bei weitem größte Archiv dieser Zeit, das von Nuzi, stammt.[14] In Nuzi spielten einige Rechtsinstitute eine sehr große Rolle, die wir aus den Nachbarländern nicht kennen, so die bereits erwähnte (s. S. 69) Verkaufsadoption, deren Ziel es war, das geltende Recht zu umgehen, und die Sicherheitspfandgestellung der *titennūtu*.
Wieder ganz andere Besonderheiten weist das Recht in Elam auf, wie es uns durch etwa 500 babylonisch geschriebene Urkunden aus dem Susa der Zeit etwa 1720–1500 bezeugt ist. Göttliches und weltliches Recht wurden hier in einer uns sonst ungewohnten Weise zugleich wirksam, z. B. in den vielen Kaufverträgen, im Schuldrecht usw. Manche Termini der Urkunden sind allerdings erst unzureichend geklärt. Als Strafe für Vertragsbrüchige wird oft das Abschneiden von Hand und Zunge neben Geldbußen angedroht.[15]

[13] Viele Beiträge dazu enthält die Zeitschrift ›Ugaritforschungen‹.
[14] Es gibt nur Teilbearbeitungen der über 1200 bisher veröffentlichten Rechtsurkunden und Briefe. Vgl. Studies on the Civilization and Culture of Nuzi and the Hurrians in Honor of E. R. Lacheman, Winóna Lake 1981; die Reihe wird fortgesetzt.
[15] Vgl. P. Koschaker, Göttliches und weltliches Recht nach den Urkunden aus Susa, Orientalia NS IV (1934) 38 ff. Eine zusammenfassende Würdigung fehlt noch.

3. Richter und Gerichtswesen

Der di-ku₅ „Rechtscheider, Richter" (akk. *dajjānu*) als Beruf erscheint schon in frühdynastischer Zeit oft z. B. in Ebla und in Lagasch, bisweilen neben dem Stadtfürsten (ensi). In den etwas jüngeren Rechtsurkunden tritt er besonders häufig in der Mehrzahl auf, da man zur Entscheidung eines Kollegiums mehr Vertrauen hatte. Es gab neben dem Sonnengott auch noch einen besonderen Richtergott (akk. Madānu). Leider verrät uns vorläufig kein Text, wie die Richter auf ihren verantwortungsvollen Beruf nach der Grundausbildung als Schreiber vorbereitet wurden. Wahrscheinlich mußten sie sehr lange an Prozessen teilnehmen und dann durch erfahrene Richter anhand von bereits entschiedenen Rechtsfällen unterwiesen werden. Da Gesetze, wie wir schon sahen, entweder ganz fehlten oder nur einen oft sehr kleinen Teil der Rechtsmaterie regelten, mußten die Richter häufiger nach freiem Ermessen entscheiden als später nach der Schaffung der großen Codices. Sie riskierten aber ihr Amt (s. S. 128), wenn sie dabei nicht sehr besonnen vorgingen. Trotzdem gab es immer wieder bestechliche Richter; nur die Götter waren immer unbestechlich.[16] Wieweit der König, die Statthalter und die Bürgermeister die Urteilsfindung beeinflussen konnten, wissen wir nicht; daß sie das manchmal unternahmen, wird kaum zu bezweifeln sein; auf alle Fälle aber waren sie in wichtigen Fällen die Berufungsinstanz. Sicher ist ferner, daß die Gerichtsverhandlungen fast immer öffentlich waren; „das Tor", d. h. ein Platz oder eine Gebäudenische am Tor, wird als Ort des Gerichts oft genannt. Auffällig selten hören wir von Richtern in den altassyrischen Texten; in den Handelskolonien in Kappadokien gab es wohl keine Berufsrichter, sondern nur Männer, die von Fall zu Fall Urteile fällten. Da es nur wenige Untersuchungen zum Richteramt gibt,[17] sind wir über vieles nur unzureichend unterrichtet.

[16] Belege für akk. *ṭātu/ṭaʾtu* „Bestechung" führt AHw. 1382a auf.
[17] Vgl. A. Falkenstein, Die neusumerischen Rechtsurkunden, erster Teil, München 1956; der zweite Teil behandelt eingehend die mit di-til-la „Urteil, abgeschlossene Rechtssache" überschriebenen Urkunden; s. ferner J. G. Lautner, Die richterliche Entscheidung und die Streitbeendigung im altbabylonischen Prozeßrecht, Leipzig 1922; A. Walther, Das altbabylonische Gerichtswesen, Leipzig 1917. Im 1. Jt. kennen Urkunden und Briefe neben dem *dajjānu* noch den *sartennu* „Oberrichter"; das Wort ist hurritischer Herkunft.

Wenn wir nun nach den Prozessen fragen, die die Richter zu führen hatten, so fällt als erstes das fast gänzliche Fehlen der Strafprozesse auf, in denen es um die von den Gesetzen vorgesehenen Höchststrafen ging. Nur ein neusumerischer Mordprozeß mit folgendem Todesurteil ist in einigen Abschriften überliefert; er wurde wohl als Schulübung traktiert.[18] Aus jüngerer Zeit sind nur Strafurteile bekannt, die auf eine Geldstrafe lauteten; Haftstrafen kannte das Altertum ja nirgends. Außerdem gibt es einige Verfahrensprotokolle mit Aufzählung von Straftaten.[19] Da nun Diebe und Mörder sicher oft zum Tode oder, wo das üblich war, auch zu Verstümmelungen verurteilt wurden, können wir aus dem Fehlen der Strafurteile nur schließen, daß diese mindestens normalerweise nur mündlich verkündet wurden, daß also der Grundsatz der Schriftlichkeit nur im Zivilprozeß galt. Den Grund dafür können wir nur vermuten: Die Richter fürchteten wohl, daß schriftliche Todesurteile irgendwie magisch zu ihrem Schaden ausgenützt werden könnten. Denkbar wäre allerdings auch eine andere Möglichkeit: Man schrieb in solchen Fällen auf vergängliches Wachs und vernichtete die Tafel baldmöglichst völlig.

In allen Prozessen mußten zuerst die Kläger und dann die Verklagten oder Angeklagten gehört werden; beide mußten Zeugen beibringen, die ihre Aussagen bestätigen sollten, was natürlich oft genug nicht gelingen konnte. Wenn notwendig, mußten die Zeugen unter Eid, d. h. mit einer Selbstverfluchung im Fall der unwahren Angabe, aussagen; das geschah zumeist vor einem Göttersymbol[20], das manchmal außen am Tempel angebracht war; jede Lüge war dann zugleich eine Beleidigung der Gottheit. Die eidlichen Aussagen wurden gewiß oft protokolliert. Eidliche Aussagen waren unnötig, wenn Urkunden vorgelegt werden konnten, die die wesentlichen Angaben bestätigten. In solchen Fällen konnte alsbald das Urteil verkündigt werden. Sehr oft wurde auch der Eid beim König gefordert.

[18] Vgl. dazu Th. Jacobsen, Towards the Image of Tammuz, Cambridge/Mass. 1970, 193 ff.: ›An Ancient Mesopotamian Trial for Homicide‹.
[19] Vgl. M. San Nicolò, Der Monstreprozeß des Gimillu, eines *širku* von Eanna, Archiv Orientální (Praha) V (1933) 61 ff. Der Tempeloblat Gimillu im Ischtartempel Eanna in Uruk hatte unter dem Druck von Zeugen den Diebstahl und die Unterschlagung großer Mengen von Vieh zur Zeit des Königs Nabonid zugeben müssen.
[20] Vgl. den Artikel ›Göttersymbole und -attribute‹ von U. Seidl, B. Hrouda und Krecher, RlAss. III (1969), 483 ff.

Als ein weiteres Beweismittel wurde insbesondere dann, wenn jemand ohne zureichende Begründung des Mordes oder des Ehebruchs beschuldigt wurde, bisweilen aber auch zur Klärung eines Diebstahlverdachts, das Ordal eingesetzt, das in Babylonien, Assyrien und Nuzi wohl immer ein Flußordal war. Da man damals anscheinend mit der Möglichkeit, daß jemand im Fluß schwimmen kann, nicht rechnete, konnte man zu der Überzeugung gelangen, daß der Flußgott immer den Unschuldigen ans Land werfen, den des Verbrechens oder der Verleumdung Schuldigen aber ertrinken lassen würde. Besonders lebendig schildert uns einmal ein Propagandist des Nabonid die Durchführung des schon in einem Gesetz des Urnammu von Ur vorgesehenen Ordals.[21]

Von Fall zu Fall wurden an den Prozessen auch andere Funktionäre verschiedenen Ranges und die Ältesten der Stadt beteiligt. Über die besonderen Funktionen solcher Personen fehlen noch Untersuchungen.[22] Von irgendwelchen Anwälten erfahren wir nichts. Unentbehrlich als Protokollführer war zumeist der in der Regel nach den Zeugen genannte Schreiber, der auch die Urkunde auszufertigen hatte. Er mußte die üblichen Formulierungen und die juristische Terminologie beherrschen. Im ersten Jahrtausend gab es Texte, die sumerische Termini und Phrasen neben die akkadischen stellten.[23]

Keine Aussage machen die Urkunden und die Gesetze über die mit der Vollstreckung von Leibesstrafen beauftragten Personen; sie wurden vielleicht von Fall zu Fall bestellt. Das Eintreiben der den Streitwert oft weit übersteigenden Geldbußen und Zahlungen an die obsiegende Partei besorgten wohl städtische Behörden. Nicht nur bei Eheauseinandersetzungen traten oft auch Frauen in Prozes-

---

[21] Vgl. J. Bottéro, L'Ordalie en Mésopotamie ancienne, Annali della Scuola ... di Pisa XI (1981) 1005ff.; W. G. Lambert, Nebukadnezzar, King of Justice, Iraq 27 (1965) S. 1ff. Der Text handelt von Nabonid!

[22] Neben Staatskommissaren wie dem *šakkanakku* standen Beisitzer mit wohl nur beratender Funktion. Die Richter haben in kritischen Fällen vielleicht manchmal abgestimmt. Berufsrichter wird es nicht überall gegeben haben.

[23] Der wichtigste wurde bearbeitet von B. Landsberger, Die Serie *ana itti-šu* = Materialien zum sumerischen Lexikon I, Rom 1937; er enthält auch alte sumerische Familiengesetze. Ergänzungen dazu aus einer anderen Serie bringt Band V (1957) 9ff. Diese Texte dienten auch der Einübung der Verbalformen.

sen auf, um eigene geschäftliche Interessen zu vertreten. Die Bezeichnung Richterin wird vereinzelt Göttinnen beigelegt; auf der Erde gab es Richterinnen wohl nirgends.[24]

[24] Die Unterweltskönigin Ereschkigal (s. S. 172) war zugleich neben anderen Göttern eine Richterin über die Toten mit freilich viel geringeren Möglichkeiten als Osiris in Ägypten.

XI. SUMERISCHE UND BABYLONISCHE WISSENSCHAFT

1. Die sumerische Listenwissenschaft als Ordnungswissenschaft

Die Sumerer begannen schon bald nach der Erfindung ihrer Schrift (vgl. S. 30) mit der Zusammenstellung zunächst kleinerer Zeichenlisten. Bei einer Wortschrift sind Zeichenlisten zugleich Wortlisten, teilweise sogar in einer gewissen sachlichen Anordnung. Als dann mit dem allmählichen Übergang zur Keilschrift die zunehmend auch als Silbenzeichen und für mehrere Wörter zugleich verwendeten Zeichen immer weniger bildhaft wurden, konnten nach den Zeichen geordnete Listen nur noch bei einer Minderheit von Zeichen zugleich Wortlisten mit sachlicher Anordnung sein. Daher wurden schon in der Mitte des dritten Jahrtausends besondere Gegenstandslisten geschaffen, die nun vorwiegend Wortkomposita enthielten und neben den durch Determinative (s. S. 31) gekennzeichneten Gegenständen aus Holz, Rohr, Leder, Metallen, Stein, Wolle usw. auch Pflanzen mit den Sondergruppen Bäume und Getreide sowie Haus- und Wildtiere und bestimmte Menschenklassen mit Körperteilbezeichnungen, geographische Namen, Sterne und Götternamen aufführten. Die Tendenz ging zu einer festgelegten Reihenfolge innerhalb der einzelnen Gruppen, wurde aber noch bis in die altbabylonische Zeit hinein nicht voll verwirklicht. Unter den zunächst stark voneinander abweichenden örtlichen Schultraditionen setzte sich seit der 3. Dynastie von Ur immer mehr die von Nippur durch.[1] Mit der Schrift wanderten die Wort-

---

[1] Zur Listenwissenschaft und zu diesem ganzen Kapitel vgl. W. von Soden, Leistung und Grenze sumerischer und babylonischer Wissenschaft, Die Welt als Geschichte II (1936) 411 ff. und 509 ff. Neudruck mit Ergänzungen zusammen mit B. Landsberger, Die Eigenbegrifflichkeit der babylonischen Welt (ursprünglich Islamica II [1926] 355 ff.), Darmstadt: Wiss. Buchgesellschaft 1965 und 1974. Ergänzend vgl. W. von Soden, Zweisprachigkeit in der geistigen Kultur Babyloniens (Wien: Akademie 1960) und die S. 142, Anm. 4, genannte Arbeit. – Den umfassendsten Überblick über die ein- und zweisprachigen Listen bietet jetzt der Artikel ›Lexikalische Listen‹ von A. Cavaigneaux, RlAss. VI (1983) 609–641, mit Textbeispielen

listen teilweise auch nach Elam und nach Syrien, wo sich eigene Traditionen herausbildeten, wie das besonders eindrucksvoll das Archiv von Ebla (um 2400) zeigt, das die übernommenen Listen in mannigfach veränderter Gestalt zeigt.

Zu Beginn mögen bei der Zusammenstellung von Listen praktische Gesichtspunkte ganz im Vordergrund gestanden haben, und sie blieben immer von sehr großer Bedeutung für die Schreiberschulen, wurden jedoch in zunehmendem Maß überhöht durch Zielsetzungen mehr theoretischer Art. Die Sumerer glaubten an eine Art von Weltordnung, die auch das Handeln der Götter mitbestimmte (s. S. 166ff.). Die Listen hatten die Aufgabe, diese Ordnung an Hauptgruppen von Gegenständen und an den Lebewesen einschließlich der Götter vor Augen zu führen. Das konnte nur für den mit Erfolg bewirkt werden, der mit den Listen umgehen konnte. Zusammenhängend konnten die Sumerer ihre Gedanken nicht darstellen, weder in den Bereichen der Natur, der hergestellten Gegenstände und der Theologie noch in denen der Mathematik (s. dazu S. 157ff.) oder des Rechtswesens. Die sumerische Wissenschaft ist satzlos und reiht nur nominale Ausdrücke ohne jede Erläuterung eindimensional aneinander. Verben in finiten Formen und abstrakte Begriffe finden sich nur in den nicht sachlich geordneten Zeichenlisten, nicht aber in den nach systematischen Gesichtspunkten geordneten Listen. Der Veranschaulichung der Ordnungsgedanken dienen Mythendichtungen (s. S. 199ff.). In neusumerischer Zeit waren die Verfasser und Überlieferer mancher Listen anscheinend bemüht, die nominalen Ausdrücke für manche Bereiche annähernd vollständig zu erfassen; in anderen Fällen wie bei den Sternen begnügte man sich mit einer kleinen Auswahl aus dem, was der Beobachtung zugänglich war; die Gründe dafür sind oft noch unklar.

Geschichte wird in Form von Königslisten dargestellt, die von der Fiktion ausgehen, es hätte immer nur einen König im Lande gegeben. Für die ältere wie die jüngere Zeit stellen sie gleichzeitig re-

---

für die wichtigeren Typen von ihnen und viel Literatur. Für Nachweise und die Ergänzung der ganz knappen Angaben hier ist er überall heranzuziehen. – Weder zur sumerisch-babylonischen Listenwissenschaft als ganzer noch zu den zweisprachigen lexikalischen Listen gibt es in irgendeiner der alten Kulturen Gegenstücke, obwohl das Phänomen der zweisprachigen Kultur auch anderswo anzutreffen ist und z. B. im Mittelalter in Europa wie in der islamischen Welt, aber auch in Ostasien eine große Bedeutung gewonnen hat.

gierende Dynastien wieder ohne jede Erläuterung hintereinander. Mythische und historische Könige werden nicht unterschieden; drei- bis vierstellige Zahlen für Regierungszeiten begegnen zuweilen auch bei historischen Königen. Bei der Mathematik tritt an die Stelle der eindimensionalen Liste die ebenfalls eindimensionale Rechentabelle; s. dazu S. 159.

2. Zweisprachige lexikalische Listen in Ebla und Babylonien. Drei- und viersprachige Listen in Kleinasien und Syrien

Die Semiten in Syrien und Babylonien lernten in ihren Schulen die sumerischen Zeichen- und Wortlisten kennen, verstanden Sinn und Funktion der Wortlisten aber nur teilweise. Sie erkannten jedoch schon früh, daß man aus ihnen durch Hinzufügung einer zweiten Spalte bzw. in Ebla Zeile in ihrer Sprache zweidimensionale Listen machen konnte, die dem Studium der anderen Sprache dienten. Die sumerischen Wörter und Ausdrücke wurden durch akkadische bzw. eblaitische Wörter, Genitivverbindungen oder kurze Relativsätze wiedergegeben, was bei der großen Verschiedenheit der Sprachen oft nur behelfsmäßig gelingen konnte. Die zweisprachigen Listen wurden so zu den ersten lexikalischen Hilfsmitteln der Menschheit, denen außerhalb der Keilschriftkulturen noch sehr lange nichts Ähnliches folgen sollte, da die Griechen wenig Interesse an anderen Sprachen hatten; erst mit der Renaissance beginnt der Aufbau der abendländischen Lexikographie. Bis vor kurzem kannten wir zweisprachige Listen nur aus dem zweiten Jahrtausend und nahmen an, daß die Anfänge der Lexikographie in der frühen altbabylonischen Zeit liegen. Die Entdeckung des Tafelarchivs vom Ebla (s. S. 33) zwang uns nun umzulernen: Dort gab es schon um 2400 sumerisch-eblaitische Listen von beträchtlichem Umfang, die bereits wie später in Babylonien bei Verben den semitischen Infinitiv der sumerischen Wortwurzel gegenüberstellten.[2] Leider wurden

[2] Vgl. A. Cavigneaux (s. S. 138, Anm. 1), S. 615. Noch nicht berücksichtigt ist dort: Materiali epigrafici di Ebla (MEE) IV: G. Pettinato, Testi lessicali bilingui della Bibliotheca L. 2769, Napoli 1982; der Band enthält die sumerisch-eblaitischen Listen und soll durch einen weiteren Band mit Bearbeitungen ergänzt werden. Viele Verbesserungen dazu bietet der S. 34, Anm. 6, genannte große Aufsatz von M. Krebernik. Noch nicht erschienen ist mein Vortrag ›Zweisprachige Listen in Ebla und in der altbabylonischen Zeit‹ mit Überlegungen zur geistesgeschichtlichen Einordnung der Listen.

in ihnen viele sumerische Wörter nicht übersetzt, besonders häufig gebrauchte ebenso wie seltenere Wörter. Nach dem gegenwärtigen Befund wäre die zweisprachige Liste also um 2400 in Nordsyrien erstmalig geschaffen worden und dann ohne Kenntnis der Ebla-Listen in Babylonien erneut bald nach 2000. Es ist jedoch nicht undenkbar, daß die zweisprachigen Listen von Ebla in Nordbabylonien Vorbilder hatten, die noch nicht aufgefunden wurden.

Die sumerischen Gegenstandslisten wurden in Babylonien und Syrien noch sehr lange nur einsprachig überliefert und wohl erst spät im zweiten Jahrtausend mit der akkadischen Spalte versehen. Schon altbabylonisch zweispaltig überliefert wurden hingegen nach Zeichen geordnete Listen verschiedener Typen und auch Listen grammatischer Formen, die von vornherein zweispaltig konzipiert wurden und von einem vielfältigen Bemühen um die sumerische und die eigene Sprache zeugen. In Sätzen formuliert wurden freilich grammatische Regeln nie; man lernte aus der Fülle der Beispiele, die allerdings keineswegs überall gleichwertig waren.[3]

Die nachaltbabylonische Zeit kanonisiert bestimmte Listentypen durch Schaffung von Tafelserien, die meist nach der Anfangszeile benannt wurden und aus bis zu 40 durchgezählten Tafeln bestanden. Ganz neue Listenwerke kamen hinzu, die etwa Synonyme und Homonyme sammelten oder akkadische Wurzeln mit ihren vielfältigen Gebrauchsweisen und ihren wirklichen und vermeintlichen Ableitungen ohne Scheu vor wilden Etymologien zusammenstellten; gerade diese Listen bedürfen noch gründlicher Untersuchungen. Als etwas ganz Neues kommen in den jüngeren Listen ganz knappe, durch das Determinativpronomen *ša* eingeleitete Erläuterungen dazu. Die „Gleichungen" der älteren Listen stellten doch oft, recht gesehen, Unbestimmtheitsrelationen dar, weil die Verfasser ihr Wissen darum, daß die sumerischen und akkadischen Wörter sehr oft nicht deckungsgleich waren, nicht klar formulieren konnten. In den späteren Listen finden wir nun viele hundert Teilgleichungen des Typs zi-zi = *qa-ta-pu ša ḫašḫūri* „pflücken, von

Sie machten den Infinitiv als nominale Verbalform zur Lemma-Form in den Listen, weil diese ursprünglich nur Substantive aufführten. [Jetzt: Il Bilinguismo a Ebla, ed. L. Cagni, Napoli 1984, S. 51 ff.]

[3] Vgl. B. Landsberger, Materialien (s. S. 136, Anm. 23) IV (1956): Old Babylonian and Neobabylonian Grammatical Texts, und Ergänzungen dazu, z. B. O. Gurney, Middle Babylonian Legal Documents and Other Texts = Ur Excavation Texts VII (1974), Nr. 97 ff. Eine Auswertung der zweisprachigen grammatischen Listen steht noch aus.

Äpfeln (gesagt)". Kritisch gelesen werden müssen natürlich auch solche Gleichungen.[4]

Über die Listen hinaus führen im ersten Jahrtausend zahlreiche Kommentare, die nur teilweise noch die Form der zweispaltigen Listen weiterführen. Sie enthalten viele Zitate aus den zweisprachigen Listen und den Synonymenlisten (s. u.) und geben bei vielen Verbalformen den Infinitiv des Verbums an. Neben den vor allem philologischen Wortkommentaren stehen Sachkommentare sehr verschiedener Art, die ebenfalls viele Worterklärungen enthalten. Wir werden auf diese noch mehrfach hinweisen müssen.[5]

Wie die Kommentare zumeist erst im ersten Jahrtausend entstanden sind auch die zweispaltigen akkadischen Synonymenlisten, die vor allem in Assyrien überliefert wurden. Die in ihnen aufgeführten Synonyme sind ganz überwiegend Teilsynonyme, was aber nur selten besonders angemerkt wird. Diese Listen berücksichtigen oft auch wenig gebrauchte Wörter der Dichtungen und sind dadurch für uns ein besonders wichtiges Hilfsmittel zum Verständnis der Dichtungen.[6]

Daß das Akkadische in der Zeit von etwa 1400–1200 die Diplomaten- und weithin auch Handelssprache zeitweilig bis hin nach Ägypten und im Hethiterreich werden konnte, wurde erst dadurch möglich, daß die Schulen dort beträchtliche Teile der sumerischen Gegenstandslisten und sumerisch-akkadischer Listen übernahmen, auswählten und fortbildeten. Da nun auch die Landessprachen berücksichtigt werden mußten, wurden diese in dritten oder auch vierten Spalten in die Listen eingefügt. Wir besitzen aus Hattusas viele sumerisch-akkadisch-hethitische Wörterlisten neben nur akkadisch-hethitischen und aus Ugarit sogar sumerisch-akkadisch-ugaritisch-hurritische Wörterlisten, die auch für uns trotz ihrer so fragmentarischen Erhaltung sehr hilfreich sind.[7] Es hätte

[4] Vgl. W. von Soden, Sprache, Denken und Begriffsbildung im Alten Orient, Mainz: Akademie 1973, S. 11 ff.

[5] Eine umfassende Würdigung der so verschiedenartigen Wort- und Sachkommentare steht noch aus. Für Beispiele vgl. R. Labat, Commentaires assyro-babyloniens sur les Présages, Bordeaux 1933; H. Hunger und E. von Weiher, Spätbabylonische Texte aus Uruk, Teil I und II, Berlin 1976 und 1983, mit u. a. Kommentaren zu medizinischen Texten und Omina.

[6] Eine Bearbeitung dieser einsprachigen Listen, die wir vor allem aus Assyrien kennen, steht noch aus.

[7] Einige Literaturangaben bei A. Cavigneaux (s. S. 138, Anm. 1), S. 639; für Hattusas vgl. vorläufig H. Otten und W. von Soden, Das akkadisch-

nahegelegen, im assyrischen Großreich vor allem das den Westen weithin beherrschende Aramäische in solche Listen einzubeziehen. Wir kennen solche Listen aber nicht, sondern nur kleinere Gruppen westsemitischer Wörter in den akkadischen Synonymenlisten. Vereinzelt enthalten ganz späte Abschriften von Listen griechische Transskriptionen. Die Antike übernahm die zweisprachigen Wortlisten nicht; es trat aber auch nichts Besseres an ihre Stelle.

3. Weitere Funktionen babylonischer Wort- und Namenlisten: Bestandsaufnahmen und Zuordnungen verschiedener Art

Schon in den sachlich geordneten, einsprachig neusumerischen Listen ging es nicht nur darum, Vorstellungen von der Weltordnung vor Augen zu führen, sondern auch um Bestandsaufnahmen in Hauptbereichen der Gegenstandswelt und der Lebewesen. Die altbabylonische Zeit hat das überlieferte Listenwerk erweitert; zweispaltig und damit ganz überwiegend zweisprachig wie die nach Zeichen geordneten Listen wurden die sachlich geordneten aber wohl erst gegen Ende des zweiten Jahrtausends. Dabei gab es mancherlei Zusätze, Weglassungen und Umstellungen. Bei der Anordnung innerhalb der Tafeln und der ganzen Tafelserie, die nach ihrer Anfangszeile urra = *ḫubullu* „Zinsverpflichtung" genannt wird, ging man an vielen Stellen nach bestimmten Grundsätzen vor; oft aber spielten auch äußerliche Assoziationen und vielleicht sogar der Zufall eine Rolle. Die Bäume werden in Tafel 3 ausführlich behandelt, die übrigen Pflanzen erst in Tafel 17, die meisten Haus- und Wildtiere in Tafel 13 f., die Fische und Vögel aber erst in Tafel 18. Es gibt mancherlei erklärende Zusätze; viel öfter aber fehlen sie ganz oder finden sich nur in einer parallel laufenden Kommentarserie.[8] Ganz ohne Anleitung wird man das Werk an vielen Stellen kaum haben lesen können. Insgesamt gibt es einen umfassenden Überblick über die belebte und die unbelebte Welt, Geographie und Sterne sowie über von Menschen hergestellte Gegenstände, Lebensmittel und manches andere. Gleichwohl empfand man das Werk früh als für wichtige Bereiche nicht ausreichend und schuf

---

hethitische Vokabular KBo. I 44 + KBo. XIII 1, Wiesbaden 1968, mit einem Überblick über die Textgruppe in der Einleitung.
[8] Vgl. B. Landsberger, E. Reiner und M. Civil, Materialien (s. S. 136, Anm. 23), Band V–XI (1957–1974).

weitere Kompilationen zumeist nicht in Wortlistenform, von denen noch gesprochen werden muß. Übrigens wurde bisweilen, vor allem bei Tieren, zwischen der realen und der mythischen Welt nicht unterschieden. Ergänzungen wurden in späteren Abschriften wohl nur vereinzelt noch eingefügt.

Die Zweispaltigkeit konnte bei Listen aber auch ganz andere Funktionen haben als in den sumerisch-akkadischen Wortlisten. So führt die aus verschiedenen einspaltigen sumerischen Götterlisten unter Einfügung vieler jüngerer Zusätze vielleicht im 12. Jahrhundert zusammengearbeitete große Götterliste an = *Anu* in ihrer linken Spalte zumeist Götternamen auf, die in recht verschiedenen Beziehungen zu dem Gott in der rechten Spalte stehen, der oft für viele Zeilen der gleiche bleibt. Es gibt Namensvarianten, wesensähnliche Götter etwa der Elamier, Kassiten und anderer Völker, vor allem aber viele Namen von ursprünglich selbständigen Göttern, die im Rahmen der den Polytheismus vielfach umdeutenden sogenannten Gleichsetzungstheologie zu Beinamen oder Hypostasen anderer Götter verflüchtigt wurden. Über diese Theologie, die die Babylonier systematisch nicht zu entfalten vermochten, muß auf S. 172f. noch einiges gesagt werden.[9]

Wiederum anders sind die Funktionen zweispaltiger Listen in astronomischen Lehrwerken; s. dazu S. 167. Bestimmte zweispaltige Listen von Drogenpflanzen und -steinen, die überwiegend nicht mehr zweisprachig sind, nützen diese Listenform aus, um ersatzweise verwendbare pflanzliche, tierische oder mineralische Drogen in den meisten Fällen ohne Erläuterung nebeneinanderzustellen; vgl. dazu S. 152. Nur eine untergeordnete Rolle spielen zweispaltige Königslisten neben den einspaltigen, die die Babylonier und Assyrer von den Sumerern mit einigen Modifikationen übernommen hatten. Diese stellen wirklich oder bisweilen auch vermeintlich gleichzeitige Könige in Babylonien und Assyrien nebeneinander, ohne anzuzeigen, wie lange diese gleichzeitig regiert haben.

Zusammenfassend können wir sagen, daß die zweispaltigen Listen den Babyloniern recht mannigfaltige Aussagemöglichkeiten boten, daß sie aber nur selten das, was ihnen entnommen werden soll, leidlich adäquat zum Ausdruck bringen können. Das gilt besonders auch für die in vielen lehrreichen Listen sumerischer und akkadischer grammatischer Formen.

---

[9] Eine auch bisher unveröffentlichte Stücke einbeziehende Gesamtbearbeitung wird von W. G. Lambert vorbereitet.

4. Listen von gleichartigen Satzaussagen

Den sumerischen Listen von Wörtern und nominalen Ausdrükken haben die Babylonier nicht nur die bisher gekennzeichneten meist zweisprachigen Listen ähnlicher Art hinzugefügt, sondern auch oft sehr umfangreiche Listenwerke, die Hunderte oder sogar Tausende von gleichartigen Satzaussagen aneinanderreihen, ohne daß diese logisch oder syntaktisch miteinander so verknüpft sind, wie wir das seit den Griechen in der Wissenschaft gewöhnt sind. Auch werden aus den gehäuften Einzelaussagen keinerlei Schlüsse gezogen, keine als solche formulierten allgemeinen Erkenntnisse abgeleitet. Daß Schlüsse und Erkenntnisse ebenso wie die Prämissen nicht formuliert wurden, darf uns nun freilich nicht zu der Folgerung verführen, die Babylonier wären an solchen Erkenntnissen nicht interessiert gewesen. Vor allem ihre Mathematik zeigt deutlich, daß ein die vielen Einzelheiten übergreifendes Wissen für sie verfügbar war, ohne daß es in Sätzen formuliert wurde. Wie sie sich solches Wissen ohne Satzaussagen und Deduktionen vergegenwärtigen konnten, werden wir aufgrund unserer Schulung vielleicht nie ganz verstehen können. Wir müssen eben zur Kenntnis nehmen, daß dies unter den die babylonische Kultur bestimmenden Voraussetzungen möglich war; auch Wissen ohne Formulierungen konnte sehr fruchtbar werden, fruchtbar allerdings nur in einem begrenzten Umkreis. Wir müssen nun versuchen, uns das zu verdeutlichen, indem wir einige von den Babyloniern besonders gepflegte Bereiche ihrer Wissenschaft betrachten, die als Wissenschaften anzusehen wir zunächst kaum bereit sein werden. Es könnte für sinnvoll gehalten werden, das Wort Wissenschaft im folgenden mehrfach in Gänsefüßchen zu setzen; ich möchte das aber nicht tun, weil diese zu oft als Zeichen einer hier unangemessenen Abwertung dienen.

5. Die babylonische Vorzeichenwissenschaft

Das Wort Vorzeichenwissenschaft wird zunächst befremden, weil der im Altertum überall verbreitete Glaube an von der Gottheit gesandte gute oder böse Vorzeichen für uns ein Aberglaube ist. Nun finden sich in allen alten Literaturen vielfältige Hinweise auf Vorzeichen der verschiedensten Art, die, wie man überzeugt war, eingetroffen waren. Kleinere oder größere Sammlungen von Vorzeichen mit ihren Deutungen wurden auch oft niedergeschrieben, vereinzelt auch schon bei den Sumerern. Aber erst die Babylonier und Assyrer haben Tausende und später Zehntausende von Omina mit ihren Deutungen, nach Sachgruppen geordnet, zusammengestellt und damit eine Vorzeichenwissenschaft geschaffen, die die Hethiter zu vielen Übernahmen und zur Zusammenstellung eigener Sammlungen anregte. Sie muß hier zunächst unter formalen Gesichtspunkten kurz besprochen werden.

Jedes Omen besteht aus einem Bedingungssatz mit einem die Deutung enthaltenden Nachsatz, also z. B. „Wenn in einer Stadt die Blinden zahlreich sind, gibt es Kummer in der Stadt" oder „Wenn eine Schlange auf einen Kranken fällt, zieht sich seine Krankheit hin; dann gesundet er". Nur eine kleine Minderheit der Vorzeichen wurde wahrscheinlich jemals beobachtet; die übrigen wurden in dem Bestreben, einen Vorzeichenbereich möglichst vollständig zu erfassen, hinzugefügt, da einige von diesen sich vielleicht einmal ereignen könnten. Für uns wichtig sind die seltenen Fälle, in denen auf historische Ereignisse im Zusammenhang mit einem Vorzeichen hingewiesen wird. Bei der Zuordnung von Deutungen zu den Vorzeichen sind einige Prinzipien wie z. B. links = gut, rechts = schlecht und umgekehrt feststellbar; sehr oft ist aber keinerlei ratio zu erkennen. Es fehlt allerdings auch noch an Untersuchungen zu diesem Thema.

In der altbabylonischen Zeit waren die Vorzeichensammlungen noch überwiegend ziemlich klein; Vorzeichen, die ohne Zutun der Menschen eintraten wie Begegnungen mit Tieren oder Anomalien bei Geburten, wurden weniger beachtet; die Astrologie fehlte fast ganz. Meistens ging es um die herbeigeführten Vorzeichen vor allem bei der Inspektion der Leber der Opferschafe, aber auch bei den Figuren, die kleine Ölmengen bilden, wenn sie in den Wasserbecher gegossen werden, oder bei den Kurven aufsteigenden Rauchs. Bei der Leberschau wurde wohl immer vor der Schlachtung des Schafes eine bestimmte Frage gestellt, die positiv oder negativ beantwortet werden konnte. Die meisten dieser Fragen betrafen das öffentliche Leben, etwa die Aussichten eines Feldzuges oder die Besetzung eines Amtes. Normalerweise wurde nach dem Aussehen von zwölf Leberteilen gefragt; die Auskunft war dann in der Regel teils ein Ja und teils ein Nein. In solchen Fällen wurden die Ja- und Nein-Merkmale gezählt, und die größere Zahl bestimmte die Antwort. Stand es sechs zu sechs, war die Leberschau mißlungen und mußte wiederholt werden, sofern man nicht aus zusätzlichen Merkmalen die Antwort ablas. Den schon in altbabylonischer Zeit teilweise sehr umfangreichen Listen von wirklich vorkommenden oder fiktiven Leberbefunden, die überwiegend nach den Leberteilen geordnet wurden, konnte man auch stärker differenzierte Antworten entnehmen. Für den einzelnen ging es bei den herbeigeführten Omina um Schicksal und Verhalten der Familie, um Haus und Besitz und um Heilungschancen bei Krankheiten.[10]

Von den altbabylonischen Vorzeichensammlungen übernahm die spätere Zeit keine als Ganzes, beutete sie aber für neu zusammengestellte Texte reichlich aus, auch in Kleinasien. Neue umfangreiche Texte sind erst aus der Zeit nach 1200 bezeugt; die vor allem aus Assyrien bekannten ganz großen Tafelserien wurden aber wohl erst im ersten Jahrtausend zusammengestellt. Bis in die hellenistische Zeit hinein machen die Leberomentexte einen großen Teil der gesamten Vorzeichenliteratur aus; viele Vorzeichen haben eine Kombination von Merkmalen als Basis, Erläuterungen werden oft eingefügt oder zu besonderen Kommentartafeln zusammengestellt. Von Ölwahrsagung ist nur vereinzelt noch die Rede.

Neben die Leberschau tritt aber im ersten Jahrtausend die Beobachtung der noch viel zahlreicheren nicht herbeigeführten Vorzeichen, die, ergänzt durch Tausende von nach bestimmten Schemata konstruierten Vorzeichen, zu den größten Tafelserien der babylonischen Literatur zusammengestellt wurden, deren umfangreichste wohl je weit über 10 000 terrestrische und astrologische Omina umfaßten; je einige Tausend Geburtsomina, Kalenderomina für die als besonders wichtig geltende Wahl der jeweils besten Tage oder Monate und diagnostische Omina kamen neben etwas kleineren Gruppen wie den physiognomischen Omina und Traumomina noch dazu. In allen diesen Serien sind klare Ordnungsprinzipien erkennbar, mögen diese auch nicht immer ganz streng durchgehalten sein. Trotzdem konnten nur Fachleute mit langjähriger Schulung, die zumeist wie die Opferschauer „Schauer" (akk. *bārû*) genannt wurden, mit diesen Textmassen umgehen. Viele Generationen haben das riesige Material zusammengetragen; die ganz großen Serien mit den durchnumerierten Tafeln wurden wohl erst im achten und siebenten Jahrhundert in Babylonien oder Assyrien zusammenge-

---

[10] Bearbeitungen größerer Gruppen der gewaltigen Masse von Leberomina gibt es nicht; viele Nachweise gibt R. Borger, HKL III, 96. Für die Leberschauberichte vgl. A. Goetze, Reports on Acts of Extispicy from Old Babylonian and Kassite Times, JCS 11 (1957) 89 ff., und J. Nougayrol, Rapports paléo-babyloniens d'haruspicine, JCS 21 (1967) 219 ff.

stellt.[11] Ginge es nun in den durch Kommentare ergänzten Vorzeichensammlungen, in denen der gewaltigen Zahl der Vorzeichen übrigens eine viel kleinere Zahl von meist recht allgemeingehaltenen Deutungen aus den Bereichen des öffentlichen und privaten Lebens zugeordnet ist, nur um Mantik im engeren Sinne, so würden sie zwar in einer Geschichte des menschlichen Aberglaubens eine überragende Stellung einnehmen, über diesen Rahmen hinaus aber nur ein recht begrenztes Interesse beanspruchen können. Doch es geht hier um mehr.

Der Wunsch, die von den Göttern bewirkten ominösen Konstellationen möglichst vollständig zu verstehen, um das Handeln rechtzeitig darauf einstellen zu können, zwang dazu, immer genauer zu beobachten. So wurden auf den Schaflebern, von denen keine einer anderen in allem gleicht, auch kleinste Auffälligkeiten beobachtet, registriert und oft auf Tonmodellen eingezeichnet.[12] Beachtet wurden aber auch andere Organe, sofern ihnen Befunde zu entnehmen waren. Das gleiche galt für Neugeborene, ihre Anomalien und Fehlgeburten.[13] Sehr genau betrachtet wurden aber auch Körperbau und Verhalten sehr verschiedener Tiere in höchst mannigfachen Situationen; besondere Aufmerksamkeit widmete man den Schlangen.[14] Ein für die frühe Zeit ungewöhnlich großes zoologisches Wissen war der Ertrag. Auch viele Pflanzen wurden beobachtet, erfuhren aber nicht die gleiche Aufmerksamkeit wie die Tiere. Aus dem Wasser, insbesondere dem Hochwasser der Flüsse, sowie Wettererscheinungen aller Art las man vielerlei Vorzeichen ab; dem Weltbild entsprechend reihte man die Wetteromina in die astrologische Omenserie ein.

Sehr intensiv studiert wurde der Mensch. Für ihn arbeiteten Vorzeichenwissenschaft und Medizin (s. S. 154f.) eng zusammen. Beim

---

[11] Große Teile der terrestrischen Omina der Serie *šumma ālu ina mēlê šakin* „wenn eine Stadt auf der Höhe liegt" wurden bearbeitet von Fr. Nötscher in den Heften 31, 39–42 und 51–54 der ›Orientalia‹ (alte Serie/1928–30); seither kamen viele Texte hinzu. Für die Geburtsomina, die nach den Menschen mehrere Säugetierarten, besonders ausführlich das Schaf, behandelten, vgl. E. V. Leichty, The Omen Series *šumma izbu* („wenn eine Mißgeburt"), Locust Valley 1970, unter Einschluß eines großen Omenkommentars.

[12] Vgl. den Artikel ›Lebermodelle‹ von R. D. Biggs und J.-W. Meyer, RlAss. VI (1983) 518ff.

[13] Vgl. E. V. Leichty (s. Anm. 11), S. 31ff.

[14] Vgl. dazu B. Landsberger – I. Krumbiegel (s. S. 86, Anm. 9), S. 45ff.

Verhalten der Menschen ging es auch um Moral und Ethik. Aus den für das Schicksal der einzelnen guten oder schlechten Omendeutungen erfahren wir sehr viel über die damals gültigen moralischen Wertungen in Ergänzung anderer Quellen (s. S. 177f.), aber auch über die Folgen von Temperamentsausbrüchen.[15] In sehr großer Zahl aufgezeichnet wurden schließlich auch die Träume. Da Menschen sich nur an einen sehr kleinen Teil von diesen erinnern, dürften freilich sehr viele Träume für die Omensammlungen erfunden worden sein. Man diagnostizierte aus den Träumen auch Krankheiten.[16] Viele Beobachtungen zur Psychologie und Verhaltensforschung kann man allen diesen Vorzeichen und ihren Deutungen entnehmen; man kann jedoch höchstens von Ansätzen in Babylonien zu diesen auch in der Antike allenfalls am Rande mitgepflegten Wissenschaften sprechen.

Ganz anders steht es mit der Astrologie. Abweichend von den späteren Zeiten lasen die Babylonier aus den Gestirnen nicht das Schicksal einzelner ab – das geschah erst in der Seleukidenzeit bisweilen[17] –, sondern die Geschicke der Fürstenhäuser, des Staates und großer Gruppen, nicht zuletzt auch Ernteaussichten. Die Astrologie ergänzt in diesen Bereichen vor allem die Leberschau. Sie konnte allerdings eine größere Bedeutung erst gewinnen, als die mindestens zunächst mit Vorrang um der Astrologie willen betriebene Astronomie über eine ausreichende Zahl von Beobachtungen verfügte; das war kaum vor 1200 der Fall. Von der Astronomie wird u. S. 161ff. die Rede sein. Hier soll nur auf die vielen Tausend astrologischer Omina hingewiesen werden, die wir aus dem ersten Jahrtausend kennen.[18] Kaum an einer anderen Stelle ist der Aberglaube für die Entstehung und Fortentwicklung einer Wissenschaft so fruchtbar geworden wie im Bereich der Gestirnbeobachtung, die entgegen oft vertretenen Meinungen von den Sumerern übrigens kaum gepflegt wurde.[19]

[15] Vgl. F. R. Kraus, Ein Sittenkanon in Omenform, ZA 43 (1936) 77ff. Seither wurden weitere Textstücke veröffentlicht.
[16] Vgl. A. L. Oppenheim, The Interpretation of Dreams in the Ancient Near East. With a Treatise on an Assyrian Dream-Book, Philadelphia 1956; Ergänzungen dazu von ihm in Iraq 31 (1969) 153ff.
[17] Vgl. A. Sachs, Babylonian Horoscopes, JCS 6 (1952) 49ff.
[18] Vgl. Ch. Virolleaud, L'Astrologie chaldéenne, Paris 1908–1911 (unvollständig); eine modernisierte Neuausgabe begannen E. Reiner und D. Pingree in Bibliotheca Mesopotamica II, Malibu 1975ff.
[19] Die abweichende Auffassung der sog. Panbabylonisten, z. B. von

6. Theologie, Geschichtsschreibung und Geographie

Die Theologie soll hier nur unter formalen Gesichtspunkten kurz besprochen werden; die Aussageinhalte gehören in das Kapitel über die Religion. Die Theologie ist vor allem anderen Götterlehre; diese aber konnten die Sumerer nur in einspaltig-eindimensionalen Götterlisten ohne jede Erläuterung andeutend vorführen (s. S. 166). Die meist zweispaltigen babylonischen Götterlisten (s. S. 144) sagen wesentlich mehr aus, weil sie vielfach erläutert werden, so daß ihnen über die Beziehungen der Götter zueinander viel mehr zu entnehmen ist; aber auch sie bleiben den Lesern viele sehr wesentliche Auskünfte schuldig. Das erste Jahrtausend fügte diesen Listen noch Kultkommentare hinzu, die ihre recht buntscheckigen Aussagen den Götterlisten, Mythen und Ritualen entnahmen, aber kaum irgendwo eine Systematik erkennen lassen. In ihnen kommen oft wildwuchernde Spekulationen einzelner zu Wort, deren Ausgangspunkt nicht selten etymologische Spielereien sind. Einen für andere verbindlichen Charakter hatten sie wohl kaum jemals; Zeugnisse babylonischer Wissenschaft sind sie nur in einem sehr eingeschränkten Sinn. Zentrale theologische Gedanken, die aus Gebeten und Mythendichtungen zu entnehmen sind, wurden niemals formuliert und gedanklich miteinander verknüpft.

Für eine Geschichtswissenschaft gab es in Babylonien und Assyrien insofern einen günstigen Boden, als ein ausgeprägtes Interesse auch an einer fernen Vergangenheit bei vielen vorhanden war. Bei den Sumerern äußerte sich dieses Interesse aber nur in den schon erwähnten einspaltig-eindimensionalen Königslisten (s. S. 139 f.) und in an frühere Könige wie Gilgamesch anknüpfenden Mythendichtungen. Für die Ausscheidung etlicher Dynastien aus den Listen waren politische Gesichtspunkte bestimmend. Die angegebenen Jahreszahlen waren auch für die Zeit nach der Mitte des dritten Jahrtausends nicht immer korrekt; die Aufführung gleichzeitiger Dynastien nacheinander führte für länger zurückliegende Zeiten sicher oft zu falschen Vorstellungen. Die Babylonier wie die Assyrer führten diese Listen weiter (vgl. S. 40 f.).

Die Listen von Jahresnamen bis 1530 dienten mit Vorrang praktischen Zwecken, wurden aber für die Königslisten ebenso ausgewer-

---

Hugo Winckler und Alfred Jeremias, die die Astronomie auf die Sumerer im 4. Jt. zurückführten, ist mit den heute bekannten Quellen nicht mehr vereinbar, obwohl sie vereinzelt noch vertreten wird.

tet wie in Assyrien die aus ähnlichen Gründen angelegten Listen von Jahreseponymen (*limmu*, s. S. 43 ff.). Das Interesse an bestimmten Königen äußerte sich vor allem in Sagendichtungen, unter denen die über die Könige Sargon und Naramsin von Akkade (s. S. 45 f.) sich besonderer Beliebtheit erfreuten und immer wieder neu bearbeitet wurden. Schon seit der Sumererzeit waren Themen solcher Dichtungen aber auch Unglückszeiten, wie sie z. B. durch Einbrüche elamischer Heere herbeigeführt wurden. Auf den Zorn von Göttern wurde in ihnen oft hingewiesen (s. S. 199 f.).

Die Königslisten wurden schon früh im zweiten Jahrtausend durch einige zusätzliche Angaben z. B. über einen Dynastiewechsel angereichert. Nicht ganz korrekt als Chroniken werden dann jüngere Texte bezeichnet, die für ausgewählte Könige kurze Berichte über unter bestimmten Gesichtspunkten bedeutsame Ereignisse geben. Seit etwa 1100 finden wir dann in Assyrien wie Babylonien Texte, die vor allem über Kriege etwa in den letzten 250 Jahren kurz berichten. Eine assyrische Chronik aus dem achten Jahrhundert behandelt die Auseinandersetzungen zwischen Assyrien und Babylonien seit etwa 1500 mit stark antibabylonischer Tendenz; ähnliche Werke gibt es auch aus Babylonien. Mit dem Jahr 747 setzt dann die sog. ›Babylonische Chronik‹ ein, die zunächst für jeden König in Kurzannalenart die wichtigsten Ereignisse verzeichnet, später aber sogar über jedes Jahr kürzer oder ausführlicher handelt; eine politische Tendenz ist manchmal hinter dem sonst sehr sachlichen Bericht spürbar. Reminiszenzen an die Listenform sind in allen diesen Werken nicht mehr zu erkennen. Für eine wirkliche Geschichtsschreibung bieten die Texte freilich nur Rohmaterial.[20] Seit dem siebenten Jahrhundert enthalten auch die ›Astronomical Diaries‹ (s. S. 162) historische Kurznachrichten.

Geographische Listen von Ländern, Städten, Gewässern und z. T. Gebirgen wurden schon seit der Mitte des dritten Jahrtausends in Babylonien und für kurze Zeit in Ebla überliefert. Sie wurden in späteren Jahrhunderten durch Weglassungen und Hinzufügungen verändert, bieten aber von der altbabylonischen Zeit an zunehmend eine historische Geographie, die mehr auf alte als auf gegenwärtige Namen ausgerichtet ist. Demgegenüber gehören die Itinerarien und Listen von assyrischen Provinzen aus jüngerer Zeit nicht zur geographischen Literatur. Daß man auch die Landschaft in fremden

---

[20] Vgl. A. K. Grayson, Assyrian and Babylonian Chronicles, Locust Valley 1975, mit Nennung der älteren Literatur.

Ländern beobachtete, beweisen einige erzählende Texte und vor allem assyrische Feldzugsberichte.[21]

7. Ansätze zu Naturwissenschaften

Die Namen von Bäumen, anderen Pflanzen, Tieren aller Art und Mineralien wurden von den Sumerern in ihren einsprachigen unerläuterten Wortlisten erfaßt und von den Babyloniern in wesentlich umfangreicheren, zumeist zweisprachigen und teilweise ganz knapp erläuterten Listen verzeichnet (s. S. 143). Die die Anordnung bestimmenden Prinzipien sind für uns nur teilweise erkennbar, weil wir zu viele der Namen noch nicht deuten können. Vergleichsweise am besten dran sind wir bei den Landtieren, zu denen die Listen auch die Insekten und Würmer rechnen; die Vögel kennen wir schlechter und die Fische noch schlechter.[22] Die Körperteile von Tieren werden zusammen mit denen der Menschen behandelt. Die Unterscheidung sehr vieler Arten in allen Bereichen bezeugt wieder eine intensive Beobachtung, die natürlich nicht alle Arten in gleicher Weise erfaßte. Bei den Sumerern, die hier überall nur über eine begrenzte Zahl von einfachen Wörtern als Namen verfügten, lassen die ersten Wörter von Wortverbindungen eine vorwissenschaftliche Ordnung erkennen; ur z.B. bezeichnet ebenso Hunde, Wölfe usw. wie die großen Raubkatzen.[23]

Im ersten Jahrtausend wurden die Wortlisten ergänzt durch die auch schon kurz erwähnten (s. S. 144) Listen von pflanzlichen, tierischen und mineralischen Drogen, die eine weit größere Zahl von Pflanzen aufführen. Wenn diese Listen nach den Krankheiten, deren Bekämpfung die Drogen dienten, geordnet waren, kamen zahlreiche Drogen in ihnen oft vor. Fremdländische Namen bezeugen den (früheren) Import vieler Heilpflanzen. Medizinische Kommentare enthalten weitere wichtige Aufschlüsse. Etwas ganz

---

[21] Die Zeugnisse dafür wurden noch nicht zusammengestellt. Besonders eindrucksvoll ist der Bericht Sargons II. über seinen 8. Feldzug (jetzt W. Mayer in MDOG 116 [1984]) z. B. in Z. 324ff.

[22] Vgl. die S. 84f., Anm. 4 und 5, genannten Bücher von A. Salonen mit vielen Abbildungen.

[23] Vgl. B. Landsberger–I. Krumbiegel (s. S. 86, Anm. 9); ebd., Anm. 7f., zu Hund und Katze; weitere Artikel zu wildlebenden Tieren im RlAss. von W. Heimpel und anderen, z. B. ›Hirsch‹ (IV [1975] 418ff.), ›Leopard und Gepard‹ (VI [1983] 599ff.), usw.

Neues bringen dann die im ersten Jahrtausend entstandenen Werke *šammu šikin-šu* und *abnu šikin-šu* „die Pflanze bzw. der Stein, ihr bzw. sein Aussehen". Sie dienen der Erkennung der Pflanzen und Mineralien und nennen bei den Pflanzen mehrere Teile von der Blüte bis zur Wurzel und vergleichen sie ohne jede Differenzierung mit den entsprechenden Teilen anderer Pflanzen nach dem Schema „Pflanze a: ihre Blüte ist Pflanze b, ihr Stiel Pflanze c" usw. Der Suchende gewinnt dadurch natürlich keine genaue Kenntnis. Das Schema bei den Mineralien ist noch einfacher. Immerhin setzen diese Beschreibungen vielfältige Beobachtungen voraus. Der Umfang beider Werke ist aus den erhaltenen Teilen noch nicht genau erkennbar.[24] Zur Pharmazie s. S. 156f.

Sehr viel von Tieren und Pflanzen handeln auch die großen Listen terrestrischer Omina (s. S. 147). In ihnen geht es bei den Tieren zumeist um ihr Verhalten und bei den Pflanzen um ihre Standorte, zumal ungewöhnliche Standorte. Leider stehen wie sonst auch bei den Tier- und Pflanzenomina neben den auf Beobachtung beruhenden sehr viele andere, die nach irgendwelchen Analogien oder Schemata erfunden sind. Letztere sind leicht zu erkennen, wenn sie offenbar absurde Aussagen machen wie etwa die, daß man ein Lamm mit zehn Füßen beobachtet habe; in sehr vielen anderen Fällen sind sie schwer oder gar nicht erkennbar. Eine umfassende Auswertung der Omina steht noch aus. Für die Identifizierung von Vögeln geben einige literarische Texte sehr wertvolle Hinweise, die Vogelrufe in Sprachlaute umsetzen.[25] Gesamtbeschreibungen von Körperbau und Verhalten bestimmter Tierarten fehlen ganz; sie lagen jenseits der Möglichkeiten der babylonischen Wissenschaft.

Für eine Physik gab es in Babylonien wohl nicht einmal Ansätze; man konnte sich aber etlicher Gesetzmäßigkeiten wie etwa der Hebelgesetze beim Transport schwerster Blöcke bedienen. Von einer babylonisch-assyrischen Chemie kann nur in ganz eingeschränktem Sinn gesprochen werden: Man hatte vielerlei Erfahrungen über Eigenschaften und Verhalten von Elementen und deren Verbindungen gesammelt. Diese ermöglichten es seit der Mitte des zweiten Jahrtausends in zunehmendem Maße, über die schon viel früher be-

---

[24] Beide Textserien wurden noch nicht zusammengestellt; zur zweiten vgl. B. Landsberger (s. S. 101, Anm. 6), S. 151 ff. Die bis dahin bekannten Texte nennt AHw. 1235a sub *šiknu* B 8.
[25] Vgl. W. G. Lambert, The Birdcall Text, Anatolian Studies XX (1970) 111 ff. Zur Botanik vgl. R. C. Thompson (s. S. 95, Anm. 20).

kannten Metallegierungen hinaus chemische Verbindungen herzustellen, etwa zur Gewinnung von mancherlei Glasuren und Mitteln der Kosmetik. Vieles kennen wir nur aus chemischen Analysen; wir besitzen aber vorwiegend aus Assyrien auch Rezeptsammlungen zur Herstellung von Glasuren und kosmetischen Pasten, die man freilich zum wissenschaftlichen Schrifttum im strengen Sinn des Wortes wohl nicht rechnen sollte.[26]

8. Wissenschaften vom Menschen. Medizin und Pharmazie

Bei den Wissenschaften vom Menschen stehen entweder Gruppen und Gemeinschaften im Mittelpunkt oder der einzelne Mensch. Nur die letzteren haben im Zweistromland eine erhebliche Bedeutung gewonnen; zu den ersteren gibt es kaum Ansätze. So kennen wir im Recht wohl Gesetzsammlungen (s. S. 125f.), aber keine Erörterung von Rechtsfragen mehr grundsätzlicher Art. In einigen Königsinschriften findet man Programme für eine bessere Führung des Staates, aber nichts, was man als Ansätze zu einer Staatswissenschaft bezeichnen könnte. Daß für noch weiter übergreifende Wissenschaften wie die Philosophie mit ihren Teildisziplinen die Voraussetzungen fehlten, bedarf kaum der Erwähnung. Interessante Einzelaussagen zu diesen Bereichen wie auch zu Pädagogik und Ethik enthalten die sogenannten Weisheitstexte (s. S. 211ff.).

Eine intensive Beschäftigung mit dem gesunden Einzelmenschen gab es außerhalb der religiösen Literatur ebenfalls nicht. Allerlei Einzelbeobachtungen zur Psychologie finden sich in Vorzeichensammlungen, vor allem den physiognomischen Omina, in denen es sehr oft um das Verhalten des Menschen geht.[27] Für die Anatomie und die Physiologie des menschlichen Körpers aber interessierte man sich überwiegend nur im Rahmen der auf Krankheitsheilungen bedachten Medizin, der besonders intensive Bemühungen gewidmet wurden. Dabei muß gleich bemerkt werden, daß in der großen Masse der medizinischen Texte anders als in Ägypten von der Chir-

---

[26] Vgl. A. Oppenheim usw. (s. S. 108, Anm. 17), S. 23ff. und E. Ebeling, Parfümrezepte und kultische Texte aus Assur, Rom 1950.
[27] Vgl. F. R. Kraus (s. S. 149, Anm. 15) und ›Die Physiognomischen Omina der Babylonier‹ (Leipzig 1935); ergänzend dazu mit Literatur W. von Soden, Die 2. Tafel der Unterserie Šumma Ea liballiṭ-ka von alandimmû [„Gestalt"], ZA 71 (1981) 109ff.

urgie nur ganz vereinzelt die Rede ist.²⁸ Sie galt wohl ähnlich wie bei uns im Mittelalter mehr als handwerkliche Tätigkeit. Der Arzt (sum. a-zu 'Flüssigkeitskundiger', akk. *asû*) arbeitete vor allem mit eingenommenen und aufgetragenen Medikamenten der verschiedensten Art und mit den Mitteln der Magie. Medizin und Magie griffen bei der Krankenbehandlung so ineinander, daß es ganz unmöglich ist, zwischen ihnen eine scharfe Grenze zu ziehen. Hier zeigt sich auf der einen Seite die babylonisch-assyrische Medizin als noch archaisch, auf der anderen Seite aber nimmt die Kombination von Medizin und Magie schon in einigem die modernen psychosomatischen Methoden vorweg. Die magischen Praktiken belebten den Gesundungswillen des Kranken, ohne den kein Heilerfolg erzielt werden kann. Beschwörungen und Gebete ergänzten die Behandlung mit den Drogen, bei denen zwischen magischer und eigentlich medizinischer Wirkung kaum unterschieden wurde. Unser Verständnis für die damaligen Methoden wird dadurch sehr erschwert, daß wir viele Wörter für Pflanzen und Mineralien nicht deuten können. Noch ungünstiger steht es mit den Krankheitsbezeichnungen, die ganz überwiegend ein äußeres Krankheitsbild benennen und damit im Sinne unserer Medizin mehrdeutig sind; oft kennen wir nicht einmal die Wortbedeutung. Ein intensives Studium der vielen Texte wird hier aber sicher noch wesentliche neue Erkenntnisse erbringen.²⁹

Aus altbabylonischer Zeit sind nur vereinzelte kleinere Rezeptsammlungen und Diagnosetexte ohne genauere Symptombeschreibungen erhalten. In ihnen fehlt jede Systematik. Sie sehen wie Aufzeichnungen einzelner Ärzte aus. Die Texte aus dem letzten Drittel des zweiten Jahrtausends sind zahlreicher und oft viel umfangreicher sowie besser gegliedert; sie bezeugen sehr erhebliche Fortschritte in Medizin und Pharmazie. Die großen medizinischen Werke sind aber wohl erst im ersten Jahrtausend entstanden; die

---

[28] Vgl. R. Labat, À propos de la chirurgie babylonienne, Journal Asiatique 1954, 207 ff. Der Kodex Hammurabi behandelt die Chirurgen in § 218 ff. besonders schlecht.

[29] Eine umfassende Gesamtbehandlung der babylonischen Medizin steht noch aus; doch wird ihr in allen Darstellungen der Kulturgeschichte (s. S. 4, Anm. 2) ein Kapitel gewidmet; vgl. noch D. Goltz, Studien zur altorientalischen und griechischen Heilkunde. Therapie – Arzneibereitung – Rezeptstruktur, Wiesbaden 1974; R. D. Biggs, Babylonien, in Krankheit, Heilkunst, Heilung, hrsg. von H. Schipperges und anderen, Freiburg–München 1978, 91 ff. mit Literatur.

vorliegenden Abschriften stammen zu allermeist aus der Zeit nach 700. Sehr wichtige Ergänzungen liefern die Briefe, die über Einzelfälle manchmal eingehend berichten und uns mit in ihrer Zeit berühmten Ärzten wie z. B. am Königshof in Ninive nach 680 Urad-Nanâ bekanntmachen; bisweilen enthalten sie auch Rückfragen der Patienten.[30]

Es gibt zwei große Gruppen von medizinischen Texten. Die erste stellen die diagnostischen Omina dar; sie nennen in der Regel nur einige Symptome der Krankheit und sagen dann ganz knapp, ob und gegebenenfalls nach wie langer Zeit Heilungsaussicht besteht oder ob bald oder nach längerer Zeit mit dem Tode zu rechnen ist. Anstelle dieser letzteren Angabe steht oft „Hand des Gottes bzw. Dämons X"; nicht die Hand aller Götter war gleich schlimm. Vielleicht wollte ein solcher Hinweis besagen, daß man sich an den genannten Gott wenden bzw. einen Ritus gegen den Dämon durchführen sollte. Ein Beispiel: „Wenn er einen Tag lang krank ist, dann sein Kopf ihn 'frißt', er seine Hände immer wieder auf seinen Bauch legt, Klagerufe ausstößt, seine Hände immer wieder wegstreckt, wird er sterben." Die Omenserie beginnt mit Vorfällen, die dem Beschwörer auf dem Weg zum Kranken zustoßen können, nennt dann viele Befunde vom Kopf bis zu den Füßen und den Gedärmen, danach viele Leiden mit mannigfachen Symptomen und schließlich eine große Zahl von Säuglingskrankheiten. Wie bei anderen Vorzeichen gibt es sicher auch hier viele erfundene Symptomkombinationen. Von dem, was der Arzt tun kann oder üblicherweise tut, ist nirgends die Rede.[31]

Auch die Rezeptsammlungen, die nicht zu einer so großen Tafelserie zusammengeschlossen wurden wie die diagnostischen Omina (40 Tafeln), beginnen jeden Abschnitt mit einer knappen oder teilweise auch sehr ausführlichen Diagnose. Auf sie folgen meistens mehrere magisch-medizinische Rezepte, die der Arzt durchprobieren konnte, manchmal auch Beschwörungen. Bisweilen sind die Reihen von Pflanzen, Bäumen bzw. Hölzern oder Mineralien sehr

---

[30] Für die neuassyrischen Briefe vgl. S. Parpola, Letters from Assyrian Scholars to the Kings Esarhaddon and Assurbanipal, I und II (AOAT 5/1 [1970]; 5/2 [1983]); für ältere Briefe vgl. H. Waschow, Babylonische Briefe aus der Kassitenzeit, Leipzig 1936; A. Finet, ›Les médecins au royaume de Mari‹, Annuaire de l'Institut de Philologie ... 14 (Brüssel 1957) 123 ff.

[31] Vgl. R. Labat, Traité akkadien de diagnostics et pronostics médicaux, 2 Bände, Paris 1951; viele Ergänzungen dazu bieten H. Hunger und E. von Weiher (s. S. 142, Anm. 5).

lang. Ein sehr großer Teil der uns überkommenen Tafeln sind Auszugstafeln aus größeren Kompilationen, die sich einzelne Ärzte oder Beschwörer angelegt hatten. Die verordneten Medikamente wurden sehr oft aus vielen pflanzlichen und mineralischen Substanzen in Wasser, Milch, Bier oder seltener Wein angerührt und weisen auf eine entwickelte Pharmazie. Daß alle angegebenen Bestandteile immer verfügbar waren, ist freilich nicht wahrscheinlich. Nicht wenige Medikamente enthielten übrigens ganz ähnliche Substanzen wie die heute noch für die gleichen Krankheiten verwendeten; die Ärzte im ersten Jahrtausend konnten auf den Erfahrungen vieler Generationen aufbauen. Das gilt z. B. für die Verwendung von Fischgalle für die Heilung einer durch einen Hornhautfleck verursachten Blindheit.[32]

Über die diagnostischen Omina und die vielfältigen Rezepttexte mit den dazu verfaßten zahlreichen Kommentaren hinaus gab es in Babylonien und Assyrien keine medizinische Literatur. Es war in der Medizin so wie in den anderen Bereichen der Wissenschaft: allgemeine Erkenntnisse wurden aus den vielen Einzelbeobachtungen, mit denen die Ärzte umzugehen wußten, nicht abgeleitet. Es gab auch keine physiologische Theorie wie schon früh bei den Griechen. Damit blieben der altorientalischen Medizin trotz aller respektablen Leistungen enge Grenzen gezogen, Grenzen des Verstehens und damit auch der Leistung. Gleichwohl kommt ihr in der Geschichte der Medizin eine ganz besondere Stellung zu.

9. *Mathematik und Astronomie*

Die babylonische Mathematik stellt uns vor besonders schwierige Probleme, weil sie in mehrfacher Hinsicht ganz anders ist als die griechische und unsere. In der Frühzeit war sie ganz durch praktische Erfordernisse bestimmt, nämlich durch die Feldmessung und die Bedürfnisse der Verwaltung, die schon zur Zeit der Schrifterfindung sehr komplizierte Rechnungen benötigte. Da fruchtbarer Boden in Babylonien nur in beschränktem Maß zur Verfügung stand, mußte man die Parzellen sehr genau vermessen, um sie bestmöglich nutzen zu können. Nun gab es nicht nur rechteckige und dreieckige Parzellen, sondern auch solche in Form unregelmäßiger

---

[32] Vgl. S. 155f., Anm. 28–31; W. von Soden, Fischgalle als Heilmittel für die Augen, AfO 21 (1966) 81f.

Polygone. Um solche Felder berechnen zu können, mußte man sie nach der Vermessung der Ränder aufzeichnen und in Dreiecke und Rechtecke aufteilen; die Summe der Flächen dieser einfachen Figuren war dann gleich dem Gesamtareal. Eine altbabylonische Tafel zeigt sogar in nicht maßstabgerechter Zeichnung ein Feld, das man in 4 Rechtecke, 3 Trapeze und 7 rechtwinklige Dreiecke aufteilte.[33] Aber auch kubische Größen wie Gruben, Mauern und andere mußten früh mindestens behelfsmäßig berechnet werden, wenn man wissen wollte, wie groß der Aushub war oder wie viele Ziegel benötigt wurden, aber auch wie viele Arbeiter man wie lange brauchte. Berechnet werden mußten aber auch die Ernteerträge, große Mengen von Vieh oder Fischen sowie die Naturalzuteilungen an oft Tausende von Arbeitern als Lohnzahlungen.

Während nun in Syrien schon in Ebla und in Assyrien überwiegend nach dem dezimalen Zahlensystem gerechnet wurde, rechneten die Sumerer und Babylonier zumeist nach dem Sexagesimalsystem, das als Grundzahlen 1, 10, 60, 600, 3600, 36000, 2160000 usw. hatte sowie als Reziproken dazu die Bruchzahlen 1/10, 1/60 usw. Ursprünglich gab es für die kleineren Grundzahlen nicht nur eigene Zahlwörter, sondern auch jeweils eigene Zahlzeichen, die für die Mehrfachen dieser Zahlen mehrfach gesetzt wurden und zunächst verschieden groß waren. Nach etwa 2200 wurden dann auch die Zahlen keilförmig geschrieben und durften wie die anderen Schriftzeichen die Normalhöhe nicht überschreiten. Dadurch verschwand der Höhenunterschied zwischen dem senkrechten Keil der 60 und dem der 1. Das wurde dann einige Zeit später für die Mathematiker der Anlaß, als Zahlzeichen nur noch den senkrechten Keil und den breiten Schrägkeil der 10 zu verwenden auch für das jeweils 60-, 3600- usw. fache der 1 und der 10 sowie die Sechzigstel usw. davon. Damit war man zu einer rein positionellen Zahlenschreibung gekommen wie viel später im Rahmen des Dezimalsystems Inder, Araber und wir. Da man nun aber ein unserem Komma entsprechendes Zeichen nicht verwendete, war bei mehrstelligen Zahlen der Stellenwert normalerweise nicht ersichtlich. Eine Sexagesimalzahl wie 58 45 40 entsprach also nicht nur dezimal 208800 + 2700 + 40 = 211540, sondern auch dem Sechzigfachen usw. und einem Sechzigstel usw. davon, sofern der Zahl nicht eine Benennung folgte, die sie eindeutig machte. Die Babylonier haben

---

[33] Vgl. Br. Meissner (s. S. 4, Anm. 2), Band II, S. 390 f. mit hinzugesetzter maßstabgerechter Zeichnung.

es verstanden, hier aus der Not eine Tugend zu machen und mit den Zahlen ohne eindeutigen Stellenwert ganz raffiniert zu rechnen, weil ihnen bei den Zwischenzahlen einer längeren Rechnung der Stellenwert gleichgültig sein konnte. Nur die Ausgangszahlen mußten eindeutig gekennzeichnet sein. Außerdem führten innerhalb des Sexagesimalsystems Divisionen durch die 3 und ihre Potenzen immer zu endlichen Sexagesimalbrüchen, die exaktere Ergebnisse darstellten als die verkürzten unendlichen Dezimalbrüche bei uns. Bei den Längen-, Flächen- und Volum-Maßen sowie den Gewichten wurde wegen der Übernahme sehr alter Maßsysteme mit sehr verschiedenen Vielfachen gearbeitet; das Raummaß Bur z. B. entsprach 5400 = 18 × 5 × 6 × 10 Qa (ca. 0,8–1 l).[34]

Für das Rechnen bestand nun im Alten Orient die Schwierigkeit, daß man zwar Additionen und Subtraktionen auch bei sehr großen Zahlen durchführen konnte, nicht aber Multiplikationen und Divisionen. Das zwang zur Anlage von Multiplikationstabellen und, weil man Divisionen nur als Multiplikationen mit dem Reziproken des Divisors konzipieren konnte, auch von Reziprokentabellen schon durch die Sumerer.[35] Dazu kamen Tabellen von Potenzen und Wurzeln. Spätestens in der altbabylonischen Zeit schuf man zu den für das Rechnen notwendigen Tabellen andere hinzu, die auf ein theoretisches Interesse an den Eigentümlichkeiten des Zahlenreiches schließen lassen. So verfolgte man die sexagesimal als 3 45 erscheinende 225 bis zur zehnten Potenz, weil es bei dieser Zahl ungewöhnlich gleichartige Zahlenfolgen gibt. Die Potenzentabellen für die 2 führte ein Gelehrter bis zur 2^{30} durch und bildete dann zu der bei uns zehnstelligen Zahl noch die Reziproke, sexagesimal eine noch längere Zahlenfolge. Irgendein praktisches Interesse konnten solche Tabellen nicht haben; wir hören aber nichts darüber, warum man so ungewöhnliche Tabellen anlegte.

Ähnlich steht es bei der Geometrie, die weit über die Erfüllung der vielfältigen praktischen Zwecke hinausgewachsen war, dabei aber ohne formulierte Lehrsätze auskam und nie versuchte, einen Sachverhalt zu beweisen. Man konnte mit dem Lehrsatz des Pythagoras umgehen und wußte sogar, daß es pythagoräische Zahlentri-

---

[34] Vgl. K. Vogel, Vorgriechische Mathematik, II: Die Mathematik der Babylonier, Hannover–Paderborn 1959, 15 ff.
[35] Die Datierung von Rechentabellen ist, wenn sie nur Zahlzeichen enthalten, oft kaum möglich, weil diese sich seit etwa 2000 nur noch geringfügig geändert haben.

pel, bei denen innerhalb der Gleichung $a^2 + b^2 = c^2$ jede Zahl eine ganze ist, in sehr erheblicher Zahl gibt. Eine Tafel stellt 15 ausgewählte Tripel mit vorwiegend hohen Zahlen wie z. B. dezimal $13\,500^2 + 12\,709^2 = 18\,541^2$ zusammen; wie konnte man auf sie kommen? Es gibt dazu einige Vermutungen.[36] Ausgangspunkt war natürlich der durch Probieren leicht feststellbare Grundtripel $4^2 + 3^2 = 5^2$ mit seinen Vielfachen.

Die Babylonier der Zeit vor und nach Hammurabi fügten den Tabellen Tausende von Aufgabentexten mit und ohne Ausrechnungen hinzu; einzelne Tafeln stellten bis zu 247 Aufgaben ähnlicher Art ohne Ausrechnungen zusammen. Ein Teil war algebraisch formuliert, darunter mannigfache, in der Praxis nie vorkommende Erbteilungsaufgaben; einige zeigen, daß man mit arithmetischen Reihen umgehen konnte. Die geometrischen Aufgaben sind von sehr vielfältiger Art; viele haben es mit Hoch- und Tiefbau auch für militärische Zwecke wie z. B. Belagerungen zu tun. Oft aber ist lediglich die Terminologie geometrisch, wie u. a. die Addition von linearen und quadratischen Größen zeigt; solche Aufgaben sind daher algebraisch zu verstehen. Sehr viele von ihnen würden wir als Gleichungen, lineare sowohl wie auch quadratische, formulieren; die Babylonier haben aber nie eine Gleichung aufgestellt, konnten gleichwohl eine Fülle von algebraischen Aufgaben lösen und mußten sich nur selten mit Näherungswerten begnügen, wie sie in der Geometrie bei allen Kreisberechnungen nicht zu umgehen waren. Fast alle Aufgaben arbeiten mit konkreten Zahlen. Nur ganz vereinzelt finden sich Aufgaben ohne solche, in die wir allgemeine Zahlen wie a, b usw. einsetzen würden.[37]

Die ganz singuläre Erscheinung der altbabylonischen Mathematik, deren Leistung wir hier nur knapp skizzieren konnten, ist bis-

---

[36] Vgl. K. Vogel (s. S. 159, Anm. 34), S. 37 ff.
[37] Knappe Gesamtdarstellungen der babylonischen Mathematik bieten K. Vogel (s. S. 159, Anm. 34, mit Literatur) und B. L. van der Waerden, Erwachende Wissenschaft: Ägyptische, babylonische und griechische Mathematik, Basel–Stuttgart ²1966, 59 ff. Die wichtigsten Textausgaben mit ausführlichen Bearbeitungen sind O. Neugebauer, Mathematische Keilschrifttexte I–III, Berlin 1935–1937; Fr. Thureau-Dangin, Textes mathématiques babyloniens, Leiden 1938; O. Neugebauer und A. Sachs, Mathematical Cuneiform Texts, New Haven 1945; E. M. Bruins et M. Rutten, Textes mathématiques de Suse, Paris 1961. Vgl. noch J. Friberg, A Survey of Publications on Sumero-Akkadian Mathematics, Metrology and Related Matters, University of Göteborg, Dpt. of Mathematics 1982.

her noch nicht befriedigend gedeutet worden, weil sie meist zu einseitig unter methodengeschichtlichen Gesichtspunkten betrachtet wurde. Eine solche Betrachtung ist notwendig und unentbehrlich, läßt aber die entscheidende Frage offen: Wie ist es möglich, daß eine Mathematik, die leistungsfähiger war als die griechische in ihren Anfängen, ohne jede Formulierung der Erkenntnisse auskam, von denen sie so vielfältig Gebrauch machte? Man hat oft gemeint, daß der mündliche Unterricht die Sätze nachgetragen hätte, die in keinem Text zu finden sind. Die geistigen Strukturen des Unterrichts müßten dann von denen, die die Gestaltung der Texte bestimmt haben, grundverschieden gewesen sein. Das ist um so weniger denkbar, als, wie wir sahen, auch andere wissenschaftliche Texte keine formulierten wissenschaftlichen Erkenntnisse enthalten. Man kommt schwer an der Annahme vorbei, daß es in Babylonien im Gegensatz zu dem, was fast überall als gesicherte Erkenntnis gilt, auch ein sprachfreies Denken gab, das ganz ohne formulierte Erkenntnisse sehr effizient arbeiten, dabei aber gewisse Grenzen nie überspringen konnte.[38] Was diese Grenzen historisch bedeuteten, zeigt höchst eindrucksvoll die Tatsache, daß die babylonische Mathematik nach dem großartigen Aufschwung der altbabylonischen Zeit an die 1000 Jahre stehen blieb, ja wahrscheinlich sogar an Leistungsfähigkeit stark verlor. Nur wenige Zeugnisse gibt es dafür, daß sie gleichwohl ein Unterrichtsgegenstand blieb.

Das wichtigste Zeugnis für die Pflege der Mathematik in Babylonien und Assyrien im ersten Jahrtausend ist die Astronomie. Wie bereits gesagt (s. S. 149f.), wuchs diese aus der Astrologie heraus, die während der Blütezeit der Mathematik erst eine ganz untergeordnete Rolle spielte, gegen Ende des zweiten Jahrtausends aber immer mehr an Bedeutung gewann und damit dazu nötigte, die Gestirne viel genauer zu beobachten als früher. Das führte zunächst zur Abgrenzung einer größeren Zahl von Sternbildern; 36 davon verteilten die sogenannten Astrolabe auf die drei Kreise der Götter Anu, Ellil und Ea. Zweispaltige Sternlisten zeigten in der gewohnt unbestimmten Weise die Zuordnung von Fixsternen und Planeten zueinander auf. Mit ganzen Sätzen und erklärenden Relativsätzen arbeitet die Serie MUL.APIN „Pflugstern", die wesentlich konkretere

---

[38] Zu den Grundsatzfragen der babylonischen Mathematik, die noch verschieden beurteilt werden, vgl. meine in S. 138ff., Anm. 1 und 4 genannten Arbeiten zur babylonischen Wissenschaft, die auch die Mathematik behandeln.

Aussagen macht.[39] Noch sorgfältiger beobachtete man Sonne, Mond, Planeten und Fixsterne im ersten Jahrtausend und nutzte dabei oft die Hochtempel (s. S. 183) als Observatorien. In Assyrien, dessen Könige seit dem neunten Jahrhundert der Astronomie eine ganz besondere Pflege angedeihen ließen, war lange die Residenzstadt Kalach das Zentrum; später kamen die neuen Hauptstädte Dur-Scharrukin und vor allem Ninive mit ihren Observatorien dazu; verschiedene Astronomen kennen wir aus den Briefen und sehr vielen astronomisch-astrologischen Berichten der Zeit nach 700 namentlich.[40] Aufzeichnungen über auffällige Erscheinungen am Himmel wurden wohl schon früher gemacht; in Babylon sollen nach Ptolemaios seit 747 Finsternislisten ganz systematisch geführt worden sein. Ein erstes Ergebnis war, daß man Mondfinsternisse nach 700 schon ungefähr berechnen konnte; vorher hatten sie ebenso wie die viel selteneren Sonnenfinsternisse als Hinweise auf den Zorn der Götter gegolten, was z. B. noch bei der totalen Sonnenfinsternis vom 15. 6. 763 (s. S. 40) der Fall war. Immerhin sprechen die astrologischen Texte oft von „unzeitigen" Finsternissen, die früher eintraten, als man erwartet hatte. Die historisch folgenreiche Sonnenfinsternis vom 28. 5. 585 konnte dann Thales von Milet aufgrund babylonischer Beobachtungsreihen schon voraussagen. Astronomische Berechnungen gab es sonst in der Assyrerzeit nur vereinzelt.

Die Anfänge der rechnenden Astronomie in Babylonien, die an die nicht erloschene große Tradition der Mathematik anknüpfen konnte, dürften im sechsten Jahrhundert liegen. Sie wurde umfassend betrieben, seit es in der Achämenidenzeit zu einer Zusammenarbeit von griechischen und babylonischen Astronomen gekommen war, die dann in der Seleukiden- und Partherzeit noch ausgebaut wurde. Die Babylonier trugen hier die teilweise Jahrhunderte zurückreichenden Beobachtungsreihen bei, die Griechen ihre Fähig-

---

[39] Vgl. E. Weidner, Handbuch der babylonischen Astronomie, Leipzig 1915 (nur Band I erschienen); ders., Gestirndarstellungen auf babylonischen Tontafeln, Wien: Akademie 1967. Eine Ausgabe der Serie MUL.APIN ist in Vorbereitung. Umfassender sind Fr. X. Kugler, Sternkunde und Sterndienst in Babel, 2 Bände mit 2 Ergänzungsheften, 3. Erg.-Heft von J. Schaumberger, Münster 1907–1935; B. L. van der Waerden, Erwachende Wissenschaft II: Die Anfänge der Astronomie, Groningen 1966; F. Gößmann, Planetarium Babylonicum, Rom 1950.

[40] Vgl. S. Parpola (s. S. 156, Anm. 30); R. C. Thompson, The Reports of the Magicians and Astrologers of Nineveh and Babylon, London 1900.

keit zu systematischem Denken und zur Formulierung von wissenschaftlichen Ergebnissen sowie Problemen. Berühmte babylonische Astronomen trugen nun auch gräzisierte Namen wie z. B. der als Schöpfer des Systems A der babylonischen Mondrechnung geltende Nabû-rimanni/Naburianos (um 500?) und später Kidinnu/Kidenas und Bel-ussur/Berossos (um 300; s. S. 203). Dargestellt werden die astronomischen Rechnungen freilich, wie in Babylonien üblich, ohne grundsätzliche Erörterungen. Wenn also Astronomiehistoriker oft von (spät-)babylonischen Mond- oder Planetentheorien sprechen, so meinen sie nirgendwo formulierte Auffassungen, die man aus den sehr komplizierten Zahlenreihen der Texte ablesen kann und die die Griechen als eine Theorie hätten formulieren können. Die mathematischen Methoden der späten Astronomen transzendieren das, was die altbabylonische Algebra leisten konnte, weit. Graphisch dargestellt, ergeben die Zahlen für die Größe von Mondfinsternissen sog. Zackenkurven. Die Zusammenarbeit der babylonischen Astronomen, von denen einige in den griechischen Raum übersiedelten, und der griechischen war jedenfalls für die Fortentwicklung der Wissenschaft von einer kaum zu überschätzenden Bedeutung.[41]

Als ein Nebenprodukt der astronomischen Rechnungen fielen noch große Fortschritte in der Schaltungspraxis an. Die Tatsache, daß es zwischen Tag, Monat und Jahr keine ganzzahligen Beziehungen gibt, hat ja überall in der Welt Probleme geschaffen, die man zumeist nur durch behelfsmäßige Lösungen im Kalenderwesen mehr oder weniger gut in den Griff bekommen konnte. Die Babylonier haben den 12 Monaten des Mondjahres zwecks Ausgleich mit dem Sonnenjahr so oft wie notwendig einen Monat VIb oder häufiger XIIb hinzugefügt, was jahrhundertelang jeweils auf besonderen Befehl der Regierung geschah; entsprechende Anordnungen sind erhalten. Die Astronomen kannten seit etwa 700 feste Schaltperioden, die sich in der Praxis nicht durchsetzten. Seit etwa 380 gab es eine 19jährige Periode mit 8 Schaltjahren, die eine leid-

---

[41] Vgl. die S. 162, Anm. 39, genannten Bücher von Fr. X. Kugler und B. L. van der Waerden; O. Neugebauer, Astronomical Cuneiform Texts, Babylonian Ephemerides of the Seleucid period for the Motion of the Sun, the Moon, and the Planets, 3 Bände, London 1955. Ephemeriden, auch 'Astronomical Diaries' genannt, gaben die Astronomen seit etwa 700 für jedes Jahr mit Abschnitten für jeden Monat heraus; sie enthalten auch Hinweise auf das Wetter und andere Nachrichten. Eine Bearbeitung der zumeist fragmentarisch erhaltenen Texte ist geplant.

liche Annäherung an die Wirklichkeit erbrachte. Zwecks rechnerischer Vereinfachung rechneten die Astronomen übrigens oft mit 12 Monaten zu je 30 Tagen. Die babylonischen Monatsnamen der jüngeren Zeit wurden schon früh von den Juden und später weithin auch den Syrern übernommen.[42]

[42] Vgl. St. Langdon, Babylonian Menologies and the Semitic Calendars, London 1935; Artikel ›Kalender‹ von H. Hunger, RlAss. V (1977) 297 ff. mit Literatur.

XII. RELIGION UND MAGIE

1. Einige Grundprobleme

Während an den Wissenschaften im Alten Orient nur der sehr kleine Kreis derer, die lesen und schreiben konnten, teilhaben konnte, gingen Religion und Magie alle an, wenn auch nicht überall in gleicher Weise. Dabei ist es nicht möglich, Religion und Magie scharf gegeneinander abzugrenzen, weil sie sich zu vielfältig im Leben ebenso wie in unseren Quellen durchdringen. Dieser Tatsache müssen wir auch im folgenden nach Möglichkeit Rechnung tragen. Da alle unsere Texte von Schreibern stammen, müssen viele Fragen nach dem Glauben der einfachen Menschen unbeantwortet bleiben, obwohl in Babylonien und Assyrien die Tausende von Privatbriefen die Literatur in manchem sehr willkommen ergänzen und aus den theophoren Namen gewisse Schwerpunkte abzulesen sind. Die Überfülle des Stoffes zwingt auch hier wieder dazu, den Blick fast ausschließlich auf Sumerer, Babylonier und Assyrer zu lenken; nur da und dort kann auch auf Syrien hingewiesen werden, für das die Quellen ungleich dürftiger fließen.[1]

In Babylonien müssen wir versuchen, tiefgreifende Unterschiede zwischen der durch ältere Vorstellungen im Lande mit geprägten Religion der Sumerer und der der Semiten zu sehen, ohne sie ange-

---

[1] Alle Sammelwerke über Religionsgeschichte behandeln die Religionen des Alten Orients, ebenso alle Darstellungen der Kulturen (s. S. 4, Anm. 2); das ausführlichste, aber heute in vielem überholte Werk ist M. Jastrow, Die Religion Babyloniens und Assyriens, 3 Bände und Bildermappe, Gießen 1905–1913. Vgl. noch G. Furlani, La religione babilonese e assira I. II, Bologna 1928–29; Ch.-Fr. Jean, Le milieu biblique, Vol. III: Les idées religieuses et morales, Paris 1936; P. É. Dhorme, Les religions de Babylonie et de l'Assyrie, Paris 1949; Th. Jacobsen, The Treasures of Darkness. A History of Mesopotamian Religion, New Haven 1976; C. J. Gadd, Ideas of Divine Rule in the Ancient Near East, London 1948; H. Frankfort, Kingship and the Gods, Chicago 1948. ²1958. ³1978; N. Schneider und F. M. Th. de Liagre Böhl in Fr. König, Christus und die Religionen der Erde I, Wien 1951, 383–498; J. van Dijk, Sumerische Religion, Handbuch der Religionsgeschichte I, Göttingen 1971, 431–496.

sichts eines schon früh einsetzenden Synkretismus überzubewerten. Das kann in vielem nur sehr unvollkommen gelingen. Für die assyrische Religion gewannen zusätzlich vor allem die Hurriter eine erhebliche Bedeutung. Vor ganz besonders schwierige Probleme stellt uns die Tatsache, daß die Religion sich in den Schriftdenkmälern in mehrfacher Hinsicht anders spiegelt als in den Bildwerken, die im Zweistromland nur selten auf den Bildinhalt bezügliche Beischriften aufweisen. Damit ist in der Deutung von Bildaussagen, z. B. zu Mythen, der Subjektivität ein recht breiter Raum gelassen mit dem Ergebnis, daß zu zentralen Fragen der Religionsgeschichte sehr verschiedene Auffassungen geäußert werden (s. auch S. 64). Eine Kurzdarstellung muß sich ganz überwiegend an die Texte halten.

2. Die Götter der Sumerer

Das Wesen des sumerischen Götterglaubens ist für uns sehr schwer zu erfassen nicht zuletzt deswegen, weil unser Verständnis sumerischer religiöser Texte noch viel zu wünschen übrig läßt. Mehr als in vielem vorläufige Aussagen sind daher heute nicht möglich. Beim Studium der Texte fällt als erstes die ganz ungewöhnlich große Zahl der sumerischen Götter bzw. Götternamen auf. Verzeichnet sind sie zunächst in den Götterlisten (vgl. dazu S. 150), die schon in der Mitte des dritten Jahrtausends Hunderte von Namen aufführen.[2] In der neusumerischen Zeit wächst ihre Zahl noch weiter an; die Sumerer selbst geben als gewiß spürbar überhöhte runde Zahl 3600 an. Wie ist es denkbar, daß man über dem kleinen Raum von Babylonien eine so große Zahl von Göttern wirksam glaubte, wo Götter doch immer als Machtwesen verstanden werden? Zweierlei ist wesentlich: Die Quellen zeigen, daß den Stadtgöttern eine Art von Hofstaat zugeordnet war, in dem es ähnliche Funktionsträger gab wie im Palast des irdischen Stadtfürsten, also Verwalter aller Art, aber auch göttliche Handwerker. Die irdische Ordnung wurde damit auf die ganz überwiegend himmlische Götterwelt übertragen, den Göttern also je nach ihrem Rang mehr oder weniger gewichtige Funktionen in der oberen Welt zugeschrieben. Umgekehrt gewann aber auch der Stadtfürst als irdischer Vertreter des Stadtgottes eine besondere Würde; s. dazu noch S. 59.[3] Übrigens hatten alle Götter

---

[2] Vgl. A. Deimel, Schultexte aus Fara, Leipzig 1923, 9 ff.
[3] Trotzdem ist die früher übliche Übersetzung „Priesterfürst" für den Titel ensi - man las damals Patesi - nicht sachgemäß.

Menschengestalt; Tierköpfe wie in Ägypten findet man in Texten und Bildern nur bei Dämonen.

Es leuchtet ein, daß die Götter nicht nur Wahrer einer Ordnung, deren besondere Bedeutung für die Sumerer ja auch in ihrer eindimensionalen Ordnungswissenschaft zum Ausdruck kommt (s. S. 139f.), sein konnten, wenn Menschen zu ihnen Vertrauen fassen sollten. Für die einzelnen waren freilich die unter dem Begriff „große Götter" zusammengefaßten Stadtgottheiten nicht immer unmittelbar anzusprechen, da sie, wie wir noch sehen werden, jedenfalls in der neusumerischen Zeit andere Funktionen hatten. Gebete auch von Fürsten richteten sich zunächst an die Familienschutzgottheiten. Als solche fungierten für die meisten die untergeordneten Gottheiten, die nach der offiziellen Theologie im Dienst der Stadtgottheiten standen, aber eben nicht nur blasse Abstraktionen waren, sondern vor allem Mächte der Fürsorge und, wo immer nötig, Fürsprecher bei den großen Göttern. Seinen schönsten Ausdruck findet dieses in den vielen Tausend Rollsiegelbildern zumeist aus der neusumerischen und altbabylonischen Zeit, die zeigen, wie der Beter vom Schutzgott vor den großen Gott geführt wird; eine Inschrift mit dem Namen des Beters ist meistens beigefügt.[4] Der Einführungsszene und auch Textaussagen liegt der Gedanke zugrunde, daß der Schutzgott allein nicht alle Wünsche des Beters erfüllen kann.

Die Stadtgottheiten hatten oft zugleich auch übergreifende Funktionen nicht nur für den Raum Babyloniens. An von Unug/Uruk war als Himmelsgott der höchste, gefolgt von Enlil von Nibru/Nippur, dem Gott des Luftraums, der die über den Stadtfürsten stehenden Könige ein- und absetzte; vgl. dazu S. 60. In dem das Leben ermöglichenden Grundwasserhorizont, abzu genannt, hatte Enki von Eridu seine Wohnung. Neben diesen drei führenden Göttern stand als Wahrerin der Fruchtbarkeit für Menschen und Tiere die Muttergöttin, die unter verschiedenen Namen in mehreren Städten verehrt wurde, z. B. als Ninchursanga in Kesch, als Bawa in Lagasch und als Schreiber- und Korn-Göttin Nidaba in Umma. Unter den Gestirngottheiten galt der Mondgott Nanna von Ur als Vater des Sonnengottes Utu von Larsam, während die schillernde Gestalt der 'Himmelsherrin' Inanna, einmal Mutter-, einmal Venusgöttin und kriegerisch, in Unug und Zabalam Tempel hatte; als Göttin der

---

[4] Eine umfassende Behandlung dieser Rollsiegelgruppe fehlt noch. Das Motiv begegnet auch auf Reliefs öfter.

Herden hatte sie als heiliges Tier das Schaf. Unter den anderen Hauptgöttern seien noch genannt der Kriegsgott Ningirsu von Girsu und Enlils Sohn Ninurta in Nibru, Dumuzi von Badtibira (s. dazu S. 181) und Schara von Umma. Ob unter den Hauptgöttern Nordbabyloniens (s. S. 169 f.) einige als ursprünglich sumerische Gottheiten anzusehen sind, bedarf noch der Klärung. Für die vorsumerische Zeit weisen die vielen nackten Frauenfigürchen auf eine Inannagestalt und der Stier auf den Mondgott. Die Stierhörner wurden allerdings schon früh als sogenannte Hörnerkrone Abzeichen aller Götter. Für die Königsvergöttlichung s. S. 63 ff.

Ihre Macht gewannen die Götter der Sumerer vor allem dadurch, daß sie über gewisse Ordnungskräfte verfügen konnten, unter denen die teilweise auch gegenständlich gedachten, in der Regel aber 'abstrakten' m e Inbegriff der die kosmische und irdische Ordnung erhaltenden und schützenden göttlichen Kraft waren.[5] Kaum weniger bedeutsam ist das nam, allgemein nach der akkadischen Entsprechung šīmtu als „Schicksal, Geschick(e)" übersetzt, obwohl der kaum übersetzbare Begriff umfassender ist, wie z. B. nam-lugal „Königtum", nam-dingir „Göttlichkeit" und andere Abstraktbegriffe zeigen. Die Götter 'schneiden' (tar) das nam nicht nur für die Geschöpfe, sondern auch im Kosmos.[6] Ein weiterer „numinoser Ordnungsbegriff" ist giš-ḫur, eigentlich „Zeichnung, Plan", das auch als „Konzeption(en)" von Göttern verstanden werden kann. Von den Göttern gesetzt sind aber auch die Grundordnungen für den Kultbereich wie vor allem garza, das auch ein Kultamt bezeichnen kann, billuda „Kultbrauch, Sitte" und, von geringerer Bedeutung, šu-luḫ „Reinigungsritus". Da diese Begriffe der Göttlichkeit schlechthin zugeordnet sind, dürfen sie als für die sumerische Religion in besonderer Weise bezeichnend gelten.

---

[5] Vgl. G. Farber-Flügge, Der Mythos „Inanna und Enki" unter besonderer Berücksichtigung der Liste der me, Rom 1973; dort werden auch die anderen im folgenden erwähnten Ordnungsbegriffe kurz behandelt.
[6] Verben für „schneiden" im Zusammenhang mit Bund, Bündnis und Eiden verwenden auch das Hebräische und das Griechische.

3. Götter der Babylonier und Assyrer

a) Hauptgötter der altsemitischen Völker. Götter Nordbabyloniens zur Sumererzeit

Von keinem der semitisch sprechenden Völker kennen wir die Religion der Zeit vor ihrer Einwanderung in ihre späteren Wohnsitze, in denen sie – mit Ausnahme Südarabiens?[7] – auf andere Völker stießen und im Laufe der Zeit auch mehr oder weniger von deren religiösen Vorstellungen übernahmen. Da schriftliche Quellen meistens erst Jahrhunderte nach der zu vermutenden Einwanderungszeit einsetzen, spiegeln sie wohl fast immer schon einen gewissen Synkretismus wider, den genau zu analysieren nicht möglich ist. Als sicher semitisch erweisen alle Quellen die drei Götter der Hauptgestirne Sonne, Mond und Venus. Dabei ist sehr merkwürdig, daß zwar der Mondgott immer männlich ist, die Sonne aber öfter, vor allem in Südarabien und teilweise in Syrien, weiblich, die Venus wiederum in Südarabien ein Gott (ᶜAttar) ist; in Syrien steht neben dem männlichen ᶜAschtar die ᶜAschtart, die sich später allein durchsetzte. Die Gestirngötter sind Gottheiten der Gestirne, aber nicht die Gestirne selbst; von einer Astralreligion kann daher nirgends, auch in Babylonien nicht, gesprochen werden.[8] Viel schwieriger zu beantworten ist die Frage, ob der in Vorderasien unter verschiedenen Namen allenthalben verehrte Wettergott zu den ältesten semitischen Göttern gehört; die Südaraber kennen ihn ebenso wie einen besonders herausgehobenen Himmelsgott und eine Unterweltsherrscherin unter ihren nur wenigen Göttern anscheinend nicht, während er unter seinem altsemitischen Namen Hadda/Hadad in Texten aus Ebla schon genannt wird. Dort und an anderen Orten wurden neben Göttern mit nichtsemitischen Namen auch schon der Getreidegott Dagān, der Pestgott Raschap (später z. T. Reschef) sowie Kamisch (später in Moab Kamosch) viel verehrt. Im Vergleich zum Zweistromland war das Pantheon in Nordsyrien aber im dritten wie im zweiten Jahrtausend trotz uneinheitlicher

---

[7] Vgl. S. 22 und H. Gese, M. Höfner, K. Rudolph, Die Religionen Altsyriens, Altarabiens und der Mandäer, Stuttgart 1970.
[8] Der in der Nachfolge von Eduard Stucken (1865–1936) von den Panbabylonisten und vielen anderen bis heute verwendete Begriff wird recht verschiedenartig gebraucht, was zu vielen Mißverständnissen geführt hat. Das Verhältnis babylonischer Gottheiten zu den Gestirnen muß erneut untersucht werden.

Herkunft klein. Da später im Alten Testament auch immer nur von einzelnen Göttern der Nachbarvölker die Rede ist, drängt sich der Schluß auf, daß die Semitenstämme und -völker jeweils nur wenige Götter verehrten, diesen aber eine entsprechend größere Macht zuschrieben.[9] Die Mehrzahl dieser Götter war männlich; doch gab es daneben immer auch Göttinnen, die für den Glauben wie im Kult eine große Bedeutung hatten.

Quellen für die Religion der Akkader in Nordbabylonien setzen erst nach 2500 ein, als Gruppen von Nordost- und Nordsemiten teilweise schon jahrhundertelang dort siedelten (s. S. 17f.). Sie sind zunächst sehr wenig ergiebig. Um 2400 erscheint als theophores Element in akkadischen Eigennamen fast nur *ilum* „der Gott". Erst etwas später treffen wir daneben auf die altsemitische astrale Trias Suʾen, später Sin „Mond", Schamasch „Sonne" mit seiner Gattin Ajja und E/Ischtar „Venus", dazu noch einige Götter, deren Namen nicht sicher deutbar sind, wie vor allem den kriegerischen Erra. In den Inschriften der Akkade-Könige treten diese zusammen mit Dagan, dem lichtdunklen Marsgott Nergal und dem Kriegsgott Zababa von Kisch sowie der kosmischen Trias der Sumerer Annum, Enlil und Enki/Ea und dazu der Muttergöttin Ninkarrak oft auf. Enlil blieb also auch für die Akkader der Gott, der die Könige einsetzt; neben ihm stand die kriegerische Ischtar. Damit waren zu den altsemitischen Göttern einige der Hauptgestalten des sumerischen Pantheons getreten; das spätere babylonische Pantheon zeichnet sich ab. Ähnliches beobachten wir in Mesopotamien in Mari, wo neben den Göttern Dagan und dem Wettergott Addu/Adad nicht nur andere altsemitische Gottheiten wie Abba, Lim und die Muttergöttin Mama/Annunītum verehrt wurden, sondern auch wie schon in der frühdynastischen Zeit einige kosmische Gottheiten der Sumerer, die als etwa wesensgleich mit semitischen Göttern angesehen wurden.[10]

---

[9] Vgl. J. J. M. Roberts, The Earliest Semitic Pantheon, Baltimore 1972. Die Texte aus Ebla waren damals noch nicht bekannt; bei einigen Hauptgöttern von Ebla wie z. B. NI.DA.BAL (!) ist die Namenlesung noch nicht geklärt.

[10] Das 3. Jt. ist in Mari nur sehr dürftig bezeugt. Noch weniger wissen wir über die anderen Gebiete nördlich von Babylonien.

b) Babylonischer Götterglaube. Die Gleichsetzungstheologie

Die nach 2000 auch im Süden zunehmende Vermischung der Akkader und der zuwandernden Kanaanäer (s. dazu S. 19f.) mit den Sumerern führte auch in der Religion zu einem tiefgreifenden Wandel. Zwar blieb die Tendenz, in die sumerische Überlieferung hineinzuwachsen, wirksam, aber zuviel in ihr blieb fremd, nicht zuletzt auch vieles an den Götterkampfmythen verschiedener Herkunft. Man suchte nach Göttern, die die Sorge für die Erhaltung der Schöpfung mit der Fürsorge für die einzelnen verbanden und diese nicht mehr untergeordneten Schutzgottheiten überließen. Der ferne Himmelsgott An/Anu nahm Züge eines „deus otiosus" an, Enlil behielt für den staatlichen Bereich seine Bedeutung. Nur Enki blieb als der Gott der Weisheit Ea den Menschen nah. Neben die alte Muttergöttin mit ihren verschiedenen Namen traten nun als Göttinnen der Fürsprache und Fürsorge die Gemahlinnen der Hauptgötter, von denen Ningal, die Gattin des Nanna/Sin, sogar in Syrien verehrt wurde. In Babylonien wurden Ajja, Tašmētu und Zarpanītu, die Gattinnen von Schamasch, Nabû und Marduk, wohl am meisten angerufen.

Von den zugleich Gestirne repräsentierenden babylonischen Göttern wurde in altbabylonischer Zeit im ganzen Land wohl am meisten der Sonnengott Schamasch als Gott des Rechts und der Gerechtigkeit viel mehr als vorher der sumerische Utu verehrt; er war zusammen mit dem Wettergott Adad auch der Gott der Opferschau (s. S. 146f.). Sein Vater, der Mondgott Sin/Nanna, trat ihm gegenüber außerhalb der Namengebung etwas zurück. Mit dem Aufstieg der Hammurabi-Dynastie erlebte aber einen raschen Aufstieg, zunächst in Nordbabylonien und keineswegs nur im offiziellen Kult, Marduk, der Gott des bis dahin unbedeutenden Babylon, dem am Himmel der Jupiter zugeordnet wurde. Obwohl anders als Schamasch auch ein Gott des Kampfes, wurde er wie dieser vorzugsweise ein Gott, der den einzelnen half. Auf ihn übertrug man auch die Funktion des Gottes der weißen Magie von dem sumerischen Asalluchi von Eridu, dem Sohn des Enki; Marduk wurde dadurch zum Sohne des Ea.[11] Als sein Sohn galt Nabû von Borsippa, der

---

[11] Vgl. W. Sommerfeld, Der Aufstieg Marduks. Die Stellung Marduks in der babylonischen Religion des zweiten Jahrtausends v. Chr., AOAT 213 (1982); H. D. Galter, Der Gott Ea/Enki in der akkadischen Überlieferung, Graz 1983; Fr. Nötscher, Ellil in Sumer und Akkad, Hannover 1927; H. Wohlstein, The Sky-God An-Anu, Jericho–New York 1976.

Gott des Merkur, später vor allem Gott der Schreiber und Gelehrten. Zu ihnen trat der lichtdunkle Mars-Gott Nergal, der den Betern auch nahe sein konnte.[12] Von den Kriegsgöttern der Sumerer blieb nur Enlils Sohn Ninurta als Gott des Sirius außerhalb von Theologie und Kult noch lebendig und sollte später noch eine größere Bedeutung gewinnen. Eine ganz besonders zwiespältige Gestalt war für die Babylonier die Venusgöttin Ischtar, Göttin der Fruchtbarkeit und der Schlachten, eine gütige Mutter und zugleich Schutzherrin der Dirnen nicht nur im Kult ihrer Stadt Uruk, die sie von der Inanna der Sumerer übernommen hatte. Nur die mütterliche Zuwendung verkörperten hingegen im Norden die Annunītu, in Uruk die Nanâ und in Isin die Heilgöttin Gula. Keine Güte erwartete man von der Unterweltsfürstin Ereschkigal/Allatu. Mehrere weitere Götter wurden nur in einigen Regionen oder von Angehörigen bestimmter Berufe verehrt.[13]

Von den vielen hundert untergeordneten Göttern der Sumerer verloren in dieser Zeit die meisten auch als Schutzgötter ihre Bedeutung, wurden aber von den Theologen und teilweise auch im Kult nicht vergessen. Wir sahen schon, daß man fast alle Götter des semitischen Nordens mit sumerischen Göttern gleichsetzte. Das geschah zunächst wie bisweilen schon früher bei den Sumerern von Fall zu Fall ohne System. Seit Hammurabi wird aber immer deutlicher, daß man versuchte, mit Göttergleichsetzungen in großem Stil, durch die immer mehr Götter zu bloßen Hypostasen einer viel kleineren Zahl von Göttern reduziert wurden, die theologische Tradition mit einem stark gewandelten Gottesbild in Einklang zu bringen. Die Semiten konnten sich eine so große Zahl von machtvollen Göttern über einem ganz engen Raum nicht vorstellen. Zu der Ordnungskonzeption, die für die sumerische Theologie bestimmend war, fanden sie keinen rechten Zugang und konnten sie nur teilweise nachvollziehen. Die Gleichsetzungstheologie ermöglichte es nun, das Festhalten an der Tradition mit den neuen Vorstellungen zu verbinden. Ihre umfassende Dokumentation fand diese Theolo-

---

[12] Fr. Pomponio, Nabû, Rom 1978; E. von Weiher, Der babylonische Gott Nergal, AOAT 11 (1971). Monographien zu Sin, Schamasch, Ischtar und Ninurta sowie zu den verschiedenen Wettergottgestalten fehlen noch. Vgl. D. O. Edzard in Wörterbuch der Mythologie, hrsg. von H. W. Haussig, I, Stuttgart 1961, 19–139; Artikel ›Inanna/Ištar‹ von Cl. Wilcke und U. Seidl, RlAss. V (1976) 74 ff.

[13] Dazu gehören z. B. Tischpak von Eschnunna, Ischtaran/Satran von Der, der Richtergott Madānu u. a. m.

gie in der auf S. 144 besprochenen großen zweispaltigen Götterliste sowie, nur für Marduk, im Schlußteil des Weltschöpfungsepos (s. S. 202), der den Gott unter 50 Namen in immer wieder neuen Wendungen preist. Das Nachdenken über die Gottheit blieb aber bei dieser Liste, die wohl immer noch um 200 Götter bestehen ließ, nicht stehen und stellte auch die Eigenständigkeit mancher „großer" Götter in Frage. So wurden in Hymnen Götter zu Repräsentanten bestimmter Eigenschaften des gerade angerufenen Gottes gemacht oder gar, einigermaßen geschmacklos, zu seinen Körperteilen. Dahinter stand die weitverbreitete Überzeugung, daß alle historischen Götternamen doch nur einen Gott oder eine Göttin meinten und damit auch in Gebeten weithin austauschbar seien. Sehr oft aber verzichtete man im ersten Jahrtausend überhaupt auf Namen und sprach nur noch von „dem Gott" und „der Göttin", die alles sahen und alles vermochten. Eine Leugnung der Existenz mehrerer Götter war damit aber nur ganz vereinzelt verbunden;[14] daher sollte man von monotheistischen Tendenzen in Babylonien besser nicht sprechen, eher schon mit Benno Landsberger von monotheiotetistischen Tendenzen, die auf die Lehre von nur einer, durch Gott und Göttin repräsentierten Göttlichkeit hinausliefen.[15]

Von den Sumerern übernommen hatten die Babylonier die religiöse Toleranz auch den Göttern benachbarter Völker gegenüber, die dann oft mit eigenen gleichgesetzt wurden. Einige Götter der Kassiten (s. S. 25) wie z. B. das Götterpaar Schuqamuna und Schimalija wurden sogar oft angerufen. Nur der Gott der verhaßten Assyrer, Assur, wurde schroff abgelehnt.

Obwohl es in der späteren Zeit Stadtgötter, die nur in ihrer Stadt verehrt wurden, nur vereinzelt noch gab, blieb den Hauptgöttern doch jeweils in ihrer Stadt ein gewisser Vorrang erhalten, was besonders in der Namengebung seinen Ausdruck findet. Da Babylon auch nach der Hammurabizeit mit kürzeren Unterbrechungen die Hauptstadt blieb, wurde Marduk in Übereinstimmung mit dem Weltschöpfungsepos, das ihm wie einige Götterbilder zwei Gesichter zuschrieb, auch anderswo sehr oft unter dem Namen Bēl „Herr"

---

[14] Im 8. Jh. schrieb ein Assyrer: „Auf Nabû vertraue, auf einen anderen Gott vertraue nicht!", Fr. Pomponio (s. S. 172, Anm. 12), S. 69.
[15] Für die weitgehende Austauschbarkeit der Götterprädikate vgl. K. Tallqvist, Akkadische Götterepitheta, Helsingfors 1938; für die Gleichsetzungstheologie W. von Soden, Leistung und Grenze sumerischer und babylonischer Wissenschaft (s. S. 138, Anm. 1), S. 57ff.

als Götterkönig anerkannt. Besonders weit verbreitet war aber auch der Kult des Nabû (s. o.), wie wieder die Personennamen ausweisen. Versuche einzelner Könige, bestimmte Kulte zu bevorzugen, hatten kaum je Erfolg und führten bei dem letzten König Nabonid, der dem Kult des Mondgottes Sin einen Vorrang sichern wollte, zu harter Ablehnung, die seinen Sturz zur Folge hatte (s. S. 57). Die Achämeniden machten Babylonien gegenüber keine Bekehrungsversuche; die Seleukiden förderten die Gleichsetzung babylonischer und griechischer Götter, z. B. von Marduk und Zeus. Für das Verhältnis der Götter zu den Menschen s. S. 175 ff.

c) Götterglaube und politische Religion in Assyrien

Die Assyrer verehrten ganz überwiegend die gleichen Götter wie die Babylonier, verbanden aber nicht immer die gleichen Vorstellungen mit ihnen. Für die altassyrische Zeit haben wir als Quellen außer wenigen Königsinschriften fast nur die Briefe und Urkunden aus den Handelskolonien in Kleinasien.[16] Sie zeigen uns Assur, den Gott der Stadt Assur, als den führenden Gott nicht nur in der Namengebung. Er ist der Gott der Könige, bei ihm wird geschworen, man betet zu ihm aber auch in persönlichen Angelegenheiten. Neben ihm steht die Ischtar von Assur, die auch oft angerufen wird. Anu ist in Assyrien mit Adad gepaart, vielleicht unter fremdem Einfluß. Viele andere Götter werden genannt, darunter Ea, Suʾen und Schamasch; die Texte sagen aber nur wenig über sie aus. Gelegentlich finden sich Hinweise auf Kulte der Einheimischen in Kleinasien.

Die zeitweilige Unterwerfung Assyriens unter Hurriter und Mitanni führte auch im Bereich der Religion zu mancherlei Veränderungen. Die wichtigste betrifft den Charakter Assurs, der erst jetzt zu dem vor allem die Vergrößerung Assyriens fordernden Staatsgott wird, trotzdem aber auch noch ein Gott für den einzelnen bleibt. Nach etwa 900 wird das anders, denn Assur ist nun nur noch der Reichsgott, der seine Könige zu immer weiterer Expansion bis hin zum Großreich der Sargoniden drängt. Die Unterworfenen hatten ihn zu respektieren, etwa so, wie später alle römischen Provinzen den Kaiserkult übernehmen mußten; zu verehren brauchten sie

---

[16] Vgl. H. Hirsch, Untersuchungen zur altassyrischen Religion, Osnabrück ²1972; K. Tallqvist, Der assyrische Gott, Helsingfors 1932.

ihn aber nicht und blieben in der Regel frei, ihren Göttern zu dienen. Die Assyrer selbst beteten zumeist zu den babylonischen Göttern, deren Kult sich seit etwa 1400 immer mehr durchgesetzt hatte. Dabei gab es aus politischen Gründen gegen Marduk noch lange erhebliche Vorbehalte, ehe ihn nach 800 vor allem die Kranken sehr viel anriefen. Die Könige ließen sich von Schamasch die Rechtmäßigkeit ihrer Politik bestätigen; Ninurta aber, der in Kalach einen großen Tempel hatte, wurde neben Nergal zum Gott des Krieges und der Jagd.[17] Viel angerufen wurde auch der Lichtgott Nusku. Im offiziellen wie im privaten Kult spielte neben Ischtar im ersten Jahrtausend Nabû eine ganz zentrale Rolle; er stand in der Namengebung an erster Stelle. Die Gottesvorstellungen der Hurriter haben die assyrische Religion offenbar stark beeinflußt, mögen auch hurritische Götternamen nicht sehr oft genannt sein. In der assyrischen Ischtar lebte die Schauschka weiter und in Adad der höchste Gott der Hurriter Teschup. Von den Göttern der Hunderttausende von Verschleppten im neuassyrischen Großreich erfahren wir außerhalb der Namengebung in den Texten kaum etwas.[18]

4. Gott und Mensch, Sünde und Ethik, Theodizee, Leben nach dem Tode

In jeder Religion erwarten die Menschen Hilfe von der Gottheit, wenn sie sich selbst nicht helfen können; sie sind aber auch davon überzeugt, daß die Gottheit Forderungen an sie stellt und für deren Nichterfüllung Strafen androht. Gefordert wird einmal der Dienst an den Göttern durch Kulthandlungen aller Art; davon wird noch zu handeln sein. Gefordert wird aber auch ein Handeln, das der Erhaltung der Schöpfung dient, und hier geht es besonders auch um das Verhältnis von Mensch zu Mensch. Zwischen den verschiedenen Forderungen gibt es nun freilich in den Religionen starke Gewichtsverschiebungen, auch im Alten Orient.

In den Quellen für die sumerische Religion ist vom Kult sehr viel

---

[17] Vor allem im 1. Jt. berufen sich die assyrischen Könige in ihren Kriegsberichten oft auf eine ganze Anzahl von Göttern, nicht nur Assur, Schamasch und die Kriegsgötter.
[18] Die Königsinschriften nennen nur vereinzelt fremde Götter z. B. der Südaraber oder der Urartäer; Staatsverträge fordern den Eid auch bei den Göttern des anderen Partners.

die Rede, von menschlicher Schuld und ihren Folgen aber sehr viel weniger. Der wichtigste hierhergehörende Begriff ist nam-tag „Eingriff (in die göttliche Ordnung)". Als einen solchen Eingriff sah es ein Schreiber aus Lagasch an, daß der König Lugalzaggesi (s. S. 62) Lagasch zerstört hatte; seine Göttin Nidaba solle ihn diese Schuld tragen lassen.[19] Aber auch einzelne konnten sich in mannigfacher Weise eines nam-tag schuldig machen.[20] Man war aber zumindest überwiegend nicht der Meinung, daß die Schuld für das Schicksal des Menschen bestimmend sein könnte. In den Klageliedern über öffentliche Katastrophen (s. S. 217) spielt die Schuld der Betroffenen kaum eine Rolle. Ein Grund dafür kann sein, daß man menschlichem Tun ein zu geringes Gewicht beimaß, um Entscheidungen der großen Götter wesentlich beeinflussen zu können. Besonders bedeutsam ist ferner, daß die sumerischen Beschwörungen gegen Krankheiten und andere Leiden nicht sagen, daß die Götter den Menschen wegen seiner Sünden bösen Dämonen überlassen haben. Folgerichtig fehlen in diesen die Bitten um Vergebung, und man geht gegen die Dämonen nur mit magischen Mitteln vor (s. S. 190).

In den sumerischen Mythendichtungen verstoßen die Götter nicht selten gegen die von ihnen gesetzten Ordnungen; in einigen Fällen werden die Vergehen von der Götterversammlung geahndet. In den Mythen der Babylonier ist das nicht viel anders; Kämpfe zwischen Göttern werden nicht grundsätzlich verneint, ein Ausgleich am Schluß ist aber das Normale; dem Tode ausgeliefert werden nur einige Urgötter, die außerhalb der Ordnung stehen (s. S. 203). Bei den Babyloniern tritt aber neben das Gottesbild der Mythen seit der Hammurabizeit zunehmend ein anderes, innerhalb dessen für Kämpfe unter den Göttern kein Raum mehr ist. Dieses Gottesbild, das erst gegen Ende des zweiten Jahrtausends deutlich zutage tritt, ist als eine Konsequenz aus der Überzeugung zu verstehen, daß die Götter im Interesse der Erhaltung der Schöpfung an die Menschen immer höhere ethische Forderungen stellen, deren Nichtbeachtung als Sünde qualifiziert wird. Es gibt in Babylonien

---

[19] Vgl. E. Sollberger – J.-R. Kupper, Inscriptions royales sumériennes et akkadiennes, Paris 1971, 82 VII. Nach früherer Übersetzung wurde die Sünde der Göttin selbst angelastet.
[20] Die Abgrenzung der verschiedenen sumerischen Wörter für Sünde und Missetat gegeneinander ist noch nicht geklärt. Ein eigenes Wort für die Sündenstrafe gab es wohl nicht.

und Assyrien keinen einheitlichen Begriff Sünde, sondern eine Anzahl von Wörtern für Sünden von verschiedenem Gewicht, von denen *arnu/annu* und *šertu* zugleich auch die Strafe als Folge der Sünde bezeichnen. Aber selbst die läßliche Sünde (*egītu*) bleibt der Gottheit gegenüber Sünde und bedarf wie alle Sünden der „Lösung", der Vergebung aufgrund göttlichen Erbarmens. Daß der Mensch trotz allen Bemühens, das unerläßlich ist, nicht aus eigener Kraft allein den richtigen Weg finden kann und daß die Gottheit frei ist, zu strafen und zu vergeben, ist eine der bedeutsamsten Erkenntnisse der Babylonier.[21]

Was Sünde ist, wurde zunächst nur und später meistens kasuistisch bestimmt, wobei es lange nur um das richtige Verhalten den Göttern gegenüber und die Grundregeln menschlicher Moral ging, deren Befolgung sicher auch die Sumerer schon forderten. Gegen Ende des zweiten Jahrtausends wurde aber die Kasuistik stark verfeinert, wie wir aus der gegen den von der Gottheit trennenden „Bann" (*māmītu*) gerichteten Beschwörungsserie *Šurpu* „Verbrennung" (s. S. 189 f. und Anm. 42) erfahren, die in Tafel II und III an die 200 als sündig angesehene Handlungen und Unterlassungen verzeichnet, darunter, daß man anders redet als denkt, in der Familie Unfrieden stiftet, einen Nackten unbeachtet läßt, Tiere unnötig schlägt und vieles andere. Wer sich anhand dieser beichtspiegelartigen Aufzählungen und mancher Omina (s. S. 149) selbst prüfte, mußte erkennen, daß er sich täglich schuldig machte, und so ist es nur folgerichtig, daß daraus die Erkenntnis der Sündhaftigkeit aller Menschen erwuchs. „Wer hat nicht gesündigt, wer nicht gefrevelt?" fragt ein Beter. Auch die unbewußte und unerkannte Sünde sowie die seiner Vorfahren konnte ihn belasten. Wenn die Götter nicht gern dem Beter vergeben würden, könnte ihm niemand helfen.

Nun vergab die Gottheit aber nicht immer, sondern strafte auch, um zu zeigen, daß sie es mit ihren Forderungen ernst meint. Die normale Überzeugung war wie in Israel die, daß zwischen den Leiden eines Menschen und der Schwere seiner Sünden ein angemessenes Verhältnis bestehe, daß es also dem, der sich aufrichtig bemühte, besser ergehen müsse als dem Bösewicht. Nun mußte man aber

---

[21] Vgl. A. van Selms, De babylonische termini voor zonde, Wageningen 1933; H. Vorländer, Mein Gott. Die Vorstellungen vom persönlichen Gott im Alten Orient und im Alten Testament, AOAT 23 (1975); R. Albertz, Persönliche Frömmigkeit und offizielle Religion. Religionsinterner Pluralismus in Israel und Babylon, Stuttgart 1978.

zu oft feststellen, daß diese Meinung nicht zutrifft, daß es also dem Bösen oft besser geht als dem Rechtschaffenen. Die Religionen, die an ein Weiterleben im Jenseits glauben, rechnen in solchen Fällen mit einer ausgleichenden Gerechtigkeit nach dem Tode aufgrund eines Totengerichts wie etwa in Ägypten. Die Trostlosigkeit der Unterwelt, an die man in Babylonien glaubte, ließ denen, die auf Erden litten, wenig Hoffnung auf ein besseres Schicksal dort. Denn die mehrfach erwähnten Unterweltsrichter konnten anscheinend nur Böse mit zusätzlicher Pein bestrafen. Demgegenüber zeichnet lediglich der Verfasser des sumerischen Mythos ›Gilgamesch und Enkidu in der Unterwelt‹, der in babylonischer Übersetzung dem Gilgameschepos als 12. Tafel angehängt wurde (s. S. 208), für einige Gruppen von Toten wie z. B. die Väter mehrerer Kinder oder die auf dem Schlachtfeld Gefallenen ein etwas freundlicheres Bild, ohne diesen eine Befreiung aus der Unterwelt zu verheißen. Ein noch schlimmeres Los als die Unterwelt traf die nicht Bestatteten; sie flogen als Totengeister herum und verursachten bei den Lebenden Geisteskrankheiten.

Unter diesen Umständen mußten bei den ohne schwere Schuld Leidenden Zweifel an der Gerechtigkeit der Götter aufkommen, um so mehr als für viele Babylonier seit etwa 1100 der Ausweg des echten Polytheismus, daß der Leidende durch die bevorzugte Anrufung bestimmter Götter andere gekränkt und deren Unwillen auf sich gezogen haben könnte, nicht mehr gangbar war. In der Dichtung ›Ich will preisen den Herrn der Weisheit‹ findet sich nun der weiterführende Gedanke, daß der Mensch oft nicht weiß, was eigentlich die Gottheit von ihm fordert; es könnte ja sein, daß sie manchmal gerade durch das gekränkt wird, was die Menschen in Unkenntnis des wahren Willens der Götter für besonders gut halten. Eine wirkliche Hilfe für Schwerstleidende sind aber auch solche Erwägungen nicht. Daher bleibt die Theodizee-Frage für die babylonische Religion im letzten ebenso ungelöst wie für Hiob in der Bibel; es hilft nur die Unterwerfung unter den Willen der Gottheit, wie er sich im Schicksal Leidender äußert, und die Bitte um Befreiung vom Leid, auch wenn diese so oft nicht erhört wird. Ein Zwiegespräch der Zeit um 800 (s. dazu S. 213) führt uns zwei Freunde vor, von denen einer die traditionellen Auffassungen verteidigt, der andere sie mit Anklagen gegen die Gottheit in Frage stellt, am Ende aber resignierend nachgibt.[22]

[22] Vgl. die S. 177, Anm. 21, genannten Bücher, und W. von Soden, Das

Die eben genannten Dichtungen wurden auch in Assyrien und in der Spätzeit Babyloniens noch abgeschrieben, waren also mehr als Äußerungen einzelner Außenseiter. Über sie hinaus ist nach unserer Kenntnis in Babylonien nicht mehr über den Menschen vor Gott nachgedacht worden.

5. Kulte und Opfer. Priester, Kultdiener, Propheten

a) Allgemeines. Quellen

Die schriftlichen Quellen für den Tempelkult sind kaum noch überschaubar und geben doch für manche Bereiche nur unzureichend Auskunft. Urkunden aller Art und nach 2000 auch Briefe enthalten sehr viel Material über Art und Umfang der Opfer, über Priester, Propheten und andere Tempelangehörige, das noch in keiner Weise ausgeschöpft ist. Weitere sehr wichtige Quellen sind die Weihinschriften der Könige und viele Gattungen der religiösen Literatur. Kultrituale hingegen sind in der altbabylonischen Zeit noch sehr selten und liegen erst für das erste Jahrtausend in großer Zahl vor, auch aus Assyrien. Hinzu kommen viele Groß- und Kleinbildwerke besonders aus dem dritten Jahrtausend, die Opferszenen darstellen, sowie die Grabungsbefunde an Heiligtümern aller Art. Reste von Opfertieren und Kornopfern wurden sehr oft bei Ausgrabungen gefunden, aber noch nicht umfassend aufgearbeitet. Nur wenige Hinweise können hier gegeben werden.[23]

Über den offiziellen Kult vor allem in den großen Tempeln wissen wir sehr viel an Einzelheiten, aber nur wenig über die Grundgedanken, die für die Kulthandlungen bestimmend waren. Wesentlich ist einmal, daß der Gott in Gestalt seines Bildes oder, in kleinen Heiligtümern, seines Symbols im Tempel seine zweite Wohnung hatte. Nur wenigen war es daher erlaubt, die Zella als das Allerheiligste zu betreten. Die Opfer dienten wohl in erster Linie der Versorgung der Götter, die nach den Mythen ebenso essen und trinken wie die Menschen. Wohl zu allen Zeiten wurde unterschieden zwi-

---

Fragen nach der Gerechtigkeit Gottes im Alten Orient, MDOG 96 (1965) 41 ff. Die Texte enthält das S. 211, Anm. 33, genannte Buch.
[23] Vgl. G. Furlani, Il sacrificio nelle religione dei Semiti di Babylonia e Assiria, Rom 1932; Fr. Blome, Die Opfermaterie in Babylonien und Israel, Rom 1934.

schen den normalen, täglich oder sonst regelmäßig dargebrachten Opfern und den aus besonderen Anlässen wie den großen Festen, Notlagen oder freudigen Ereignissen veranstalteten; es gab da eine ziemlich reichhaltige Terminologie. Auffällig ist, daß die Tieropfer wohl nur in Assyrien im ersten Jahrtausend teilweise als Brandopfer dargebracht wurden, sonst aber nur als Schlachtopfer; verbrannt wurde neben Räucherwerk vor allem Öl und Butter. Viele Spekulationen über den Sinn einzelner Handlungen finden sich in den späten Kultkommentaren; doch darf aus ihnen wohl nicht allzuviel geschlossen werden, nicht einmal für ihre Zeit. Nur unzureichend informiert sind wir auch über die verschiedenen Kategorien von Priestern und anderem Tempelpersonal.

b) Die Kulte in der Sumererzeit. Die Heilige Hochzeit

Aus dem vierten Jahrtausend, vor der Einwanderung der Sumerer, sind nur kleinere Tempel bekannt, die für Kulthandlungen einen recht begrenzten Raum boten und durch ihre Lage auf immer höher werdenden Terrassen stets nur wenigen zugänglich waren. Zur Zeit der Schrifterfindung um 3000 wurden für einige Tempel bereits Hochterrassen errichtet mit sehr steil geböschten Wänden. Neben diesen standen aber in Uruk stiftmosaikengeschmückte Tieftempel von gewaltigen Ausmaßen bis zu 80 × 50 m, die mit anderen Gebäuden einen noch viel größeren Komplex bildeten. Hier dürften auch Kulte unter Beteiligung größerer Menschenmengen stattgefunden haben. Vielen Bildern können wir entnehmen, daß auch Prozessionen auf Booten stattgefunden haben, wohl Vorläufer der späteren Neujahrsfeste. Nach dieser Glanzzeit wurden die Tempelanlagen wieder viel bescheidener, zeitweilig sogar dürftig, was gewiß auch zu weniger aufwendigen Kulten nötigte. Den Urkunden, unter ihnen sehr umfangreichen Opferlisten, können wir viele Einzelheiten entnehmen. Die Bildwerke führen uns mit den sogenannten Trinkszenen immer wieder Kultmahlzeiten vor Augen, sicher sehr oft unter Beteiligung des Stadtfürsten und oft auch seiner Frau. Bei manchen Opferhandlungen mußte ein Priester nackt vor die Gottheit treten, vielleicht um damit seine völlige Reinheit aufzuweisen.[24]

[24] Vgl. G. Selz, Die Bankettszene ... von der frühdynastischen bis zur Akkad-Zeit, Wiesbaden 1983, 2 Bände; A. Moortgat, Frühe Bildkunst in

Während nun vom Tempelinventar wie z. B. Räucherständern allerlei erhalten geblieben ist, haben Götterbilder nur dann vereinzelt überlebt, wenn sie nicht aus wertvollem Material bestanden. Auf die frühdynastische Zeit beschränkt war die – im sumerischen Süden nur selten beobachtete – Sitte, daß zahlreiche Männer und Frauen, keineswegs nur Fürsten, von sich kleine, oft sehr ausdrucksvolle Steinbilder in Beterhaltung herstellen ließen, die auf Banketten längs der Langraum-Zella aufgestellt wurden, um stellvertretend immer vor der Gottheit zu stehen oder, vereinzelt, zu knien. Andere Kleinbilder zeigen, daß es auch kultische Ringkämpfe gab, bei denen die sonst nackten Ringer sich durch ruckartiges Ziehen an den Gürteln zu Fall zu bringen suchten.[25]

Es gab zahlreiche Tempelfeste, sowohl solche, die monatlich mit besonderen Opfern begangen wurden wie der èš-èš-Tag (akk. *eššēšu*), als auch Jahresfeste zu verschiedenen Terminen, bei denen sehr große Opfer dargebracht wurden. Gudea von Lagasch stellt uns sehr eingehend ein Tempelweihfest dar, anläßlich dessen die Arbeit einige Tage ruhte und Vorrechte der Höhergestellten wie z. B. das Züchtigungsrecht an Arbeitern ausgesetzt wurden; alle waren dann vor der Gottheit gleich, feierten fröhlich und ließen keinen Streit aufkommen. Musik durfte dabei nicht fehlen.[26] Den Gegensatz dazu bildeten große Tempelklagen aus Anlaß von Katastrophen, bei denen sehr lange Kompositionen vorgetragen wurden (s. S. 217).

Etwas ganz Besonderes war das wohl nur in einigen Städten gefeierte Fest der Heiligen Hochzeit, von der schon o. S. 63 f. in Verbindung mit der Königsvergöttlichung die Rede war. Der Gott Dumuzi oder Amaʾušumgalanna konnte nach dem Mythos nur dadurch dem Schicksal, in der Unterwelt bleiben zu müssen, entgehen, daß seine Schwester Belili sich bereit erklärte, die Hälfte jedes Jahres für ihn dort einzutreten. Entgegen oft wiederholten Behauptungen gab es wohl an dem Tag, an dem die Dämonen Dumuzi

---

Sumer, Leipzig 1935, Tf. XI. Für die Tempel vgl. E. Heinrich (s. S. 110, Anm. 20).

[25] Vgl. den Artikel Kultbild von J. Renger und U. Seidl, RlAss. VI (1981) 307 ff. Für mannigfache Opferszenen aus dem 3. Jt. und die Beterstatuetten vgl. die S. 227, Anm. 1, genannten Werke zur Kunst des Alten Orients; für kultische Ringkämpfe vgl. z. B. E. Strommenger – M. Hirmer (s. S. 80, Anm. 32), Tf. 46 und 48.

[26] Vgl. A. Falkenstein in A. F. und W. von Soden (s. S. 218, Anm. 50), S. 137 ff.

anstelle der Inanna (s. S. 204) in die Unterwelt herunterholten, ein Trauerfest mit langen Gesängen, aber kein Freudenfest anläßlich seiner jährlichen Rückkehr, auch nicht in der Spätzeit Babyloniens, die die Dumuzi-Klagen weiter begin, obwohl sie in die späteren Kulte nicht mehr recht paßten.[27] Bei der Kultfeier ging es um die Erhaltung und Wiederherstellung der Fruchtbarkeit jeglichen Lebens.

c) Kulte in Babylonien

Da für die altbabylonische Zeit Bruchstücke von Kultritualen bisher nur aus Mari bekannt sind und die vielen Nachrichten in Briefen noch nicht aufgearbeitet wurden, ist eine das Wesentliche heraushebende Würdigung dieser Übergangszeit noch nicht möglich. Interessant ist die wachsende Bedeutung der Symbole (šurinnu) der Götter wie z. B. des Spatens Marduks für viele kleinere Kulthandlungen. Auf jüngeren Bildwerken stehen die Symbole, darunter auch astrale Symbole, oft anstelle der Gottheiten.[28]

Das wichtigste mehrtägige Fest wurde in mehreren Städten das schon seit alters ursprünglich im Herbst, später im Frühjahr gefeierte Neujahrsfest (akītu), für das uns in späten Abschriften ausführliche Rituale vor allem aus Babylon und Uruk vorliegen.[29] In seinem Verlauf wurde das Götterbild in großer Prozession teilweise auf einem Schiff in ein Neujahrsfesthaus außerhalb der Stadtmauer gebracht, damit die Würde der Gottheit nicht durch die einmal im Jahre notwendige große Tempelreinigung verletzt wurde. Diese Reinigung wurde in Babylon mit Bußriten verbunden, die der König stellvertretend für sein Land auf sich nehmen mußte. Er bekam dabei eine kräftige Ohrfeige, die nur dann als entsühnend anerkannt wurde, wenn seine Tränen flossen. Neben Gebeten und Kultliedern wurde dort das Weltschöpfungsepos (s. S. 202f.) zu Ehren Marduks rezitiert. Es gab auch eine Besuchsprozession, die Nabû von Borsippa zu seinem Vater nach Babylon und wieder zurück brachte. In

[27] Vgl. A. Moortgat (s. S. 64, Anm. 5); Th. Jacobsen (s. S. 135, Anm. 18); S. N. Kramer, Le mariage sacré, Paris 1983, übersetzt und ergänzt von J. Bottéro nach der englischen Ausgabe von 1969.
[28] Vgl. U. Seidl, Die babylonischen Kudurru-Reliefs, Baghdader Mitteilungen 4 (1968) 7–220.
[29] Vgl. Fr. Thureau-Dangin, Rituels accadiens, Paris 1921, und weitere Ritualbruchstücke in neueren Textausgaben; S. A. Pallis, The Babylonian akîtu Festival, Kopenhagen 1926.

Uruk verlief manches anders; für Assur s. Anm. 34. Kultkommentare gaben manchen Einzelheiten merkwürdige Ausdeutungen, die teilweise auch Forscher von heute beeinflußt haben, so daß der Reinigungs- und Entsühnungscharakter des Festes, an dem teilweise auch große Menschenmengen teilnahmen, nicht angemessen gewürdigt wurde.

Durchgeführt wurden die Kulte überwiegend in den Tempeln zu ebener Erde, im ersten Jahrtausend in den großen Städten gewaltige Bauwerke mit vielen Räumen. Im gleichen heiligen Bezirk (Temenos) oder nah dabei lag zumeist die Ziqqurrat, die Hochterrasse des Stadtgottes, deren viel kleinerer Tempel sich über einigen Massivstufen erhob. Die größte war die von Babylon für Marduk mit 91,5 m in Breite, Länge und Höhe. Der Tempel ist nirgends erhalten; für den von Babylon gibt es eine Beschreibung, in der von einem großen Bett und Zellen für einige andere Götter die Rede ist. Welche Kulte im einzelnen nur im Hochtempel durchgeführt werden konnten, ist noch nicht klar; allgemein zugänglich war die oberste Plattform der Ziqqurrat sicher nicht.[30]

Aus der Sumererzeit übernommen wurden die Riten, in deren Mittelpunkt der Klagepriester *kalû* (s. S. 186) steht; für sie sind vor allem aus Uruk Rituale teilweise erhalten, die überwiegend sumerische Gesänge vorschreiben. Die vielen privaten Kulte zwecks Krankenheilung und Befreiung von anderen Übeln sollen, obwohl keineswegs durchweg primär durch die Magie bestimmt, auf S. 190f. behandelt werden. Grabkulte haben offenbar keine große Bedeutung gehabt. Texte dazu gibt es nur wenige; die Grabbeigaben waren überwiegend bescheiden. Zum Ersatzopfer s. S. 184. Eine ganz ungewöhnliche Aussage über die Großzügigkeit der Gottheit gegen den, der regelmäßig opfert und betet, macht ein Text mit Moralanweisungen, der sagt: „Du gibst ihm ein Körnchen, dann ist dein Gewinn ein Talent." Das Talent als Gewichtseinheit enthält 648000 „Körner" (von je $1/22$ Gramm)![31]

---

[30] Vgl. H. Lenzen, Die Entwicklung der Zikurrat von ihren Anfängen bis zur Zeit der III. Dynastie von Ur, Leipzig [1942]; Fr. Wetzel – F. H. Weißbach, Das Hauptheiligtum des Marduk in Babylon, Esagila und Etemenanki nach dem Ausgrabungsbefund, nach den keilschriftlichen Quellen, Leipzig 1938; E. Heinrich (s. S. 110, Anm. 20).

[31] Vgl. W. von Soden, Wie großzügig kann ein babylonischer Gott schenken?, ZA 71 (1981) 107f.

d) Kulte in Assyrien.
Ersatzopfer und Ersatzkönigskult

In Assyrien bestand seit der Frühzeit eine Tempelbautradition mit einer Raumaufteilung, die von der babylonischen in manchem abwich und auf teilweise andere Kulte deutet. In Assur gab es neben dem Haupttempel des Assur mit seiner Ziqqurrat auch Doppeltempel für Sin und Schamasch sowie, ganz abweichend vom sonst Üblichen, mit zwei kleineren Ziqqurraten für Anu und Adad. Die Schriftquellen aus dem zweiten Jahrtausend sind auch hier wenig reichhaltig, fließen aber für die Großreichszeit recht reichlich; leider verstehen wir da wichtige Termini nur unzureichend. Geopfert wurde in den größeren Tempeln oft mehreren Gottheiten, obwohl einige von ihnen auch eigene Tempel hatten. Verträge fordern auffällig oft, daß Vertragsbrüchige eine Bußgabe auf die Knie der Gottheit legen, ja in einigen Fällen sogar ein eigenes Kind vor dem Gott verbrennen, obgleich die für Syrien-Palästina bezeugten Kinderopfer in Mesopotamien nicht üblich waren. Ob solche Kinderopfer wirklich dargebracht wurden, wissen wir nicht.[32]

Außerhalb der Tempelkulte wurden in Assyrien vielleicht noch häufiger als in Babylonien sehr oft Ersatzopfer dargebracht, zumeist Lämmer, Zicklein oder Ferkel, die die Unterweltsgottheiten bewegen sollten, auf den Kranken selbst zu verzichten. Viele Ersatzopferrituale sind zweisprachig oder auch nur sumerisch abgefaßt. Verwandt mit den Ersatzopfern ist ein nach unserer Kenntnis nur ganz selten praktizierter Kult, nämlich die Einsetzung eines Ersatzkönigs (akk. šar pūḫi) normalerweise für 100 Tage, der den König nach den Omenwerken bedrohende, besonders böse Omina mit allen Folgen auf sich ziehen sollte. Einen Sonderfall berichtet eine Chronik für die frühaltbabylonische Zeit: Nach ihr soll um 1800 Erra-imitti von Isin einen gewissen Enlil-bani als Ersatzkönig eingesetzt haben, danach aber infolge Verbrühung durch heißen Brei gestorben sein, so daß Enlil-bani nun sein Nachfolger werden konnte. Der Zweck des Ritus konnte aber, auch nach Ausweis eines teilweise erhaltenen Rituals, nur erreicht werden, wenn der Ersatzkönig durch seinen natürlichen oder herbeigeführten Tod den König von der Last des Omens befreite. Unsere wichtigste Quelle für

---

[32] Da in Syrien-Phönizien unter besonderen Umständen Kinderopfer dargebracht wurden, könnten die Assyrer den sonst aus keinem Text zu belegenden Gedanken an solche Opfer aus dem Westen entlehnt haben.

den Kult sind die Briefe aus den nur 12 Regierungsjahren des Großkönigs Asarhaddon von Assyrien (681–669), der wegen seiner Kränklichkeit besonders omengläubig war und daher dreimal einen Ersatzkönig einsetzen und sich in den je 100 Tagen als „Herr Bauer" titulieren ließ. Einer der drei Ersatzkönige starb rechtzeitig; die beiden anderen wurden getötet und dann durch ein Staatsbegräbnis geehrt. Sehr merkwürdig ist, daß man nach 700 noch oder wieder meinte, man könne den angenommenen Zorn der Götter auf einen beliebigen Mann ablenken, gleich als ob diese die Substituierung nicht durchschauen würden. Überdies stellte der Kult ein verkapptes Menschenopfer dar; einige Parallelen dazu gab es vielleicht in altkleinasiatischen Kulten. Für die innere Widersprüchlichkeit der spät-altorientalischen Religionen ist der Ersatzkönigskult ein besonders eindrucksvolles Zeugnis.[33]

e) Priester und Kultpersonal.
Kultische Prophetie

Für Priester und Kultpersonal gibt es in den Sprachen des Alten Orients eine sehr reiche Terminologie, die angesichts der geringen Aussagekraft der allermeisten Belege für die Kultfunktionäre unserem Verständnis erst unzureichend erschlossen ist. In modernen Darstellungen werden oft auch Angestellte der Tempel, die im Kult nur Hilfsfunktionen ausübten, als Priester bezeichnet; dazu gehören z. B. die „Tempelbetreter", denen für ihre mannigfachen Dienste bestimmte Vergünstigungen zugestanden wurden (zum Handel mit solchen Stellen vgl. S. 77). Das allgemeinste Wort für den Priester, das in Assyrien auch als Königstitel verwendet wurde, war sum. sanga, akk. šangû. Die in den großen Tempeln zu Kollegien zusammengefaßten Priester, die auch als Tempelverwalter fungierten, unterstanden oft Ober- oder Hauptpriestern; für die Stellung eines Hohenpriesters fehlen aber bisher sichere Zeugnisse. In den altassyrischen Urkunden finden wir anstatt des *šangû* den *kumrum*. Die so wichtigen Reinigungsriten wurden in den Tempeln Babylo-

---

[33] Den Ersatzkönigritus behandelt ausführlich mit viel Literatur H. M. Kümmel, Ersatzrituale für den hethitischen König, Wiesbaden 1967, 169 ff. Vgl. ferner W. von Soden, Religiöse Unsicherheit, Säkularisierungstendenzen und Aberglaube zur Zeit der Sargoniden, Analecta Biblica 12 (1959) 356 ff.

niens von besonderen Priestern durchgeführt wie dem *išippu*, dem *gudapsû* und anderen; für unblutige Opfer war oft der „Gesalbte" (*pašīšu*) zuständig. Einen besonders hohen Rang hatten bis in die altbabylonische Zeit die en-Priester und -Priesterinnen, die vor allem beim Kult der Heiligen Hochzeit (s. S. 63f.) eine Hauptrolle spielten. Bei den Tempelklagen (s. S. 181) und anderen Kulten hatte der gala-Priester (> akk. *kalû*) insbesondere die Kultgesänge vorzutragen (s. S. 183). In den Tempeln Assyriens hatte der Sängerpriester (*zammeru*) ähnliche Funktionen, während die überall benötigten Musiker(innen) (*nāru, nārtu*) wohl keine Priester waren.[34]

Im Schamasch-Tempel in Sippar und seltener in anderen Tempeln agierten zahlreiche Frauen in wohl nur teilweise priesterlichen Funktionen, die, weil normalerweise kinderlos, *nadītum* („Brachliegende") genannt wurden.[35] Weibliches Kultpersonal gab es außerdem vor allem in Ischtar-Tempeln wie dem in Uruk, in denen auch die kultische Prostitution und der Einsatz von Kinäden eine erhebliche, freilich nicht zu allen Zeiten unumstrittene Rolle spielten.[36] Auch hierfür gab es eigene Rituale, die auch obszöne Ausdrücke verwendeten. Wahrscheinlich stand die Prostitution im Dienst von Fruchtbarkeitskulten.

Wohl nicht zum eigentlichen Tempelpersonal gehörten die Opferschauer (s. dazu S. 147), die Traumdeuterinnen und -deuter sowie die sogenannten Beschwörer (s. dazu S. 191). Im ersten Jahrtausend konnten sich die Traumdeuter(innen) auf umfangreiche Sammlungen von Traumomina stützen (s. S. 149).

Eine Kultprophetie, wie sie das Alte Testament für Syrien-Palästina bezeugt, gab es in Babylonien nicht; die Götter bekundeten ihren Willen den Menschen dort wie in Assyrien und Kleinasien durch vielerlei Vorzeichen. Wir kennen aber zwei bedeutsame Ausnahmen. Einmal bezeugt uns das altbabylonische Briefarchiv von

---

[34] Vgl. Br. Menzel, Assyrische Tempel, Rom 1981, 2 Bände mit Literatur und vielen Texten; G. van Driel, The Cult of Aššur, Assen 1959; S. Parpola (s. S. 156, Anm. 30).

[35] Vgl. R. Harris (s. S. 73, Anm. 17) passim. Die *nadītum* hatte im Erbrecht eine Sonderstellung.

[36] Eine umfassende Untersuchung dazu fehlt noch. Inschriften der Könige Merodachbaladan II. und Nabonid von Babylonien sowie der Erra-Mythos (s. S. 209f.) enthalten Hinweise auf eine Art von Revolution in Uruk um 765 zur Zeit des Königs Eriba-Marduk, die nicht nur soziale Ursachen hatte, sondern sich auch gegen die Kultpraktiken des Tempels Eanna und das Dirnenwesen dort richtete, aber nur vorübergehende Erfolge hatte.

Mari eine Art von Kultprophetie für Mesopotamien und Teile Nordsyriens. Die Propheten und Prophetinnen, als Ekstatiker (*maḫḫûm*, fem. *maḫḫūtum*) oder Beantworter (*āpilum, āpiltum*) bezeichnet, gehörten oft nicht zum Tempelpersonal der Götter Adad und Dagan, sondern konnten Laien sein, die im Namen ihres Gottes Mitteilungen oder Mahnungen meist zum Kult oder zur Politik vor allem an den König richteten. Noch unbekannte Personen überprüfte man mit magischen Mitteln auf ihre Glaubwürdigkeit, überließ es danach aber dem König, ob er Folgerungen aus den Sprüchen ziehen wollte. Anklänge an biblische Prophetensprüche sind bisweilen erkennbar; ethische Forderungen wurden aber auch in Drohsprüchen kaum laut. Man darf vermuten, daß in der Kultprophetie, die das Alte Testament verurteilt, sehr alte kanaanäische Traditionen weiterlebten.[37]

Von ganz anderer Art war die Kultprophetie in Assyrien nach 700: Hier gab es „Rufer" (*raggimu*) und noch mehr, im Dienst der Mullissu von Assur und der Ischtar von Arbela, „Ruferinnen" (*raggimtu*); meist Aussprüche der letzteren, die man für bedeutsam hielt, wurden auf Sammeltafeln aufgezeichnet, von denen wir aus der Zeit Asarhaddons einige mit Heilsorakeln in oft bildhafter Sprache teilweise kennen. Für eine angemessene Beschreibung der späten Prophetie, deren Vorläufer noch unbekannt sind, reichen die wenigen ergiebigen Zeugnisse nicht aus. Es sieht aber so aus – vgl. dazu den Propheten Nahum aus Juda! –, als hätte nach 750 eine prophetische Bewegung, die für uns zuerst in Israel faßbar wird, zeitweise große Teile Vorderasiens erfaßt.[38]

Nur als Prophezeiungen stilisiert sind aus dem ersten Jahrtausend die sogenannten Prophetien, die mit reichlichen Anleihen aus den Omentexten Unheils- und Heilsweissagungen etwa für Babylon oder Uruk zusammenstellen, welche, sofern sie konkretere Angaben enthalten, wohl mit Recht überwiegend als „vaticinia ex

---

[37] Da noch viele einschlägige Mari-Briefe unveröffentlicht sind, fehlt noch eine umfassende Untersuchung der Kultprophetie in Mesopotamien zur Zeit der Mari-Könige. Vgl. vorläufig Fr. Ellermeier, Mari und Israel, Herzberg 1968; W. J. Moran, New Evidence from Mari on the History of Prophecy, Biblica 50 (1969) 15 ff. E. Noort, Untersuchungen zum Götterbescheid in Mari, AOAT 202 (1977).

[38] Die oft nur fragmentarisch erhaltenen Heilsorakel und die Briefzeugnisse für die Rufer(innen) wurden nie zusammengestellt und umfassend behandelt. Übersetzungsproben gibt z. B. R. D. Biggs bei J. Pritchard (s. S. 196, Anm. 1), S. 604 ff.

eventu" eingestuft werden, in einigen Fällen aber noch besondere Probleme aufgeben.[39]

f) Reinigungen im Kult und in der Magie

Eine ganz zentrale Rolle unter allen Riten im Alten Orient spielen die Reinigungsriten, die zuerst die mannigfachen äußeren Verunreinigungen, daneben aber auch innere Unreinheit zu beseitigen haben. Sie sind im Tempelkult so notwendig wie in privaten Kulten und im Palast, ganz besonders aber in der Magie. Reinigungsmittel sind vor allem das Wasser, möglichst aus fließenden Gewässern, andere Flüssigkeiten und das Öl. Daneben gibt es mancherlei Reinigung bewirkende Pflanzen und mineralische Substanzen, die sehr oft in Flüssigkeiten aufzuweichen und äußerlich oder auch, bei Kranken, innerlich zu applizieren sind. Die Rituale gebrauchen die Wörter für reinigen (akk. *ullulu; tēliltu* „Reinigung"), waschen (*mesû; mīs qātē* „Händewaschen") und baden (*ramāku; rimku* „Ganzwaschung") sehr oft. Viele Reinigungsriten sammeln die Tafelserien *bīt rimki* „Badehaus" und, für die Fälle, die eine rituelle Abschließung erfordern, *bīt mēseri* „Haus der Abschließung".[40] Nichtöffentlichkeit wird sehr oft verlangt; meistens werden sehr genaue Anweisungen gegeben, um die volle Reinigung der den Dämonen besonders ausgesetzten „Unreinen" zu gewährleisten.

In den Tempeln gab es die täglichen Reinigungen und die Jahresreinigung am Neujahrsfest (s. S. 182); als für die Reinigungen zuständig wird oft der išib > *išippu*-Priester genannt. Besondere Reinigungen erforderten die Einweihung von Tempeln, die Ingebrauchnahme von Kultgeräten und die Aufstellung von Götterbildern. Im letzten Fall wurde nicht nur die auch sonst oft verlangte Mundwaschung (ka-luḫ-ù-da, *mīs pî*) gefordert, sondern in jüngeren Ritualen noch zusätzlich der Ritus der Mundöffnung (*pīt pî*), ohne die das Gottesbild nur totes Material ist und z. B. „nicht rie-

---

[39] Vgl. R. Borger, Gott Marduk und Gott-König Šulgi als Propheten. Zwei prophetische Texte, Bibliotheca Orientalis 28 (1971) 3 ff. P. Höffken, Heilszeitherrschererwartung im babylonischen Raum, Die Welt des Orients IX (1977) 57 ff.

[40] Für beide Serien gibt es nur Teilbearbeitungen, die durch seither bekanntgewordene neue Stücke teilweise überholt sind. Vgl. J. Laessøe, Studies on the Assyrian Ritual and Series *bît rimki*, Kopenhagen 1955. Eine Gesamtbearbeitung, zuerst von *bīt mēseri*, plant R. Borger.

chen kann". Auch nach Reparaturen am Bild war eine Mundöffnung nötig.[41] Manches an den Reinigungskulten, die auch in Assyrien eine große Rolle spielten, bedarf noch besonderer Untersuchungen. Die Reinigung sündiger Menschen ist auch ein Hauptthema vieler Gebete.

6. Die Magie. Dämonen, böse Kräfte, Zauber

Es gibt zwei Hauptarten von Magie: die schwarze, die den Menschen Unheil zufügen, und die weiße, die das durch Dämonen, böse Kräfte und Menschen bewirkte Unheil abwenden will. Schwarze Magie wurde im Alten Orient sicher vielfältig betrieben. Anweisungen für sie wurden aber, obwohl bisweilen das Gegenteil behauptet wurde, nicht niedergeschrieben, weil eine Niederschrift von Dämonen und Menschen gegen denjenigen ausgenützt werden könnte, der den Schadenzauber betrieben hat. In der riesigen magischen Literatur in Keilschrift geht es also nur um weiße Magie. Die Aktionen schwarzer Magie werden aber in den Einleitungen zu den Beschwörungen oft sehr eingehend beschrieben. Wir wissen daher recht genau, von welchen Arten von Schadenzauber Sumerer und Babylonier sich täglich bedroht glaubten.[42]

Die Sprachen des Alten Orients kennen keinen Sammelbegriff Dämon; sie verwenden entweder das Wort für „Gott" oder Bezeichnungen bestimmter Gruppen von Dämonen. Die Sumerer, Babylonier und Assyrer gebrauchten einige Wörter für Dämonen vereinzelt oder häufiger auch für gute Genien, die eine Engeln vergleichbare Stellung hatten; so kannten die Sumerer neben den bösen udug-Dämonen auch einen guten udug (akk. *utukku*), während im Akkadischen *šēdu* ein Schutzgeist und ein Dämon sein konnte

---

[41] Vgl. E. Ebeling, Tod und Leben nach den Vorstellungen der Babylonier I, Berlin 1931, 100 ff. mit Literatur.
[42] Vgl. z. B. W. Farber, Beschwörungsrituale an Ištar und Dumuzi, Wiesbaden 1977; die Ritualtafeln zu den Beschwörungsserien Šurpu „Verbrennung" gegen den Bann (s. S. 177; E. Reiner, Šurpu. A Collection of Sumerian and Akkadian Incantations, Graz 1958) und Maqlû (s. S. 191, Anm. 45); viele Rituale in den S. 142, Anm. 5, genannten Ausgaben von H. Hunger und E. von Weiher. Die Magie wird in allen Büchern zur Kulturgeschichte (s. S. 4, Anm. 2) und zu den Religionen (s. S. 165, Anm. 1) oft ausführlich mitbehandelt. Auch in Ugarit wurden magische Texte gefunden.

und *rābiṣu* ein „Aufpasser" zum Guten und Bösen. Im übrigen zeigten die Dämonen der Sumerer, von denen dimme und der Sturmdämon lil männlich und weiblich sein konnten, wenig eigenes Profil; die Mehrzahl von ihnen, darunter auch der Totengeist (s. S. 178; gidim > *eṭemmu*), konnte als „die bösen Sieben" zusammengefaßt werden. Besondere Beschwörungen gab es gegen das „Sturmmädchen" (kisikil-lilla, akk. (*w*)*ardat lilî*) und gegen dimme, die bei Babyloniern und Assyrern als die kindermordende Dämonin des Kindbettfiebers Lamaschtu die farbigste Gestalt unter den Dämonen wurde; viele Amulette zeigen sie in einer löwenköpfigen Mischgestalt mit hängenden Brüsten. Bekämpft wurde sie überwiegend mit prophylaktischen Riten und Analogiezauber.[43] Schon in einer altassyrischen Beschwörung wird berichtet, daß sie eine Tochter des Himmelsgottes Anu sei, die dieser wegen ihres üblen Verhaltens vom Himmel auf die Erde geworfen habe. Von allen Dämonen wird gesagt, daß weder Türen noch Geländehindernisse sie bei ihrem unheilvollen Tun aufhalten können, das auch die Tiere nicht verschont. Einige wie vor allem der „Schicksalsbestimmer" nam-tar/*namtaru* sind zugleich Unterweltsdämonen, die auch die Toten noch angreifen. Als Sündenstrafe sahen die Sumerer die Angriffe der Dämonen nicht an, während sich bei den Babyloniern oft die Auffassung findet, daß die Götter Menschen wegen ihrer Sünden den Dämonen überlassen (s. S. 176). Die Babylonier fordern daher zur Abwehr der Dämonen und der Beseitigung des von ihnen gewirkten Übels nicht nur die weithin von den Sumerern übernommenen magischen Riten, sondern auch Gebete mit Bitten um Sündenvergebung. Oft als Dämonen personifiziert wird übrigens auch der „Bann" (s. S. 177) ebenso wie manche Krankheiten.

Nur auf die von Menschen durchgeführten magischen Riten vertrauten bei der Bekämpfung der Dämonen auch die Sumerer nicht. Viele Beschwörungen lassen auf die Schilderung des bösen Treibens der Dämonen ein Zwiegespräch zwischen dem Gott Enki von Eridu und seinem Sohn Asalluchi, denen im akkadischen Text Ea und Marduk entsprechen, in einem im wesentlichen feststehenden Wortlaut folgen, in dem der Sohn den Vater um Hilfe gegen die Dämonen bittet, aber zur Antwort erhält, daß der göttliche Sohn dasselbe könne wie der Vater Enki/Ea. Auf das Gespräch folgen

---

[43] Vgl. den Artikel ›Lamaštu‹ von W. Farber, RlAss. VI (1983) 439 ff.; S. Lackenbacher, Note sur l'*ardat lilî*, RA 65 (1971) 119 ff. mit Ergänzungen bei E. von Weiher (s. S. 142, Anm. 5), Nr. 7.

dann die Einzelanweisungen, die zumeist wenig spezialisiert sind und mit den festliegenden Beschwörungsformeln wie „beim Himmel seid beschworen, bei der Erde seid beschworen" enden.[44] Neben den unsichtbaren Dämonen in der Luft stehen die Menschen, die mit Praktiken der schwarzen Magie ihren Mitmenschen schaden wollen. Die Sumerer nannten sie uš₁₁-zu „Geiferkenner" = akk. *kaššāpu* „Hexer" und *kaššaptu* „Hexe"; vor etwa 1000 ist nur die letztere bezeugt. Die Beschwörungen und die wie sie verwendeten Gebete waren zuallermeist babylonisch abgefaßt und finden sich größtenteils in der Serie Maqlû „Verbrennung". Aus dem Serientitel darf freilich nicht gefolgert werden, daß man Hexen und Hexer verbrannt hätte; zu den Abwehrriten gehörten nur neben der magischen Vernichtung von Hexenbildern Verbrennungen. Nur ein Brieffragment deutet darauf hin, daß man bestimmte Frauen der Hexerei bezichtigte; von Hexenprozessen hören wir nichts.[45]

Für das Rezitieren der sumerischen und akkadischen Beschwörungen und die Durchführung der zugehörigen Riten war ein Priester zuständig, den die Sumerer lú-mumun oder lú-maš-maš nannten, die Babylonier (w)āšipu(m) oder mašmaššu. Da dieser oft auch Gebete sprach (s. u.), wird die Übersetzung „Beschwörungspriester" für diese Wörter heute bisweilen bestritten und durch „Ritualfachmann" ersetzt;[46] manche Riten sind ja nicht magisch bestimmt und bestehen nur aus einem Opfer, für das bei Armen eine Handvoll Mehl genügte. Zu beachten bleibt allerdings, daß den genannten Priestern durchaus nicht alle Riten oblagen, vor allem nicht die eigentlichen Tempelriten; für die als Beschwörungen bezeichneten Gebete der Gattung „Handerhebung" vgl. S. 219. Uns fehlt für die angemessene Kennzeichnung der Tätigkeiten dieser Männer im Dienst der einzelnen ein passendes Wort. Viele Beschwörer waren zugleich Ärzte (vgl. S. 155) und verordneten auch Medikamente. Wichtige Einzelheiten über sie und Namen bekannter *āšipu*-Prie-

---

[44] Vgl. A. Falkenstein, Die Haupttypen der sumerischen Beschwörung literarisch untersucht, Leipzig 1931; den Literaturverzeichnissen ist heute viel hinzuzufügen. Bearbeitungen der wichtigsten zweisprachigen Beschwörungsserien sind in Vorbereitung.
[45] Vgl. G. Meier, Die assyrische Beschwörungssammlung Maqlû, Berlin 1937; dazu heute viele Ergänzungen; W. G. Lambert, An Incantation of the Maqlû Type, AfO 18 (1958) 288 ff.
[46] Vgl. W. Mayer, Untersuchungen zur Formensprache der babylonischen „Gebetsbeschwörungen", Rom 1976, 59 ff.

ster erfahren wir aus den Briefen.[47] Für die von ihnen magisch verwendeten Substanzen wie Pflanzen, Mineralien, Teile von Tieren und Flüssigkeiten sowie deren Zubereitung fehlen noch genauere Untersuchungen, da an der Terminologie noch zuviel unklar ist; wichtige Einzelbeobachtungen finden sich in der Fachliteratur.[48]

Nicht mit der Heilung von Leiden, sondern mit ihrer Verhütung haben es manche andere Riten zu tun, unter denen die Geburtshilferiten besonders wichtig sind. In die Rituale ist mehrfach eine mythische Erzählung eingeschaltet, nach der der Mondgott Sin einer (ihm geheiligten) Kuh nach den Wehen beigestanden hat; seine Hilfe darf daher auch die Frau bei nächtlichen Geburten erbitten.[49]

7. Tod und Bestattung

Dem Tod kann niemand entrinnen, er ist den Menschen vorgegeben; das mußten selbst halbgöttliche Heroen der Frühzeit erfahren (s. S. 206ff.). Wann er den einzelnen trifft, entscheidet das Schicksal. Alle bitten die Götter um langes Leben und darum, daß sie nicht wegen der Sünde zu früh davon müssen. Zwar löschte der Tod den Menschen nicht ganz aus; es gab ein Schattendasein in der Unterwelt.[50] Weiterleben aber konnten die Menschen nur in ihren Kindern, um die inständig gebetet wurde, und wenige, besonders Könige, auch durch den Tatenruhm. Das Wort für den Toten, akk. *mītu*, konnte auch für den todgeweihten Kranken gebraucht werden. Das eine der beiden Wörter für den Körper, *pagru*, bezeichnete bei Menschen und Tieren auch der Leichnam.

[47] Vgl. S. Parpola (s. S. 156, Anm. 30) passim.
[48] Vgl. W. Farber (s. S. 189, Anm. 42) und D. Glotz (s. S. 155, Anm. 29), ferner R. C. Thompson (s. S. 95, Anm. 20, u. S. 110, Anm. 19).
[49] Eine kritische Gesamtbearbeitung dieser Rituale und des Kuh-Mythos, der in mehreren sumerischen und akkadischen Fassungen erhalten ist, fehlt noch; vgl. jeweils mit Literaturangaben J. van Dijk, Incantations accompagnant la naissance de l'homme, Or.NS 44 (1975) 52ff. (sumerisch); W. G. Lambert, A Middle Assyrian Medical Text, Iraq 31 (1969) 28ff. (akkadisch).
[50] Vgl. S. 178 mit Hinweis auf das etwas bessere Schicksal der auf dem Schlachtfeld Gefallenen, ferner die Sammlung von Vorträgen ›Death in Mesopotamia‹ (edited by B. Alster), Mesopotamia 8, Kopenhagen 1980, auch zu den Totenopfern. In den Mythen ist einige Male auch von der Tötung von Göttern die Rede; s. S. 201 ff.

Da Unbestattete als Totengeister durch die Luft schweben mußten (s. S. 178), mußte alles getan werden, um den Toten (sehr oft mit seinem Siegel) beizusetzen. Verpflichtet dazu und zu den noch für einige Zeit darzubringenden Totenopfern (ki-sè-ga/*kispu*) waren mit Vorrang die Kinder und andere Verwandte; Adoptierte wurden vertraglich dazu und zur Beweinung verpflichtet.[51] Wie schon erwähnt (s. S. 183), waren die Erdgräber fast immer einfach; die zumeist wenigen Beigaben sollten den Toten in der Unterwelt helfen. Im einzelnen waren die Bestattungssitten je nach Zeit und Land verschieden; häufig findet man Doppeltopfgräber. Steinsärge sind in Babylonien nur vereinzelt bezeugt; vgl. für den „Königsfriedhof" von Ur S. 64. In Assyrien waren sie vor allem bei Königen etwas häufiger; reliefierte Sarkophage gab es in Anatolien und Syrien wohl erst seit der Hethiterzeit.[52] Kostbare Grabbeigaben, z. T. auch aus Gold, sind für das dritte Jahrtausend in Babylonien (Ur und Kisch) sowie in Kleinasien bezeugt und vereinzelt erhalten geblieben; das meiste ist den Grabräubern zum Opfer gefallen. Die Totenklage ist uns durch Gilgameschs Klage um seinen Freund Enkidu bekannt; oft wurden Klagemänner oder -frauen damit beauftragt. Zu Grabinschriften vgl. S. 197, Anm. 3.

---

[51] Vgl. J. Bottéro, Les morts et l'au-delà dans les rituels en accadien contre l'action des «revenants», ZA 73 (1983) 153 ff. – Für die bei den Hethitern gebräuchliche Feuerbestattung gibt es aus Mesopotamien und Babylonien-Assyrien keine gesicherten Zeugnisse. Vgl. die Artikel ›Grab‹, ›Grabbeigabe‹ und ›Grabgefäß‹ von E. Strommenger, B. Hrouda und W. Orthmann, RlAss. III (1971) 581 ff.

[52] Den Pyramiden Ägyptens vergleichbare Großbauten über Gräbern sind auch für Könige nicht bezeugt. Als Götter verehrt wurden zu Beginn des 2. Jt. seit Schulgi von Ur bis vor Hammurabi zahlreiche Könige (vgl. dazu S. 63 f.), die in den Heiligtümern teilweise auch beigesetzt wurden. Totenkulte standen hier wohl nicht im Mittelpunkt; vieles ist noch umstritten; vgl. jetzt P. R. S. Moorey, Where did they Bury the Kings of the IIIrd Dynasty of Ur?, Iraq 46 (1984) 1 ff.

XIII. DIE LITERATUREN

1. Allgemeines.
Tafelserien; Prosa und Dichtung

Literatur ist ein engerer Begriff als Schrifttum, umfaßt also im Bereich der Keilschriftkulturen nicht die etlichen Hunderttausend Briefe und Urkunden aller Art. Innerhalb der Literatur stellt die im weiten Sinn wissenschaftliche in Babylonien und Assyrien den umfangreichsten Sektor dar; von ihr war in Kapitel XI und XII schon ausgiebig die Rede. Einzelverse aus Dichtungen werden vor allem in Kommentaren sehr oft zitiert und kurz erklärt (s. S. 142 ff.). In den Ritualen werden Gebete und Beschwörungen oft im vollen Wortlaut aufgeführt; noch häufiger werden die Anfangszeilen zitiert, die den fehlenden Titel eines Werkes vertreten müssen.

Umfangreiche Dichtungen wie vor allem manche Mythen und Epen, die sich auch auf einer mehrkolumnigen Tafel nicht unterbringen ließen, wurden auf bis zu 12 Tafeln verteilt und bildeten damit, formal gesprochen, Serien ähnlich den überwiegend viel größeren wissenschaftlichen Werken. Die Aufteilung auf die Tafeln war meistens von vornherein festgelegt. Da das Ende einer Tafel immer mit einer inhaltlichen Zäsur zusammenfiel, hatten die Teiltafeln nur in Ausnahmefällen den gleichen Umfang. Kürzere Dichtungen wie Hymnen und Gebete wurden nicht zu Serien mit festliegender Tafelzählung zusammengefaßt, sondern nur von Fall zu Fall auf größeren Tafeln zusammengeschrieben. Für die umfangreichen Königsinschriften vgl. S. 196 ff.

Literaturwerke außer den Königsinschriften wurden überwiegend in gebundener Rede abgefaßt, wobei Zeilen- und Versende zumeist zusammenfielen. Wir sind allerdings heute noch nicht immer in der Lage, zwischen Vers- und Prosadichtungen sicher zu unterscheiden oder Prosaabschnitte in Versdichtungen zuverlässig zu erkennen. Noch ganz in den Anfängen stehen die Bemühungen, in sumerischen Dichtungen den Versrhythmus zu analysieren; ob sie je Erfolg haben werden oder können, läßt sich noch nicht sagen. Etwas besser ergeht es uns beim Akkadischen, auch wenn die bisher vorherrschende Auffassung, daß es in babylonischen wie in hebräischen Dichtungen immer nur auf die Zahl der Hebungen ankomme, da die Zahl der Senkungen zwischen ihnen nicht festliege, keinesfalls überall zutrifft. Um einen Versrhythmus zu erkennen, müßten wir zunächst Aussprache und Wortakzent der einzelnen Wörter in der Normalsprache viel genauer kennen, als uns das im Alten Orient möglich ist. Auch bei sehr sorgfältigem Studium der Schreibweisen von Wörtern und Wortgruppen kommen wir hier oft über Arbeitshypothesen, die vieles, aber nicht alles verständlich machen, nicht hinaus. In allen Sprachen werden nun, wenn auch in sehr ungleichem Ausmaß, Wörter zwecks Einfügung in den Versrhythmus entweder durch Vokalausstoßung verkürzt oder durch Gewichtverstärkung bei offenen Silben mit kurzem Vokal deutlicher herausgehoben; beides wird in der Schrift nicht immer sichtbar. Aus methodischen Gründen tun wir gut, mit veränderten Wortformen und Akzentverschiebungen in den Versen möglichst wenig zu rechnen; wie oft wir es tun dürfen, läßt sich aber nicht für alle Fälle festlegen, so daß für Ermessensentscheidungen ein erheblicher Raum bleibt. Manche meinen daher, Bemühungen um das Erkennen von Versrhythmen hätten zu geringe Chancen, um sinnvoll zu sein. Ich meine, daß die Chancen so gering nicht sind und daß das Studium der dichterischen Form auch zum Verständnis von Aussagenuancen manches beitragen kann. An Vermutungen, die sich später nicht bestätigen, führt auch in anderen Bereichen oft kein Weg vorbei; die Berichtigung anfänglicher Irrtümer erbringt aber manche wesentliche Erkenntnisse.

In einem großen Teil der babylonischen Dichtungen des zweiten Jahrtausends kann man nicht quantitierende Metren mit Silbenzählung bei wechselnder Verslänge feststellen, bei denen nach unserer Terminologie die Versfüße Jambus (⌣́), Trochäus (́⌣) und Amphibrachys (⌣́⌣) in sehr verschiedener Weise miteinander wechseln. Dabei überwiegt in der Erzählung der Dreitakt, während Verse nur im Zweitakt das Gewicht von Aussagen besonders hervorheben. Zwei Verse bilden zumeist einen Doppelvers auf der Basis eines überwiegend antithetischen, seltener tautologischen Parallelismus; die rhythmischen und syntaktischen Einheiten decken sich bei durchweg trochäischem Versschluß. Die Strophen umfassen vier bis zwölf Verse, nur selten mehr oder bei Gegenstrophen nur zwei. Der Versbau vieler jüngerer Dichtungen wie des großen Gilgameschepos und sehr vieler Gebete weicht von dem älteren, oft bei Bevorzugung längerer Verse, stark ab; anders als früher gibt es nun, wie es scheint, oft auch drei Senkungen oder auch gar keine zwischen zwei Hebungen. Wir müssen übrigens damit rechnen, daß wie in vielen Liedern bei uns bei dem sicher sehr beliebten musikalischen Vortrag von Dichtungen die Akzente verschieden stark waren und manchmal anders gesetzt wurden als im Sprechvortrag.[1]

2. *Königsinschriften*

Die Inschriften von Königen und, viel seltener, anderen Funktionären können nur dann zur Literatur gerechnet werden, wenn sie mehr bieten als die ganz knappe Aufzählung von Bauarbeiten oder Kampfhandlungen. Die große Masse von ihnen sind kurze oder längere Bauinschriften, die manchmal auch von Weihungen berichten. Eingeleitet werden sie entweder durch die Nennung des Gottes bzw. der Götter, für die gearbeitet wurde, unter Beifügung hymnischer Prädikate, oder durch die Selbstvorstellung des Fürsten mit knapper oder ausführlicher Titulatur und darauf folgender Nennung der Gottheiten; bisweilen steht eine Anrufung des Gottes am Anfang. Den Abschluß bilden sehr oft Segenswünsche für den, der ein Bauwerk wiederherstellt, und Flüche gegen den, der das unterläßt. In längeren Bauinschriften kann auch die Baubeschreibung über die gängigen Berichtsschemata hinaus literarisch gestaltet sein. Sprachlich begnügte man sich mit gehobener Prosa bei teilweise freier Wortstellung; rhythmisch gebundene Rede gab es allenfalls da und dort. Besonders eingehende Bauschilderungen, mehrfach mit historischen Rückblicken, bieten die Inschriften der Chal-

---

[1] Vgl. W. von Soden, Untersuchungen zur babylonischen Metrik, Teil I, ZA 71 (1981) 161 ff. mit Hinweisen auf frühere Arbeiten von H. Zimmern und anderen. Zur Literatur vgl. die S. 4, Anm. 2, und S. 165, Anm. 1, genannten Werke zur Kulturgeschichte und Religion, ferner z. B. J. Krecher, E. Reiner, Sumerische ... bzw. Die akkadische Literatur, in: Neues Handbuch der Literaturwissenschaft: Altorientalische Literaturen, hrsg. von W. Röllig, Wiesbaden 1978, 101–210 (mit Literatur); J. B. Pritchard und viele Mitarbeiter, Ancient Near Eastern Texts Relating to the Old Testament, Third Edition with Supplement (= ANET³), Princeton 1969, als das derzeit umfangreichste Werk; R. Labat u. a., Les religions du Proche-Orient, textes et traditions sacrées (1970). Literarische Texte sind nur selten datiert. Aufgrund von Schrift (sofern nicht nur spätere Abschriften vorliegen), Sprache und verschiedenen inneren Indizien sind annähernde Datierungen trotzdem sehr oft möglich, genaue sehr selten. [Zu Z. 1 ff.: Teil II jetzt ZA 74 (1985), 213 ff.]

däerkönige, die an die Stelle der Segens- und Fluchformeln sehr oft Gebete an den Gott setzen, dem das Bauwerk anbefohlen wurde. Der zweite Hauptteil vieler Königsinschriften, der Bericht über Kriege und Eroberungen, findet sich in Babylonien nur in einer Minderheit der Inschriften, so z. B. in der Sumererzeit fast nur in der späten frühdynastischen Zeit, besonders ausführlich in der sogenannten Geierstele des Eannatum von Lagasch; 80–100 Jahre später schildert Uruinimgina statt dessen seine mannigfachen sozialen Reformen. Umfangreich sind dann wieder die Kriegsberichte in den sumerischen und noch häufiger akkadischen Inschriften der Akkade-Großkönige von Sargon I. bis Naramsin. In der altbabylonischen Zeit geben nur wenige Könige, darunter die von Mari, meist kurze Kriegsberichte. Hammurabi sagt in der dichterischen Einleitung zur Gesetzesstele nur, was er für die eroberten Städte später getan hat; die Fluchformeln am Schluß sind ganz ungewöhnlich umfangreich. Nach 1500 finden wir nur bei wenigen babylonischen Königen Kriegsberichte, die einzelne Aktionen beschreiben; normalerweise begnügte man sich mit ganz kurzen Hinweisen auf Siege über Feinde ohne Namensnennungen; das Handeln der Götter und des Königs für die Götter sollte ganz im Vordergrund stehen.[2] Ein einmaliger Text ist die Grabinschrift, die Nabonid seiner 548 103jährig gestorbenen Mutter Hadda-ḫoppe widmete; in ihr redet die Mutter lange selbst.[3]

Literarisch einen Sonderfall stellen die sumerischen Bau- und Weihinschriften des Fürsten Gudea von Lagasch (s. S. 46) auf seinen Statuen dar, in denen er, wie in Lagasch auch früher üblich, von sich als „er" spricht und viele Wendungen aus religiösen Texten übernahm. Einmalig ist der auf zwei oder drei vielkolumnigen Tonzylindern niedergeschriebene große Bauhymnus mit vielen theologischen Erwägungen sowie sehr eingehender Schilderung des Tem-

---

[2] Vgl. den Artikel ›Königsinschriften‹ von D. O. Edzard und J. Renger, RlAss. VI (1980) 59 ff.; A. Schott, Die Vergleiche in den akkadischen Königsinschriften, Leipzig 1930; P. R. Berger, Die neubabylonischen Königsinschriften (626–539 a. Chr.) I, AOAT 4/1 (1973), S. 1–125: ›Die literarische Gestalt der 'neubabylonischen' Königsinschriften‹.
[3] Vgl. C. J. Gadd, The Harran Inscriptions of Nabonidus, Anatolian Studies 8 (1958) 35 ff. Die Mutter rühmt sich ihrer Frömmigkeit vor dem Mondgott Sin; danach schildert Nabonid die Totenriten. Die kleine Zahl sonstiger Grabinschriften behandelte zuletzt J. Bottéro, Les inscriptions cunéiformes funéraires, in: La mort, les morts dans les sociétés anciennes, hrsg. von G. Gnoli und J.-P. Vernant, Cambridge–Paris 1982, 373 ff.

pelweihfestes nach Vollendung des Baus; aus den üblichen Bauberichten ist hier nur wenig übernommen.[4]

Auch in Assyrien gibt es Bauinschriften, in denen politische Themen nur am Rande anklingen oder ganz übergangen werden. In den Hauptinschriften der Eroberkönige wird aber die Schilderung der Kämpfe und Eroberungen seit etwa 1300 immer mehr ausgebaut, so daß der Baubericht oft nur noch als Anhang dazu erscheint und zur Zeit des Großreichs manchmal ganz wegfällt; mehrere Könige erzählen auch von ihren Jagden. Schriftträger für die langen Inschriften sind oft sehr große Steintafeln oder Tonprismen, die auf sechs, acht oder zehn Kolumnen bis zu 1300 Zeilen enthalten können. Wenn wir von einigen Königen zwischen etwa 950 und 725 absehen, die überwiegend einen sehr trockenen Berichtstil bevorzugten, war der Stil der Inschriften sehr gepflegt und konnte bei einigen Schlachtschilderungen sogar spannend sein. Trotz der vielen konventionellen Formulierungen gab es bei verschiedenen Königen, insbesondere den Sargoniden, auch Elemente eines persönlichen Stils etwa bei bisweilen eindrucksvollen Naturschilderungen oder technischen Angaben bei Sanherib. Die Feldzüge wurden oft nicht chronologisch angeordnet, sondern nach anderen Gesichtspunkten, etwa geographischen oder weniger leicht erkennbaren. In einigen Sonderfällen wurden sehr ausführliche Erstberichte über einzelne Feldzüge an den Gott Assur verfaßt; auch diese waren literarisch anspruchsvolle Darstellungen.[5] Gelegentlich haben auch Statthalter größerer Provinzen Inschriften im Stil der Königsinschriften verfaßt.

Die Königsinschriften in anderen Ländern des Alten Orients unterscheiden sich von denen aus Babylonien und Assyrien nicht nur durch ihre Sprache, sondern auch durch Aufbau und Stil in mancherlei Hinsicht. Das gilt für die hethitischen ebenso wie die aus Urartu, für die elamischen so wie für die oft dreisprachigen der Achämenidenkönige, die phönizischen und die aramäischen Inschriften.[6]

---

[4] Vgl. S. 181, Anm. 26, für den Bauhymnus; eine neuere Übersetzung der Statueninschriften fehlt; für andere sumerische Inschriften vgl. E. Sollberger und R. Kupper (s. S. 176, Anm. 19) mit Literatur.

[5] Vgl. R. Borger und W. Schramm (s. S. 44, Anm. 8); A. Schott (s. S. 197, Anm. 2); A. K. Grayson, Assyrian Royal Inscriptions (Wiesbaden 1972 ff. Bisher 2 Bände, noch ohne die Sargoniden).

[6] Eine literarische Behandlung dieser Inschriftengruppen steht noch aus.

3. Mythen und Epen

a) Einige allgemeine Fragen. Historische Epen

Göttermythen, die von Göttern Geschichten erzählen, aus denen man Antworten auf wichtige Fragen der jeweiligen Gegenwart heraushören konnte, sind oft viel älter als die aufgezeichneten Mythen. Es ist aber nur selten möglich, aus den Mythendichtungen mehr als spekulative Schlüsse auf die vorliterarischen Mythen zu ziehen. Bisweilen wurden auch recht urtümliche Mythen im Rahmen anderer Texte kurz erzählt; die Masse der Mythendichtungen sind aber reflektierte Mythen, die die alten Überlieferungen unter bestimmten Leitgedanken oft stark umformten und um neue Episoden bereicherten. Zu diesen gehören vor allem die meisten Schöpfungsmythen, in denen es ja nicht nur um die Erschaffung der Welt, der Lebewesen und wichtiger Werkzeuge geht, sondern auch um die Ordnung der Welt nach oft schweren Kämpfen gegen Mächte eines Urchaos. Es gibt neben diesen Mythen aber auch teilweise umfangreiche Mythendichtungen, die nicht oder nur zu kleinen Teilen an alte Überlieferungen anknüpfen können. Man kann sie konstruierte Mythen nennen, weil die ganze Handlung in oft nur loser Anlehnung an ältere Mythendichtungen konstruiert und dann nach gängigen mythologischen Schemata ausgestaltet wurde. In einigen Fällen konnten auch auf diesem Wege eindrucksvolle Mythendichtungen entstehen. Nicht zufällig erscheint in solchen Dichtungen dann bisweilen auch der Name des Verfassers, den die älteren Mythendichtungen als für die intendierte Aussage unwesentlich nicht zu nennen pflegten, wie ja überhaupt die Anonymität für den größten Teil der Literaturen in ganz Mesopotamien typisch ist.

Neben den Mythen, in denen nur Götter und Dämonen agieren, stehen die anderen, in denen halbgöttliche Heroen oder sonst Menschen eine wichtige Rolle spielen; in ihnen leben teilweise wohl auch historische Reminiszenzen weiter. Erst nach etwa 1400 wurden auch historische Ereignisse, länger vergangene ebenso wie solche, die nur wenige Jahre zurücklagen, zu Gegenständen von Epen mit ausgeprägter politischer Tendenz in Assyrien wie in Babylonien. Zumeist sind nur kleine Fragmente erhalten.[7] Größere Stücke besitzen wir von einer Dichtung, die die Ereignisse in den letzten Jah-

---

[7] Vgl. A. K. Grayson, Babylonian Historical-literary Texts, Toronto–Buffalo 1975.

ren der Kassitendynastie behandelt und dabei die den nach Babylonien eingefallenen Elamiern zugeschriebenen Greuel schildert und beklagt.[8] Demgegenüber besingt ein Dichter des 13. Jahrhunderts aus Assyrien in wohl 800 bis 900 langen Versen die großen Erfolge Tukulti-Ninurtas I. in den Kämpfen gegen Babylonien, die er mit Hilfe der über Rechtsbrüche der Babylonier erzürnten Götter errungen habe; wie in der großen Mehrzahl der Königsinschriften aus Assyrien ist die Sprache ein assyrisch gefärbtes Babylonisch.[9]

b) Schöpfungs- und Weltordnungsmythen. Die Sintflut

Das Thema Weltschöpfung haben die Sumerer nach unserer Kenntnis nie in einer größeren Mythendichtung behandelt. Wir kennen ihre Vorstellungen aus Einleitungen zu Rangstreit-Zwiegesprächen (s. S. 212f.). Danach stand für sie am Anfang die Trennung von Himmel und Erde. Im weiteren Verlauf ging es um Differenzierungen. So wurde aus den Menschen, die ursprünglich ebenso wie Tiere lebten, eine besondere Art von Geschöpfen. Daß es Kranke, Krüppel und hilflose Greise gibt, führt ein Mythos auf einen Streit zwischen Enki und der Muttergöttin Ninmach nach einem Trunk zurück.[10]

In babylonischen Mythen finden sich verschiedene Vorstellungen von Schöpfung und Theogonie. Die am tiefsten durchdachte Darstellung bietet der mit dem Namen des Nur-Ajja als Verfasser oder Schreiber verbundene altbabylonische Mythos von Atramchasis, der in späterer Zeit einige Male umgestaltet wurde und für die Theogonie wohl einen anderen Mythos voraussetzt.[11] Der Mythos

[8] Vgl. A. Jeremias, Die sogenannten Kedorlaomer-Texte, Mitt. der Vorderasiatischen Gesellschaft 21 (1917) 69ff. (z. T. überholt).
[9] Eine Bearbeitung von P. Machinist ist angekündigt. Für frühere Teilbearbeitungen vgl. W. G. Lambert, Three Unpublished Fragments of the Tukulti-Ninurta Epic, AfO 18 (1957) 38ff.
[10] Vgl. C. A. Benito, "Enki and Ninmaḫ" and "Enki and the World Order", Dissertation Philadelphia 1969.
[11] Vgl. W. G. Lambert, Atra-ḫasīs, the Babylonian Story of the Flood, with the Sumerian Flood Story by M. Civil, Oxford 1969; W. von Soden, Die erste Tafel des altbabylonischen Atramḫasīs-Mythus, Haupttext und Parallelversionen, ZA 68 (1978) 50ff.; ders., Konflikte und ihre Bewältigung in babylonischen Schöpfungs- und Fluterzählungen. Mit einer Teil-Übersetzung des Atram-ḫasīs-Mythos, MDOG 111 (1979) 1ff.

beginnt mit den Worten „Als die Götter (auch noch) Mensch waren", als also die Gattungen Gott und Mensch noch nicht differenziert waren. Damals mußte die schwächere Göttergruppe der Igigu die für das Leben notwendigen Be- und Entwässerungsarbeiten im Zweistromland selbst leisten. Sie wurden schließlich der Arbeit müde, streikten und bedrohten die herrschenden Anunnaku. Unmittelbar vor dem Kampf erfolgte die Integration: man einigt sich darauf, Menschen für diese Arbeiten zu schaffen. Enki und die Muttergöttin Nintu erschaffen nun gemeinsam den Urmenschen aus Lehm und dem Blut eines Gottes, „der (planenden) Verstand hat"; Geburtsfeierriten werden eingesetzt. Aber schon nach 1200(?) Jahren sind die Menschen sehr zahlreich und unruhig; sie haben sich auch die ihnen zunächst versagte Weisheit angeeignet. Daher beschließen die Götter ihre Dezimierung durch Seuchen und Plagen. Enki/Ea rät nun den Menschen, den meisten Göttern Opfer und Gebete zu verweigern, einen Gott aber ganz besonders damit zu bedenken, damit er den Plagen Einhalt gebiete. Der Gott tut das, aber nach weiteren 1200 Jahren wiederholt sich das gleiche und danach noch ein drittes Mal mit demselben Ausgang.

Die Götter fassen nun auf Aufforderung Enlils den Beschluß, die Menschen durch die Sintflut wieder auszurotten. Den Sintflutmythos kannten schon die Sumerer, die einzige literarische Gestaltung bei ihnen, die wir teilweise kennen, ist aber wohl erst in der altbabylonischen Zeit entstanden und war vielleicht durch eine babylonische Dichtung beeinflußt. Die Erzählung im Atramchasis-Mythos stimmt im Handlungsverlauf, stellenweise sogar im Wortlaut mit der seit langem bekannten überein, die etwa 500 Jahre später in das Gilgameschepos eingefügt wurde. Nach beiden Fassungen verrät der Gott Enki/Ea den Plan der Götter einer Schilfhütte, in der Atramchasis, im Gilgameschepos Utnapischti genannt, sitzt. Die Aufforderung, eine würfelförmige Arche für seine Familie und Vertreter von allen Tierarten zu bauen, kommt dieser alsbald nach, darf aber den Mitmenschen den Grund für sein Tun nicht mitteilen. Dann brechen die Wassermassen von oben und unten ein, alle Lebewesen ertrinken, nur die Arche wird emporgetragen und landet schließlich nach dem Sinken des Wassers am Berg Nissir. Die Götter sind entsetzt über das, was sie angerichtet haben, kommen dann aber zum Opfer, das Atramchasis ihnen darbringt. Enlil, der alles veranlaßt hatte, ist zunächst sehr zornig, weil einige Menschen gerettet wurden, gibt dann aber nach und versetzt Atramchasis/Utnapischti mit seiner Frau auf eine Insel fern im Westen in ein Leben ohne Tod. Deren Kinder werden die Stammeltern der neuen Menschheit, die einer Ausrottungsaktion wie der Flut nie wieder ausgesetzt werden soll. Nur Schuldige sollen künftig bestraft werden. Die Differenzierung zwischen Göttern und Menschen mit ihren furchtbaren Konsequenzen wird nun durch eine neue, durchdachte Integration überhöht, die allen gerecht wird.[12]

Wohl im 14. Jahrhundert entstanden ist das Weltschöpfungsepos ›Als droben‹, das die Erhebung des Marduk zum Götterkönig begründen soll. Hier steht eine ganz knappe Theogonie am Anfang. Dem Urchaos entsteigen zunächst Tiamat, die Göttin des Meerwassers, mit ihrem Gemahl Apsû, dem Gott des Grundwassers. Nun folgen wie in anderen Theogoniemythen des Altertums weitere Göttergenerationen. Als Urenkel erscheint der Himmelsgott Anu, der Ahn der weiteren Götter, und nach ihm Nudimmud/Ea mit der Gattin Damkina. Aufgestört durch die jungen Götter, möchte der alte Apsû diese vernichten, wird aber von Nudimmud durch Magie getötet, der nun selbst im Grundwasser seinen Palast errichtet. Dort wird das Götterwunderkind Marduk geboren; er bringt durch seine Unruhe nun auch die alte Tiamat gegen die jungen Götter auf, so daß diese jetzt ihren „Buhlen" Kingu beauftragt, ein Heer aus allerlei Ungeheuern gegen die Götter aufzustellen. Diese wenden sich zunächst an einige ältere Götter mit der Bitte um Hilfe und erst, als diese sich versagen, an den jungen Marduk, der unter der Bedingung zusagt, daß man ihn zum Götterkönig wähle. Das geschieht, und Marduk tötet nun mit besonderen Waffen die drachenähnlich vorgestellte Tiamat und nimmt Kingu gefangen. Deren Heer ergibt sich und wird später begnadigt. Marduk schafft dann aus den beiden Leibeshälften der Tiamat Himmel und Erde sowie danach Gestirne, Pflanzen und Lebewesen, erst zu allerletzt auch den Menschen aus dem Blut des Rebellengottes Kingu, das in ihnen, wie alle wissen, für alle Zeiten weiterwirkt. Nach der Gründung Babylons und seines Tempels Esangila setzen sich die Götter zu einer Siegesfeier zusammen und nennen preisend die fünfzig Namen des Marduk; das Epos gibt für jeden von diesen eine teilweise an etymologische Spielereien anknüpfende Begründung. Der ganz große Götterkampf

---

[12] Da in der neuen Ordnung auch der kindermordenden Dämonin Paschittu/Lamaschtu ihr Platz zugewiesen wird, halten einige den Kampf gegen eine mögliche Übervölkerung Babyloniens für ein wesentliches Motiv in der Dichtung; der Gedanke an eine Übervölkerung findet sich in dieser Zeit aber sonst nirgends.

wurde auch hier vermieden, nur drei Götter werden getötet, aber nach ihrem Tode in die neue Weltordnung in verschiedener Weise integriert. Das Siebentafelepos[13] wurde zur Kultlegende für das Neujahrsfest in Babylon (s. S. 182). Die Assyrer unter Sanherib setzten im Epos übrigens Assur an die Stelle von Marduk. Eine späte Umgestaltung des Mythos überliefert Berossos in seinen griechischen ›Babyloniaka‹ (um 300).[14] Unmittelbare Einwirkungen auf die biblischen Schöpfungsberichte sind nicht erkennbar.

c) Auseinandersetzungen und Kämpfe zwischen Göttern

Für die Mythen dieser Gruppe müssen wenige Hinweise genügen. In ihnen geht es einmal um die Bekämpfung ordnungsfeindlicher Mächte. Zu ihnen zählt für Sumerer und Babylonier der Mythenadler Anzu, der einmal den Göttern die für ihr Regiment unentbehrlichen Schicksalstafeln raubte und dann von den Kampfgöttern Zababa oder Ninurta zum Kampf gestellt und getötet wurde.[15] Von den Babyloniern nicht übernommen wurden einige Mythen, in denen große Götter selbst in einer teilweise zu negativen Rolle auftreten. Zu diesen gehört der Mythos von Enlil und Ninlil, nach dem der junge Enlil die Ninlil beim Baden aufsucht, begattet und damit den Mondgott Su'en zeugt. Da er nun unrein war, nicht aus moralischen Gründen, verweisen ihn die „großen Götter" aus Nippur. Er begattet aber Ninlil in verschiedenen Verkleidungen noch dreimal und zeugt weitere Götter; die zugehörige Liturgie nennt Enlil gleichwohl den Herrn.[16]

---

[13] Eine Ausgabe des Epos auf der Basis aller heute bekannten Textzeugen fehlt; die allermeisten sind berücksichtigt in der Übersetzung von E. A. Speiser und A. K. Grayson in ANET³ (s. S. 196, Anm. 1), S. 60 ff. und 501 ff. Es ist möglich, daß die Tafel VII des Epos nicht zum ursprünglichen Bestand gehört.
[14] Vgl. P. Schnabel, Berossos und die babylonisch-hellenistische Literatur, Leipzig–Berlin 1923; St. M. Burstein, The *babyloniaca* of berossus, Malibu 1978, mit einer Übersetzung.
[15] Vgl. B. Hruška, Der Mythenadler Anzu in Literatur und Vorstellung des alten Mesopotamien, Budapest 1975; W. Hallo und W. L. Moran, The First Tablet of the SB-Recension of the Anzu-Myth, JCS 31 (1979) 65 ff. Der Name des Dämons wurde früher Zû gelesen.
[16] Vgl. H. Behrens, Enlil und Ninlil, ein sumerischer Mythos aus Nippur, Rom 1978. Das Verhältnis von Enlil zu Ninlil behandelt ein anderer,

Nach dem Mythos ›Inanna und Enki‹ raubt Inanna dem trunkenen Enki die me-Kräfte (s. dazu S. 168) und flieht dann nach Unug/Uruk. Enki sendet ihr Dämonen nach, um die me zurückzubekommen, doch ohne Erfolg. Schließlich kommt er selbst nach Uruk und erhält dank eines vermittelnden Eingreifens Enlils die me zurück.[17] An fremdem Besitz vergreifen möchte Inanna sich auch im Mythos ›Inannas Gang in die Unterwelt‹, der gekürzt ins Akkadische übersetzt wurde. Beim Durchschreiten der sieben Tore der Unterwelt muß die Göttin nach und nach alles ablegen und dann nackt und wehrlos vor die Unterweltsfürstin treten, die sie festhält. Da nun alle Fruchtbarkeit auf der Erde aufhört, konnte ihre Ministerin Ninschubur nach vergeblichen Versuchen schließlich erreichen, daß Inanna die Unterwelt unter der Bedingung, daß ein anderer dort an ihre Stelle trete, wieder verlassen durfte. Dieser andere wurde dann Dumuzi; s. dazu S. 181f.[18]

In zwei teilweise voneinander abweichenden Fassungen liegt ein jüngerer babylonischer Mythos vor, der erklären soll, warum der Mars-Gott Nergal bzw. Erra Himmels- und Unterweltsgott zugleich ist. Nach der älteren Fassung hatte die Unterweltsherrin Ereschkigal von der Götterversammlung im Himmel verlangt, sie solle Nergal wegen unangemessenen Verhaltens ihrem Boten gegenüber zu ihr hinunterschicken. In der Unterwelt angelangt, überwältigte Nergal die Ereschkigal und wurde so als ihr Gatte Unterweltskönig; er behielt aber auch seinen Platz im Himmel.[19]

Ein Kampfmythos ganz besonderer Art ist der später zweisprachig überlieferte Mythos lugal u(d) melam-bi nergal ›Der König, der Schein, dessen Glanz fürstlich ist‹, der zuerst den Sirius-Gott Ninurta von Nippur hymnisch vorstellt und den berggeborenen Überdämon Asag als seinen gefährlichen Feind, der eine gewaltige Zahl von verschiedenen Steinen gezeugt hat. Er unterwirft sich

wohl jüngerer Mythos ganz anders und nicht so anstößig (s. M. Civil, JNES 26 [1967] 200ff.).

[17] Vgl. G. Farber-Flügge (s. S. 168, Anm. 5).

[18] Für die sumerische Fassung vgl. S. N. Kramer, JCS 5 (1951) 1ff. und ANET³ (s. S. 196, Anm. 1), S. 52ff. Für die in zwei Rezensionen vorliegende akkadische Fassung, die wahrscheinlich von Sin-leqe-unnini, dem Dichter des Gilgamesch-Epos, verfaßt wurde, vgl. zuletzt R. Borger, Babylonisch-Assyrische Lesestücke, Rom ²1979, 95ff. mit Literatur; Übersetzung von E. A. Speiser, ANET³, S. 106ff.

[19] Vgl. E. von Weiher (s. S. 172, Anm. 12), S. 48ff. und H. Hunger (s. S. 142, Anm. 5), Nr. 1.

immer mehr Länder, so daß Ninurta, ergrimmt, trotz einer Warnung seitens seiner göttlichen Waffe Schar-ur ihn angreift, aber gegen seine Riesenkraft nichts vermag und unterliegt. Trotz erneuter Warnungen von Schar-ur greift er noch einmal an und scheitert wieder, wird aber von Schar-ur gerettet. Noch einmal warnt Schar-ur den Ninurta; aber nun beim dritten Mal besiegt dieser den Dämon, ruht sich dann aus und wird gefeiert. Nun kommt das große Gericht über die Steine, die Kinder des Asag: Diejenigen, die auf der Seite von Asag kämpften, werden zu niederen Diensten verurteilt, etwa als Schmirgel zu dienen; die anderen, es sind 30 oder 32 von 49, erhalten das Recht, zu Statuen und wertvollen Gegenständen verarbeitet zu werden. Der Gott kehrt dann nach Nippur zurück. Segenswünsche für den König (ursprünglich Gudea von Lagasch?) und Doxologien stehen am Ende der 729 Verse.[20] Ein anderer Mythos besingt vor allem Ninurtas Rückkehr nach Nippur nach einem großen Sieg.[21]

d) Sumerische Heroenmythen: Enmerkar, Lugalbanda, Gilgamesch

Die sumerischen Heroenmythen ranken sich vor allem um die frühdynastischen Könige von Uruk Enmerkar, Lugalbanda und Gilgamesch (älter Bilgamesch), die später vergöttlicht wurden. In den Mythendichtungen um Enmerkar und seinen Sohn Lugalbanda geht es um Auseinandersetzungen zwischen den Uruk-Königen und Mitteliran mit der Stadt Aratta. Gegen Aratta kommt im Enmerkar-Mythos Inanna ihrem König zu Hilfe, indem sie das Feindland durch eine Dürre in schwere Not bringt. In den beiden Lugalbanda-Dichtungen spielt der Anzu-Vogel (s. dazu S. 203), der hier ein guter Dämon ist, eine erhebliche Rolle. Teile dieser Epen wurden mit akkadischen Interlinearübersetzungen auch später noch überliefert.[22]

---

[20] Vgl. J. van Dijk, Lugal ud me-lám-bi nir-gál. Le récit épique et didactique des Travaux de Ninurta, du Déluge et de la Nouvelle Création, I. II, Leiden 1983; Teil III ist angekündigt.
[21] Vgl. J. S. Cooper, The Return of Ninurta to Nippur, Rom 1978.
[22] Vgl. S. N. Kramer, Enmerkar and the Lord of Aratta, Philadelphia 1952; Cl. Wilcke, Das Lugalbandaepos, Wiesbaden 1969; die zweite Lugalbanda-Dichtung wurde noch nicht vollständig bearbeitet.

Gilgamesch steht im Mittelpunkt von fünf sumerischen Dichtungen. Eine von ihnen, ›Gilgamesch und Akka von Kisch‹, knüpft offenbar an historische Ereignisse an: Akka hatte Uruk belagert und die Anerkennung seiner Oberhoheit ohne eine Schlacht erreicht.[23] In den anderen Dichtungen geht es um die Suche nach dem Leben und dem Tatenruhm; in ihnen steht neben Gilgamesch sein Diener Enkidu. ›Gilgamesch und das Land der Lebenden‹ schildert den Zug der Helden mit 50 Männern gegen den dämonischen Wächter des Zedernwaldes Chuwawa, der mit Hilfe des Sonnengottes Utu trotz seiner Bitten um Gnade getötet wird. ›Gilgamesch und der Himmelsstier‹ ist schlecht erhalten, endete aber gewiß ähnlich wie die gleiche Episode im babylonischen Epos. ›Gilgamesch, Enkidu und die Unterwelt‹ erzählt, daß Gilgamesch einige wichtige Gegenstände verlor, die Enkidu aus der Unterwelt wieder heraufholen sollte. Da dieser aber trotz ausdrücklicher Warnungen die Tabus der Unterwelt mißachtete, wurde ihm die Rückkehr verweigert. In Übersetzung wurde diese Dichtung dem babylonischen Epos angefügt. Dieses übernahm aber nicht den uns nur schlecht erhaltenen Mythos ›Gilgameschs Tod‹, nach dem der tote Held unter die Unterweltsgötter aufgenommen wurde.[24]

e) Babylonische Lebenssuchermythen: Gilgamesch, Etana, Adapa

In der altbabylonischen Zeit waren die Sagen um Gilgamesch wohl noch nicht zu einer akkadischen Dichtung zusammengefaßt; die überwiegend nur sehr unvollständig erhaltenen Epen zeigen aber bereits eine gegenüber dem Früheren ganz neue Prägung. Nach 1400 gab es in Syrien-Palästina und Kleinasien babylonische, hethitische und hurritische Gilgameschdichtungen, die, nach den geringen erhaltenen Resten zu schließen, wohl durchweg sehr freie Nachgestaltungen der Vorlagen aus Babylonien darstellen.[25] Um

---

[23] Vgl. W. H. Ph. Römer, Das sumerische Kurzepos 'Bilgameš und Akka', AOAT 209/1 (1980).

[24] Vgl. den Artikel ›Gilgameš A‹ von A. Falkenstein, RlAss. III (1968) 357 ff. Eine von A. Shaffer vorbereitete Gesamtausgabe der sumerischen Gilgamesch-Dichtungen liegt noch nicht vor; ein Teilstück ist seine Dissertation (Philadelphia 1963) ›Sumerian Sources of Tablet XII of the Epic of Gilgameš‹. Für Teilübersetzungen s. ANET³ (s. S. 196, Anm. 1), S. 46 ff. (S. N. Kramer), für Literatur bis 1974 HKL III, 60 f.

[25] Vgl. den Artikel ›Gilgameš B.‹ von F. M. Th. de Liagre Böhl und

1100 dichtete dann der in Katalogen genannte Sin-leqe-unnini aus Uruk das Zwölftafelepos von etwa 3000 Versen als die reifste Gestaltung des Stoffes. Die Schreiber des ersten Jahrtausends überlieferten aber, wie es scheint, den Text nicht in allem ohne Veränderungen.[26]

Das Epos beginnt mit dem Preis der 9,5 km langen Stadtmauer von Uruk, für deren Bau Gilgamesch die Bewohner mit Fronarbeit schwer belastet hatte. Um ihm Einhalt zu gebieten, erschufen die Götter ihm als Widerpart den Wildmenschen Enkidu, der bei den Tieren aufwuchs, dann aber von einer Kultdirne nach Uruk geführt wurde, wo er alsbald dem Gilgamesch entgegentrat. Der Kampf endete damit, daß beide Freundschaft schlossen, dann als gemeinsames Unternehmen den Kampf gegen Chuwawa/Chumbaba im Zedernwald (s. o.) planten und nach langem, beschwerlichem Marsch mit Hilfe von Schamasch siegreich bestanden. Nach der Rückkehr machte Ischtar dem Gilgamesch ein Liebesangebot, das dieser unter Hinweis auf ihr Verhalten gegen frühere Geliebte schroff zurückwies. Nun erbat Ischtar, um sich zu rächen, von ihrem Vater Anu den Himmelsstier, der durch sein Schnauben viele Männer in Uruk in tiefe Gruben stürzen ließ, dann aber von den Freunden erlegt wurde. Bei der Siegesfeier beleidigte Enkidu die Göttin so schwer, daß die Götter seinen Tod beschlossen. Die Todesahnung, letzte Krankheit und der Tod Enkidus werden, wie bei dem Zug gegen Chumbaba, unter Einschaltung mehrerer Träume und ihrer Deutung eingehend geschildert, ebenso der furchtbare Schmerz Gilgameschs, der den Freund nicht retten konnte.

Gilgamesch hatte nun selbst Angst vor dem Sterben und machte

H. Otten, RlAss. III (1968) 364 ff. Eine hurritisch-hethitische Bilingue wurde kürzlich in Hattusas gefunden.

[26] Eine Übersetzung der leidlich erhaltenen Teile des jüngeren Epos und der wichtigsten altbabylonischen Dichtungen mit Literaturangaben und Diskussion in der Einleitung sowie Inhaltsangaben für die sumerischen Dichtungen gibt A. Schott – W. von Soden, Das Gilgamesch-Epos, Reclams UB Nr. 7235, Stuttgart zuletzt 1982. Die bisher vorliegenden Ausgaben des Zwölftafelepos (zuletzt R. C. Thompson, The Epic of Gilgamesh, Oxford 1930) sind ergänzungsbedürftig und ordnen bei den schlecht erhaltenen Tafeln III–V und VII mehrere Fragmente falsch ein. Vgl. noch E. A. Speiser und A. K. Grayson in ANET[3] (s. S. 196, Anm. 1), S. 72 ff. und 503 ff.; H. Schmökel, Das Gilgamesch-Epos, Stuttgart 1966 (Versübertragung); K. Oberhuber, Das G.-E., Darmstadt 1977 (Sammlung von Aufsätzen in „Wege der Forschung").

sich auf, um von dem Sintfluthelden Utnapischti (s. S. 201) ganz fern im Westen zu erfahren, wie er dem Tod entgehen könnte. Die streckenweise unterirdische Reise und die Begegnungen mit dem zu ihm gütigen Skorpionmenschenpaar, der Schenkin Siduri und dem Fährmann Urschanabi, der ihn trotz Verbots über die Wasser des Todes zu Utnapischti fuhr, werden mit vielen Wiederholungen ausführlich geschildert. Utnapischti erzählte ihm dann die Geschichte von der Sintflut (s. S. 201), nach der die Götter ihm das Leben ohne Tod geschenkt hatten, und riet ihm, nachdem er eine Schlafprobe nicht bestanden hatte, die Pflanze des Lebens vom Meeresgrund zu holen. Gilgamesch tat das, fuhr zurück, ließ sich aber unterwegs die Pflanze von einer Schlange rauben, die sich sogleich häutete. Nun war alles vergebens gewesen; Gilgamesch resignierte und zeigte dem Urschanabi, der wegen der Verbotsübertretung mit ihm zu den sterblichen Menschen zurückkehren mußte, nach der Ankunft in Uruk stolz die große Stadtmauer. Als 12. Tafel schließt das Epos dann die Übersetzung der sumerischen Dichtung von Enkidu und der Unterwelt an, die den Tod Enkidus ganz anders darstellt als das Epos in Tafel VII.[27]

Zu einem der großen Werke der Weltliteratur wurde das Epos durch die einmalige Art, wie allgemein Menschliches, insbesondere die Männerfreundschaft, innerhalb der Erzählung immer wieder zur Sprache gebracht wird. Angehörige gering angesehener Berufsgruppen wie Dirnen und Schenkinnen erscheinen hier als Vertreter besonderer Menschlichkeit. Das Zeitgebundene in dem Epos tritt so auf lange Strecken ganz zurück.

Um das Suchen nach dem Leben geht es auch in einem Mythos von Etana, der in einigen altbabylonischen und jüngeren Fassungen nur unvollständig vorliegt. Etana, dem von den Göttern selbst eingesetzten ersten König von Kisch nach der Flut, blieb ein Sohn versagt. Nun wird eine fabelähnliche Erzählung eingeschoben von einem Adler (bzw. Geier) und einer Schlange, die Freunde wurden und sich eidlich zu gegenseitiger Hilfe verpflichteten. Beide hatten Junge und versorgten immer auch die Jungen des anderen. Eines Tages aber nützte der Adler trotz der Warnung seines Jungen vor der Vergeltung durch Schamasch die Abwesenheit der Schlange aus,

---

[27] Grund dafür war neben der Auffüllung der Zwölfzahl gewiß, daß mit Tafel XII die Unentrinnbarkeit des Todesschicksals noch ein weiteres Mal eindrucksvoll hervorgehoben und mit menschlicher Schuld in Zusammenhang gebracht wird.

um deren Junge zu fressen. Die Schlange klagt nun Schamasch ihr Unglück und erhält von diesem den Rat, sich in einem großen Kadaver im Gebirge zu verstecken, um dort den Adler, sobald er zum Fraß kommen würde, zu züchtigen. Das geschieht: die Schlange reißt dem Adler die Flügel aus und wirft ihn in eine Grube, in der er verhungern müßte. Nun ruft der Adler täglich Schamasch an, bittet um Vergebung und Befreiung. Daraufhin befiehlt Schamasch dem Etana, daß er den Adler heraushole und gesundpflege. Er tut das und bittet ihn dann, ihm das Gebärkraut zu zeigen. Trotz der Gebete Etanas kann der Adler den Wunsch nicht erfüllen, ist aber bereit, den König auf seinem Rücken in den Himmel zu tragen, damit er dort das ewige Leben erhalte. Sie fliegen bis über den zweiten Himmel hinaus; dann wird es Etana schwindlig, und beide stürzen ab. In diesem Mythos erweist sich, wie eindrucksvoll gezeigt wird, das Ethos der Gebete als eine bestimmende Kraft für Menschen und Tiere.[28]

Mehr humoristische Züge zeigt der Mythos vom Urweisen Adapa von Eridu. Dieser hatte dem Südsturm, der ihm den Fischfang für den Gott Ea verdarb, einen Flügel zerbrochen und wurde vor den Gott Anu zur Bestrafung zitiert. Ea rät ihm, kein Angebot Anus anzunehmen. Anu aber, der keineswegs immer ohne Verständnis für die Menschen ist, erfaßt das Mitleid mit dem armen Sünder, und er bietet ihm statt der Todesspeise die Speise des Lebens an. Adapa lehnt ab und verscherzt sich so das Leben ohne Tod.[29]

f) Konstruierte Mythen

Konstruierte Mythen (s. S. 199) kennen wir vor allem aus dem achten und siebenten Jahrhundert. Einen besonderen Rang unter ihnen nimmt der, wie einige historische Bezüge zeigen, zwischen Ende 765 und Anfang 763 von Kabt-ilāni-Marduk gedichtete Mythos vom Pestgott Erra ein, dessen fünf Tafeln, für die der Dichter Verbalinspiration in einer einzigen Nacht in Anspruch nimmt, auch

---

[28] Vgl. J. V. Kinnier-Wilson, The Legend of Etana, Warminster 1985; E. A. Speiser und A. K. Grayson, ANET³ (s. S. 196, Anm. 1), S. 114ff. und 517.
[29] Vgl. S. A. Picchioni, Il poemetto di Adapa, Budapest 1981; E. A. Speiser, ANET³ (s. S. 196, Anm. 1), S. 101ff. Anfang und Ende der zuerst in der Amarnazeit bezeugten Dichtung fehlen.

210 Die Literaturen

in Assyrien abgeschrieben wurden, obwohl seine Tendenz eindeutig probabylonisch ist.[30] Nach der vom Dichter frei erfundenen Handlung wurde Erra nach Zeiten der Ruhe von seinem Wesier Ischum und den als „die Sieben" bezeichneten, von Anu für Erra geschaffenen Kampfdämonen aufgefordert, wieder aktiv zu werden gegen die so unruhigen Menschen, um sie und ihr Vieh zu dezimieren. Da nun für Babylonien Marduk der Götterkönig ist, muß Erra zunächst diesen bewegen, für einige Zeit seine Herrschaft ihm zu überlassen. Marduk zieht sich, wie es scheint – der Text ist hier lückenhaft –, zu Ea in seinen Grundwasserpalast zurück, und Erra kann nun anderen Göttern wie Schamasch, Sin und Adad Anweisungen geben, daß auch sie den Menschen ihre Gaben verweigern. Bei den Menschen steht jetzt jeder gegen jeden, auch in der Familie; viele gehen an der Dürre und schweren Kämpfen zugrunde. Ischum schildert ihm in Tafel IV sehr ausführlich alles, was geschehen ist, und bewegt Erra dadurch, einzuhalten; künftig sollen solche Katastrophen nur Feinde Babyloniens wie die Assyrer und Elamier treffen. Von Marduks Rückkehr ist nicht die Rede; das letzte, was von ihm berichtet wird, ist seine Klage über das Schicksal seiner Stadt Babylon. Die Dichtung ist offenbar reich an Gegenwartsbezügen, die wir nur teilweise verstehen, aber auch literarischen Reminiszenzen; manches in den langen Reden der Götter bleibt für uns dunkel. Der von den älteren Epen so stark abweichende schwülstige Stil zeigt, daß der Mythos nicht zum Vortrag bei einem Tempelfest bestimmt war.

Noch massiver tritt die politische Tendenz in einigen Mythen aus Assyrien zutage. Sanherib beauftragte, um seinen wenig populären Vernichtungskrieg gegen Babylon zu rechtfertigen, einige Theologen damit, einen Mythos zu schaffen, in dessen Mittelpunkt ein Göttergericht über den als schuldig erfundenen Marduk stand; er sollte Gegenstand kultischer Vorführungen werden. Erhalten sind uns nur Bruchstücke eines Kommentars dazu, der die einzelnen Handlungen unter Benutzung von Neujahrsfestritualen theologisch ausdeutet. Der assyrisch abgefaßte Text wurde zu Unrecht von einigen als Hinweis auf einen echten Passionsmythos gedeutet.[31] Kommentare aus Assur deuten übrigens auf noch weitere, teilweise absurde Mythenkonstruktionen in Assyrien.

---

[30] Vgl. L. Cagni, L'Epopea di Erra, Rom 1969; ders., the poem of erra, Malibu 1977.
[31] Vgl. W. von Soden, Gibt es ein Zeugnis dafür, daß die Babylonier an

Unter Sanheribs Nachfolger bemühte sich die assyrische Nationalpartei im Kampf gegen babylonfreundliche Gruppen am Hof, den Kronprinzen Assurbanipal auf ihre Seite zu ziehen. Sie bediente sich dabei auch eines konstruierten Mythos von der Unterweltsvision eines Kronprinzen unter dem Decknamen Kummā. Der erste Teil ist leider ganz schlecht erhalten. Danach sieht Kummā die Unterweltsgötter und -dämonen der theologischen Tradition im Traum und wird vor den Gott Nergal geführt. Ihm wird das vorbildliche Verhalten Sanheribs vorgehalten. Dann wird er hart verwarnt und auf die Erde zurückgeschickt.[32] Auch dieser Mythos zeigt, daß damals der Götterglaube oft zu einem politischen Mittel degradiert wurde.

4. Die Weisheitsliteratur und humoristische Dichtungen

a) Der literarische Begriff 'Weisheit'

Den Begriff 'Weisheitsliteratur' haben Theologen in Anlehnung an hebr. ḥokmā „Weisheit" geprägt als Sammelbezeichnung für Werke mit überwiegend moralistisch-didaktischer Zielsetzung aus den Bereichen der Spruchdichtung und religiöser Erzählungen sowie in Babylonien auch der Tierfabeln und der Zwiegespräche. In vielen dieser Texte kommt auch der Humor als auflockerndes Element nicht zu kurz. Zu größeren Werken wurden die Texte dieser Art nicht zusammengeschlossen.[33]

---

die Wiederauferstehung Marduks geglaubt haben?, ZA 51 (1955) 130 ff. mit Zusatz ZA 52 (1957) 224 ff. Anders, aber m. E. nicht zutreffend, L. Cagni, Misteri a Babilonia? Esempi della tematica del „dio in vicenda" nell'antica Mesopotamia, in: La Soteriologia dei culti orientali nell'impero romano, hrsg. von U. Bianchi und M. J. Vermaseren, Leiden 1982, S. 565 ff.

[32] Vgl. W. von Soden, Die Unterweltsvision eines assyrischen Kronprinzen, ZA 43 (1936) 1 ff.; E. A. Speiser, ANET³ (s. S. 196, Anm. 1), S. 109 f.

[33] Vgl. W. G. Lambert, Babylonian Wisdom Literature, Oxford 1960. Mehrere Texte können heute besser hergestellt werden.

b) Spruchdichtung und Spruchsammlungen

Sprichwörter und Scherzworte kursieren überall vor allem mündlich. Viele sind zeitgebunden und geraten schnell wieder in Vergessenheit; in anderen kommt Allgemeinmenschliches zum Ausdruck, und sie wandern oft von Volk zu Volk. In Babylonien haben schon die Sumerer größere Spruchsammlungen zusammengestellt, die zumeist in Abschriften aus altbabylonischer Zeit vorliegen. Viele dieser Sprüche sind schwer verständlich, und ihre Ausdeutung ist daher umstritten. Zwischen den Sprichwörtern finden sich auch Tierfabeln. Die Thematik ist sehr vielfältig; sie erfaßt den persönlichen wie den sozialen und religiös-kultischen Bereich. Nicht wenige Sprichwörter und Witzchen wirken reichlich gekünstelt und sind vielleicht nur Produkte der Schreiberschulen.[34]

Die Babylonier haben nur einen Teil der sumerischen Sammlungen übernommen und mit akkadischen Übersetzungen weiterüberliefert. Größere nur akkadische Spruchsammlungen sind nicht bekannt. Vom Denunzianten wird gesagt: „Ein Skorpion ‚stach' einen Menschen, was hatte er davon? Ein Denunziant brachte jemanden zu Tode; welchen Vorteil hatte er?" Aus Assyrien stammt eine kleinere Zusammenstellung von witzigen Kurzgeschichtchen von oft nur wenigen Zeilen Länge, darunter viele Kurzfabeln, aber auch manche Histörchen von Menschen, die vor verkehrtem Tun warnen sollen und oft sehr gut formuliert sind ähnlich arabischen Kurzgeschichten. Bisweilen werden in Briefen Sprichwörter zitiert. Vereinzelt gibt es Hinweise auf Rätsel, aber keine Rätselsammlungen.[35]

c) Streitgespräche und Tierfabeln

Eine der am meisten gepflegten Gattungen der sumerischen Literatur waren die Streitgespräche zwischen zwei Partnern, die jeweils die eigenen Vorzüge hervorheben und den anderen herabsetzen. Da sie sich nicht einigen können, wird ein Gott, vereinzelt auch ein König, angerufen, der abschließend feststellen soll, wem der Vor-

---

[34] Vgl. E. I. Gordon, Sumerian Proverbs. Glimpses of Everyday Life in Ancient Mesopotamia, Philadelphia 1959; für weitere Sammlungen sumerischer Sprichwörter vgl. R. Borger, HKL I, S. 163; II, S. 88f.
[35] Vgl. W. G. Lambert (s. S. 211, Anm. 33), S. 150ff. mit Texten sehr verschiedener Art.

zug gebührt. Daß dabei einmal beiden der gleiche Rang zuerkannt wird, scheint nicht vorzukommen. Gesprächspartner können Götter oder Menschen sein wie z. B. der durch Dumuzi vertretene Hirt und ein Bauer oder der (Schreiber-)Vater und sein Sohn, ferner etwa die Jahreszeiten Sommer und Winter, das Schaf und die Gerste, die Hacke und der Pflug, und manche andere. In jedem Fall muß der Streit für die Ordnung in der Welt und unter den Menschen relevant sein, also mehr als eine bloße Spielerei darstellen. Darauf weisen auch die meistens vorangestellten mythischen Einleitungen hin, die den Blick bis zur Weltschöpfung zurücklenken können. Gelegentlich löst das Verhalten des einen Partners den Streit aus, wie z. B. in der Auseinandersetzung zwischen dem Reiher und der Schildkröte, die seine Gelege frißt; der Schluß ist hier leider nicht erhalten. Anders als in den Fabeln stehen die Tiere in den Streitgesprächen nicht stellvertretend für den Menschen.[36]

Die knapp formulierten Tierfabeln bilden, wie schon erwähnt, einen Teil der Spruchliteratur, in der das Verhalten der Tiere einen sehr breiten Raum einnimmt. Die wenigen umfangreicheren Kompositionen in akkadischer Sprache stehen in der Tradition der Streitgespräche wie z. B. die Auseinandersetzung zwischen dem Ochsen und dem Pferd. Bisweilen gibt es auch mehr Streitende, so z. B. Fuchs, Wolf, Hund und Löwe. Andere Diskussionspartner sind für den Menschen wichtige Pflanzen wie Euphratpappel und Kornelkirschbaum, Tamariske und Dattelpalme sowie Emmer und Weizen. Die Streitgespräche sind in den jüngeren Texten lebendig gestaltet und weniger schemagebunden.[37]

Eine ganz andere, sehr ernste und stilistisch teilweise reichlich gekünstelte Art von Zwiegespräch vertritt das o. S. 178 kurz besprochene Zwiegespräch zweier Freunde über die Gerechtigkeit der Gottheit; in ihm entscheidet nach den vielen unter reichlichem Aufwand von theologischer Gelehrsamkeit geführten Reden und Gegenreden kein Gott den Streit.[38] In einer themaverwandten Auseinandersetzung aus altbabylonischer Zeit war das noch anders: Hier sprach zum Schluß der Gott selbst, versicherte den Leidenden

---

[36] Hierzu z. B. G. B. Gragg, The Fable of the Heron and the Turtle, AfO 24 (1973) 51 ff.; J. J. A. van Dijk, La sagesse sumero-accadienne, Leiden 1953, und s. HKL III, S. 84.
[37] Vgl. W. G. Lambert (s. S. 211 f., Anm. 33 und 35).
[38] Vgl. W. G. Lambert, ebd. S. 63 ff. und R. D. Biggs, ANET³ (s. S. 196, Anm. 1), S. 601 ff.

seiner Hilfe und mahnte ihn: „Salbe den Ausgetrockneten, speise den Hungrigen und tränke den Durstigen!"[39] Persifliert wird der Typ des Zwiegesprächs schließlich in dem späten Gespräch zwischen einem Herrn und seinem Sklaven, in dem der Herr immer sagt, was er tun will und der Sklave ihm dazu Beifall zollt. Der Herr sagt dann das Gegenteil davon und erhält wieder einen mit Argumenten begründeten Beifall. Als er dann zuletzt sagte, er wolle den Sklaven töten, erwiderte dieser schlagfertig: „Mein Herr soll mich höchstens drei Tage überleben!"[40]

d) Humoristische Erzählungen

Die wenigen Erzählungen dieser Art, die wir von den Sumerern kennen, gehören meistens zu der als ganze noch nicht herausgegebenen Komposition ›Tafelhaus‹ (é-dub-ba), die von der damaligen Schule handelt. Ein Stück schildert in Gesprächsform den Alltag eines Schülers auch zu Hause und beschreibt dann kurz einen schwarzen Tag in seinem Leben, an dem er aus verschiedenen Anlässen siebenmal geprügelt wurde. Der Vater lädt daraufhin den Lehrer zum Abendessen ein und beschenkt ihn obendrein; danach wird dann aus dem schwarzen Schaf der Klasse sogleich ein Musterschüler.[41] Aus jüngerer Zeit zweisprachig überliefert sind einige Texte, die von den Prüfungsmethoden und -anforderungen handeln, das aber weithin nicht trocken belehrend tun, sondern oft humoristisch in Rede und Gegenrede von Lehrer und Schüler. Ein anderes Stück führt uns ein Gespräch eines Vaters mit seinem Sohn vor, dem dieser sein oft widerborstiges Benehmen und seine Bummelei immer wieder vorhält; für sich nimmt der Vater in Anspruch, immer ganz besonders fürsorglich gewesen zu sein.[42]

Eine für uns derzeit einmalige babylonische Erzählung wohl aus der Zeit um 1100 handelt von dem armen Gimil-Ninurta, der in seiner Verzweiflung dem Bürgermeister von Nippur seinen einzigen Besitz, eine Ziege, schenkt in der Hoffnung auf eine angemessene

---

[39] Vgl. J. Nougayrol, Une version ancienne du „Juste Souffrant", Revue Biblique 59 (1952) 239ff. und W. von Soden (s. S. 178f., Anm. 22).
[40] Vgl. W. G. Lambert (s. S. 211, Anm. 33), S. 143ff.
[41] Vgl. S. N. Kramer, Schooldays. A Sumerian Composition Relating to the Education of a Scribe, Philadelphia 1949.
[42] Vgl. A. Sjöberg, Der Examenstext A, ZA 64 (1975) 137ff.; ders., Der Vater und sein mißratener Sohn, JCS 25 (1973) 105ff.

Gegengabe, von ihm aber schnöde abgewiesen wird und nur einen Becher Bier erhält. Beim Hinausgehen sagt er dem Pförtner, er werde sich dafür dreimal rächen und erbittet als erstes vom König einen vornehmen Wagen. Mit diesem fährt er als Beauftragter des Königs wieder vor, fordert vom Bürgermeister eine private Unterredung, prügelt ihn dabei „vom Scheitel bis zur Fußsohle" gründlich durch und läßt ihn noch den Mietpreis für den Wagen in Gold zahlen. Danach verkleidet er sich als Arzt, der den Geschundenen behandeln will, und verprügelt seinen Beleidiger noch einmal wie zuvor. Nun aber nimmt der Bürgermeister mit seinen Dienern die Verfolgung seines Peinigers auf, wird dabei von diesem unter eine Brücke gelockt und dort ein drittes Mal verprügelt; der Text schließt dann mit den Worten: „Der Bürgermeister konnte nur noch kriechend (wieder) in die Stadt kommen." Ähnliche Wunschträume den Mächtigen gegenüber werden damals manche gehabt haben; sie werden wie wir heute über diese Geschichte geschmunzelt haben.[43]

5. *Hymnen, Gebete, Klagelieder und Beschwörungen*

a) Schwierigkeiten bei der Gattungsbestimmung

Zwischen den verschiedenen Gattungen der Gebetsliteratur lassen sich scharfe Grenzen nur selten ziehen, weil zu viele Gebete sich nur mühsam in eine Gattung einordnen lassen. Überdies gibt es sorgfältige Untersuchungen ebenso wie Zusammenstellungen der bekannten Texte heute erst für einen Teil der Gattungen. Auch zwischen Gebeten und Beschwörungen gibt es Übergangsformen. Deswegen können die folgenden Kennzeichnungen der wichtigsten Gattungen weithin nur einen vorläufigen Charakter haben.

b) Sumerische Götter- und Königshymnen, Klagelieder, Gebete und Gottesbriefe

Nach unserer gegenwärtigen Kenntnis sind die ältesten sumerischen Hymnen die schon für die Mitte des dritten Jahrtausends

---

[43] Vgl. O. R. Gurney, The Tale of the Poor Man of Nippur, Anatolian Studies VI (1956) 145 ff. und dazu XXII (1972) 149 ff. (The Tale ... and Its Folktale Parallels).

bezeugten Tempelhymnen, in deren Mittelpunkt große Tempel stehen; eine nach 2000 sehr oft kopierte Sammeltafel mit 545 Zeilen faßte 42 von ihnen zusammen.[44] Seit der Ur III-Zeit kennen wir viele, teilweise sehr lange Götterhymnen; sie beschreiben die Abstammung, die große Macht und die Stellung des Gottes im Pantheon sowie seine Bedeutung für die Menschen und enden oft in Fürbitten für den König. Bisweilen werden auch erzählende Abschnitte eingeschoben. Die Hymnen auf zumeist vergöttlichte Könige (s. dazu S. 63f.) sind ganz überwiegend ebenso wie manche Hymnen vor allem auf Göttinnen als Selbsthymnen in der Ich-Form stilisiert. Hauptthemen in ihnen sind die Herkunft und die Legitimierung des Königs, die Gunst der Götter und die Betreuung ihrer Tempel, die Sorge für Arme, Waisen und Witwen sowie die Gerechtigkeit, dazu seine Körperkraft sowie seine Leistungen im Krieg und für die Wirtschaft des Landes. Mit den nicht mehr vergöttlichten Babylonkönigen Hammurabi und Samsuiluna hört um 1650 diese singuläre Hymnengattung auf; die Babylonier haben keine Königshymne übersetzt und weiterüberliefert. Hymnische Prologe gab es übrigens auch in einigen Mythen.[45]

Eine eigene Literaturgattung Gebet gab es bei den Sumerern nicht. Ganz kurze Gebete stehen am Ende etlicher altsumerischer Weihinschriften. Längere Gebete sind in den auf S. 197 erwähnten großen Bauhymnus des Gudea von Lagasch eingefügt, aber auch in mehrere Mythen, in ein großes Lehrgedicht und als Fürbitten am Ende von Hymnen; sie folgen keinem bestimmten Aufbauschema. Einen merkwürdigen Ersatz für Gebete bilden die Gottesbriefe, in denen der Beter dem Gott seine Wünsche in Bittbriefform vorträgt; das Aufsetzen solcher Briefe wurde in den Schulen geübt.[46]

Die spätsumerische Literatur nach 1500 entwickelte neue Gat-

---

[44] Vgl. R. Biggs, Inscriptions from Tell Abû-Salâbîkh, Chicago 1974, 45ff.; A. W. Sjöberg, E. Bergmann und G. R. Gragg, The Collection of the Sumerian Temple Hymns and The Keš Temple Hymn, Locust Valley, New York 1969.

[45] Vgl. J. Klein, Three Šulgi Hymns, Ramat-Gan 1981; W. H. Ph. Römer, Sumerische Königshymnen der Isin-Zeit, Leiden 1965; Artikel ›Hymne A‹ von Cl. Wilcke, RlAss. IV (1975) 539ff. mit Literatur; R. Borger, HKL III, S. 67ff.

[46] Vgl. Artikel ›Gottesbrief‹ von R. Borger, RlAss. III (1971) 575f. auch zu babylonischen Gottesbriefen; W. W. Hallo, Individual Prayer in Sumerian: the Continuity of a Tradition, American Oriental Series 53 (1968) 71ff.

tungen, so die Kurzgebete auf Rollsiegeln der Kassitenzeit und einige zumeist zweisprachig überlieferte Gebete, die in bestimmten Riten verwendet wurden. An die babylonischen Gebete angelehnt sind die „Herzberuhigungsklagen", die anders als alle älteren Gebete auch Sündenbekenntnisse und Bitten um Sündenlösung enthalten.[47]
Als letztes sind die verschiedenen sumerischen Klagelieder zu nennen. Zu ihnen gehören die sehr umfangreichen und ermüdend eintönigen Klagen über politische Katastrophen wie die Zerstörung von Akkade und Ur. Dazu kommen überwiegend aus jüngerer Zeit rituelle Klagen im „Frauendialekt" Emesal der zur balang-Harfe gesungenen eršemma-Lieder und die Klagen um den fernen Gott wie vor allem Dumuzi (s. S. 181 f.) in der Unterwelt, die noch bis in die Seleukidenzeit hinein rezitiert wurden. In Klagelitaneien werden dieselben Elemente mit Abwandlung eines Gliedes refrainartig sehr oft wiederholt und auf den Tafeln meist nur verkürzt wiedergegeben. Schließlich gibt es noch persönliche Klagen wie ›Der Mensch und sein Gott‹, in der schon Hiob-Motive anklingen.[48]

c) Babylonische Hymnen und Gebete

Bereits aus altbabylonischer Zeit sind uns Götterhymnen, merkwürdigerweise überwiegend an Göttinnen, erhalten, die mehrfach in eine Fürbitte für den König ausklingen und bei sehr ungleichem Umfang recht verschiedenartig gestaltet sind. In einige Hymnen sind Mythen eingebettet. Das Aguschaja-Lied ist ein Ischtar-Hymnus, der Ischtars Ungebärdigkeit schildert. Gegen sie erschafft Ea die Zwietrachtgöttin Šaltum, die dann gegen Ischtar zum Kampf antritt. Erst die Erschaffung der Aguschaja kann den Frieden wiederherstellen.[49] Von anderen Hymnen der gleichen Art liegen nur Fragmente vor, ebenso von einem Selbsthymnus der Ischtar. Wahr-

---

[47] Vgl. St. Langdon, Babylonian Penitential Psalms, Paris 1927; eine Gesamtausgabe der Herzberuhigungsklagen (sum. ér-šà-ḫun-gá) ist in Vorbereitung; s. S. 218, Anm. 50.
[48] Vgl. J. Krecher, Sumerische Kultlyrik, Wiesbaden 1966; S. N. Kramer, "Man and his God"; a Sumerian Variation on the "Job" Motif, Supplements to Vetus Testamentum III (1955) 170ff.; Artikel ›Klagelied‹ von J. Krecher, RlAss. VI (1980) 1ff.
[49] Vgl. zuletzt Br. Groneberg, Philologische Bearbeitung des Agušaya-Hymnus, RA 75 (1981) 107ff.

scheinlich auf die altbabylonische Zeit geht ein sehr langer Hymnus auf Ischtar von Nippur zurück. Noch künstlicher als bei den altbabylonischen Hymnen ist die Sprache bei den oft 200 Verse und mehr umfassenden jüngeren Hymnen, von denen einige zugleich Bußgebete sind. Literarisch und nach dem Gehalt der Aussagen ragt der große Hymnus an den Sonnengott Schamasch weit heraus, während ein ebenso langer Selbsthymnus der Gula inhaltlich recht dürftig ist. Zu den Hymnen zu rechnen sind schließlich noch einige Königsgebete aus Assyrien, in denen auch Selbstkritik anklingt.[50]

Stilistisch in manchem den Hymnen verwandt sind die nicht sehr zahlreichen Klage- und Bußpsalmen, darunter einer von Tukulti-Ninurta I. von Assyrien aus seinen letzten Jahren, in denen die Aufstände gegen ihn seine Selbstgerechtigkeit freilich nicht zu brechen vermochten. Das einzige große Bußgebet an Ischtar aus altbabylonischer Zeit ist leider sehr schlecht erhalten. Das Sprechen von Bußgebeten der Gattung *šigû* fordern die Hemerologien oft für bestimmte Tage, an denen Unheil droht. Manchmal, so in einem großen Gebet an Nabû, spricht der Priester für den Büßer und bittet für ihn um Vergebung.[51]

Eine weitere reich vertretene Gruppe der Gebete sind die Opferschaugebete der Gattung *ikribu,* meist mit formelhaftem Schluß. Schon in altbabylonischen Gebeten dieser Gattung finden sich oft fein formulierte Hinweise auf das frühere Leben der Opfertiere auf ihren Weiden sowie Beschreibungen der tiefen Stille der Nacht. Bitten um Sündenlösung sind in diesen Gebeten selten. Ganz kurze Bitt- oder Dankgebete in Satzform sind übrigens auch viele Personennamen; inhaltlich findet sich hier eine große Mannigfaltigkeit.

---

[50] Vgl. Artikel ›Hymne B‹ von W. von Soden, RlAss. IV (1975) 544 ff. mit Nennung aller bis dahin bekannten Hymnen; der große Schamasch-Hymnus wurde oft übersetzt, s. W. G. Lambert (s. S. 211, Anm. 33), S. 121 ff. mit Bearbeitung. Eine repräsentative Auswahl von sumerischen und akkadischen Hymnen und Gebeten ist nach einer Einleitung übersetzt von A. Falkenstein und W. von Soden, Sumerische und akkadische Hymnen und Gebete, Zürich/Stuttgart 1953; eine erweiterte Neubearbeitung in zwei Bänden ist in Vorbereitung. Eine noch umfangreichere Auswahl akkadischer Hymnen und Gebete enthält M.-J. Seux, Hymnes et prières aux dieux de Babylonie et d'Assyrie, Paris 1976. Vgl. noch W. G. Lambert, The Hymn to the Queen of Nippur, *Zikir šumim* ... Presented to F. R. Kraus, Leiden 1982, 173 ff.

[51] Vgl. W. von Soden, Der große Hymnus an Nabû, ZA 61 (1971) 44 ff.; ders., Zwei Königsgebete an Ištar aus Assyrien, AfO 25 (1977) 37 ff.

Auf Königsgebete in manchen Inschriften wurde schon o. S. 197 hingewiesen.[52]

Die allergrößte Gruppe unter den Gebeten stellen die sogenannten Handerhebungsgebete des einzelnen dar, die wegen ihrer Überschrift, bisweilen in sie eingefügter magischer Formeln und der sehr häufigen Einbettung in Rituale auch Gebetsbeschwörungen genannt werden. Sie beginnen mit einem kürzeren oder längeren Preis der Gottheit; es folgt die Klage mit der Selbstvorstellung, die Bitte um Fortnahme des Leidens, Versöhnung des Schutzgottes und Sündenvergebung. Den Beschluß macht das meistens formelhafte Dankversprechen. Einige dieser Gebete gehören wegen des Ernstes des Sündenbekenntnisses zu den schönsten Stücken der Gebetsliteratur. Ein Gebet beginnt mit der Klage, daß der Beter bisher keine Erhörung gefunden habe; an Magie ist hier nicht der geringste Anklang zu finden. Anders steht es bei den sogenannten speziellen Gebeten dieser Gattung, in denen es um ganz bestimmte Leiden und Krankheiten geht. Diese stellen oft Mischungen von Gebet und Beschwörung dar und sind in umfangreiche magische Rituale eingebettet, die der Beschwörungspriester (s. S. 191) zu vollziehen hat. Diese letzteren richten sich vor allem an Schamasch, Marduk und Ea, einzeln oder an alle zusammen. Die sogenannten Kultmittelgebete wenden sich an die Substanzen, die für die Riten gebraucht werden.[53]

An die biblischen Psalmen gibt es in den Handerhebungsgebeten mancherlei Anklänge; die Gattungsbindung ließ aber den babylonischen Dichtern viel weniger Freiheiten der Gestaltung.

Eine Sonderstellung in der religiösen Literatur nimmt ein der bereits erwähnte (s. S. 178) Klagepsalm ›Ich will preisen den Herrn der Weisheit‹, in dessen 480 Versen einem hohen Beamten wohl der Zeit um 1100 eine sehr lange Klage über seine vielen Krankheiten und die soziale Deklassierung in den Mund gelegt wird, die ihn an den Rand des Todes brachten, bis ihm dann Marduk schließlich im Traum durch einen Boten die Rettung ankündigte. Diese wird nur wenig kürzer geschildert als die Leiden; den Ausklang bildet das Lob

---

[52] Vgl. W. von Soden, Artikel ›Gebet II‹, RlAss. III (1959–64) 160 ff. Übersetzungen s. in den S. 218, Anm. 50, genannten Büchern.

[53] Vgl. vor allem R. Mayer (s. S. 191, Anm. 46) mit ausführlicher Erörterung der Probleme und vielen Textbearbeitungen sowie die in Anm. 50 genannten Bücher; ferner W. G. Kunstmann, Die babylonische Gebetsbeschwörung, Leipzig 1932.

Marduks durch alle, die das Geschehen erlebten. Wie im Buch Hiob liegt die Häufung der Leiden weit über dem, was bei einem einzelnen denkbar ist. Der Sinn ist: Jeder soll, welcher Art immer seine Leiden sein mögen, sich in der Dichtung wiederfinden und auf eine ähnlich wunderbare Erlösung hoffen dürfen.[54]

d) Sumerische und babylonische Beschwörungen

Die Beschwörungsliteratur ist bei den Sumerern wie den Babyloniern sehr umfangreich. Sumerische Beschwörungen sind uns einsprachig zumeist in altbabylonischen Abschriften überliefert und wurden später, mit akkadischen Übersetzungen versehen, weiterüberliefert. In manchen Fällen freilich ist auch der sumerische Text eindeutig nachsumerisch. Von den sumerischen Dämonenbeschwörungen war schon o. S. 190 die Rede; in einigen von ihnen, die später in den großen Serien „Böse udug/*lutukku*ʾs" und „Schlimme asag/*asakku*ʾs" zusammengestellt wurden, wird das Treiben der Dämonen sehr lebendig geschildert; oft finden wir lange Reihen gleichartiger Aussagen. Je nach der Zielsetzung kann man verschiedene Typen von Beschwörungen mit je besonderen Schwerpunkten unterscheiden.[55]

Die gewiß oft aus dem Akkadischen übersetzten nachsumerischen Beschwörungen wie z. B. die gegen den „Bann" gerichteten (s. dazu S. 177) waren nicht zu eigenen größeren Tafelserien zusammengefaßt; literarisch wurden sie noch nicht untersucht. Sumerische Beschwörungen gegen Hexen wurden noch nicht bekannt.

Die Zahl der akkadischen Beschwörungen verschiedener Art ist sehr groß; sie wurden zum Teil mit den dazugehörenden Ritualen zu meist nur kleineren Serien zusammengefaßt, wie z. B. die gegen die Lamaschtu, den „Bann" und die Hexen (s. dazu S. 189ff.). Viele von ihnen finden sich verstreut in den medizinischen Rezeptsammlungen sowie in Ritualen gegen Leiden aller Art. Literarisch untersucht wurden auch sie noch nicht. Aus altassyrischer und altbabylonischer Zeit wurden bisher nur wenige gefunden.

[54] Letzte Bearbeitung von W. G. Lambert (s. S. 211, Anm. 33), S. 31 ff. und 343 ff. (Tafel IV ist teilweise umzustellen); ergänzend D. J. Wiseman, A New Text of the Babylonian Poem of the Righteous Sufferer, Anatolian Studies XXX (1980) 101 ff. (zu Tafel I).
[55] Vgl. A. Falkenstein (s. S. 191, Anm. 44). Neubearbeitungen der beiden genannten Serien sind in Arbeit.

Schließlich gibt es noch aus altbabylonischer Zeit auf kleinen Täfelchen und später als Teile anderer Beschwörungen sogenannte Abrakadabra-Texte, die für uns und sicher auch die meisten Babylonier aus sinnlosen Silbenkombinationen bestehen; es ist beobachtet worden, daß mindestens einige von ihnen in anderen Sprachen, wie z. B. Altelamisch, abgefaßt waren und später durch Textverderbnis unverständlich wurden.[56]

6. Zur wissenschaftlichen Literatur

Über die im weiten Sinn als wissenschaftlich anzusprechenden Werke und ihren Aufbau wurde schon in Kapitel XI über die Wissenschaft sowie in den Teilen von Kapitel XII, die es mit der Götterlehre und der Gleichsetzungstheologie zu tun hatten, gehandelt. Für die Schule bestimmte Ergänzungen finden sich in der Serie „Tafelhaus" (Edubba), von der auf S. 214 schon kurz die Rede war. In ihr finden sich z. B. Verzeichnisse von Sonderdialekten und Fachsprachen und andere auch für uns wichtige Mitteilungen. Auf eine gepflegte sprachliche Gestaltung waren die weithin an starre Schemata gebundenen Verfasser wissenschaftlicher Werke nur selten bedacht.[57]

---

[56] Vgl. J. van Dijk, Fremdsprachliche Beschwörungen in den südmesopotamischen literarischen Überlieferungen, Berliner Beiträge zum Vorderen Orient 1 (1982) 97ff.
[57] Ein Sanchunjathon zugeschriebenes phönizisches Geschichtswerk über die Phönizier und ihre Religion ist nur in griechischen Auszügen und Paraphrasen vor allem von Philo von Byblos erhalten.

XIV. ZUR BAU- UND BILDKUNST UND ZUR MUSIK

Die Bau- und Bildkunst des Alten Orients wurde in letzter Zeit mehrfach in mit Abbildungen aller Art und Plänen reich ausgestatteten Werken verschiedenen Umfangs behandelt.[1] Hier mußten wir in mehreren Kapiteln oft auf Bildwerke und Bauten als unentbehrliche ergänzende Quellen neben den Schriftdenkmälern und mancherlei Bodenfunden hinweisen. Erforderlich sind nun noch einige Bemerkungen über die Bedeutung von Kunst und Musik innerhalb des Ganzen der altorientalischen Kulturen. Ein Eingehen auf Einzelfragen ist auf wenigen Seiten und ohne Hinweise auf Abbildungen nicht möglich.

1. Kultbauten und Paläste: Gestalt und Wandschmuck

Da in Altvorderasien monumentale Grabbauten fast ganz fehlen, können als Werke der Baukunst in der Regel nur Kultbauten und Paläste angesehen werden, nicht aber reine Zweckbauten wie Festungswerke und Wohnhäuser. Die Tempel und Paläste mußten die übermenschliche Würde der Götter und die besondere Stellung des Herrschers auch dann sichtbar machen, wenn ihre Ausmaße bescheidener waren. Grundsätzlich gebührte den Tempeln der Vorrang vor den Palästen; in manchen Perioden aber wie vor allem während der frühdynastischen Zeit und viel später in den Großreichen

---

[1] An deutschen Werken sind vor allem zu nennen A. Moortgat, Die Kunst des Alten Mesopotamien, Köln 1967 (verbesserte Neuausgabe durch U. Moortgat-Correns ist angekündigt); A. Parrot, Sumer (s. S. 12, Anm. 1); ders., Assur, München 1960; ders., Sumer/Assur, Ergänzung 1969 (Neuauflage ist angekündigt); E. Strommenger – M. Hirmer (s. S. 80, Anm. 32); Propyläen Kunstgeschichte: Der Alte Orient, von W. Orthmann und 13 weiteren Autoren, Berlin 1975, derzeit das umfassendste Werk mit viel Literatur; P. Amiet, Die Kunst des Alten Orients, übersetzt von M. A. Brandes, Freiburg 1977; zur Tempel- und Palastarchitektur vgl. vor allem E. Heinrich – U. Seidl (s. S. 110, Anm. 20); J. Margueron, Recherches sur les palais mésopotamiens de l'âge de Bronze I. II, Paris 1982; E. Heinrich, Die Paläste im alten Orient, Berlin 1984.

der Assyrer und Perser wurde für die Paläste nicht nur materiell viel mehr aufgewendet als für die teilweise in ihrem Schatten stehenden Tempel. Im dritten Jahrtausend ist der Unterschied zwischen dem von gewaltigen, mit Stiftmosaiken reich geschmückten Tempeln beherrschten frühsumerischen Uruk und dem frühdynastischen Kisch mit seinem großen Palast besonders augenfällig. Auch im altbabylonischen Mari war der mit 'al secco'-Malereien geschmückte große Palast offenbar das Hauptgebäude. Ein leidliches Gleichgewicht zwischen den Tempeln und dem Palast, die, soweit erkennbar, alle arm an Bildschmuck waren, ist in der alten Assyrerhauptstadt Assur feststellbar. Jedoch schon im neunten Jahrhundert seit Assurnassirpal II. in Kalach und noch mehr in Dur-Scharrukin und Ninive nach 720 mußten die riesigen Paläste mit ihrem überreichen Bildschmuck den Blick mit Vorrang auf sich ziehen; sie standen für die königlichen Bauherren ebenso wie für die Künstler durchaus im Mittelpunkt ihres Interesses; die recht bescheidenen Tempel lagen in Dur-Scharrukin innerhalb des Palastes. In den Bildfolgen überwogen in Kalach anfangs noch herkömmliche religiöse und mythische Motive, später aber durchaus die Kriegs- und Jagdbilder sowie andere Darstellungen zum Ruhm des Königs. Ob zu den Bauten mit reichem Bildschmuck in Syrien im ersten Jahrtausend auch Tempel gehörten, ist noch nicht geklärt; zahlreiche Götterbilder kennen wir dort bereits aus dem zweiten Jahrtausend.[2]

Über die Gestaltung der Außenfassaden bei Tempeln und Palästen wissen wir nur ziemlich wenig, weil die Mauern heute nur selten noch höher anstehen. Nach der farbenfreudigen frühsumerischen Zeit wandte man danach, wie es scheint, über die Gliederung der Monumentalfassaden durch Nischen und Vorsprünge hinaus nicht viel für den Schmuck von Außenwänden auf; ein äußerer Grund dafür war gewiß die geringe Wetterfestigkeit vieler Steinarten und der Farben vor der Erfindung der Glasuren. Auch auf Innenwänden mit und ohne Bilder war Farbputz nur so lange beständiger, als die Gebäude intakt waren. Gemalt wurde überwiegend in 'al secco'-Technik auf Ton oder Gips. Gemalte Bildszenen begegnen seltener und überwiegend im Tal des mittleren Euphrat im Palast von Mari (s. o.) und im achten Jahrhundert in Til-Barsip. Figu-

---

[2] Vgl. H. Bossert – R. Naumann, Altsyrien, Tübingen 1951; W. Orthmann, Untersuchungen zur späthethitischen Kunst, Bonn 1971; H. Genge, Nordsyrisch-südanatolische Reliefs ... Datierung und Bestimmung I. II, Kopenhagen 1979.

renreihen fanden sich in der Kassitenhauptstadt Dur-Kurigalzu in Nordbabylonien. Anderswo wurden öfter große Ornamentfriese gemalt, die wohl Teppiche nachahmten und auf sorgfältig gegliederten Bildflächen neben geometrischen und pflanzlichen Motiven auch Tierfiguren und Menschenköpfe zeigen.[3]

Größere reliefierte Bildkompositionen gab es in Tempeln vielleicht nie und im zweiten Jahrtausend wohl auch an den Palastwänden noch nicht; die Babylonier verfügten noch im ersten Jahrtausend nicht über die dafür notwendigen Steine. Großflächige Reliefs konnte man auch in Steinbauten sehr lange nicht anbringen. Das änderte sich erst, als man gegen Ende des zweiten Jahrtausends in Nordsyrien auf den Gedanken kam, Bildszenen auf einzeln zu bearbeitende Orthostaten zunächst kleinerer Größen aufzuteilen. Anfangs meißelte man aus einem Stein heraus nur selten mehr als eine Figur, und der Zusammenstellung der Figuren zu Bildszenen blieben dort auch später enge Grenzen gesetzt. Diese Grenzen konnten erst gesprengt werden, als im neunten Jahrhundert die Assyrer kleinere Orthostaten zu großen Wandplatten zusammenfügten und etwa bei sehr großen Königsbildern die Kleinarbeit außerordentlich verfeinerten bis hin zur peinlich genauen Nachbildung von Gewandstickereien (s. S. 100 f.). Kampfszenen über mehrere Platten hinweg blieben zunächst noch lange ziemlich flächig, konnten aber nach 750 auch die Tiefe des Raumes in begrenztem Ausmaß einbeziehen. Die Beschränkung auf die geradaufsichtige Darstellungsweise, die manchmal zu merkwürdigen Kombinationen von Elementen der Profil- und Frontansicht nötigte, konnten erst einige Künstler Sanheribs dadurch teilweise überwinden, daß sie perspektivische Verkürzungen z. B. bei der Zeichnung von Augen im Profil einführten. Der Durchbruch zu einer konsequent perspektivischen Darstellung gelang freilich in Assyrien nicht. In den assyrischen Palastreliefs findet eine sehr intensive künstlerische Arbeit an traditionellen wie auch ganz neuen Bildgedanken ihren Ausdruck. Dabei gelang die Darstellung von Tieren in der Bewegung und vor allem in Jagdszenen ungleich besser als die der Menschen, bei denen zumal die Gesichter zuallermeist recht ausdrucksarm abgebildet sind. Liebevoll gestaltete Genreszenen aus dem Leben der Tiere und Men-

---

[3] Vgl. die S. 222, Anm. 1, genannten Werke und A. Moortgat, Altvorderasiatische Malerei, Berlin 1959, mit weiteren Nachweisen. Farbübergänge gab es normalerweise nicht; feine Trennungslinien grenzten bei Mehrfarbigkeit oft die verschiedenfarbigen Bildteile gegeneinander ab.

schen lockerten oft die so brutalen Kampfbilder auf. Die besonders gut gelungenen Darstellungen von Seegefechten in den Lagunen am Persischen Golf beziehen auch das Leben in den Schilfdickichten und die Fische und Krebse im Wasser ein.[4]

Anregungen aus Babylonien haben für die über viele Räume verteilten Relieffolgen an den Palastwänden in Assyrien offenbar keine erhebliche Bedeutung gehabt. Nach der Katastrophe Assyriens 612 waren die aus farbig glasierten Ziegeln zusammengesetzten Ziegelreliefs an einigen Palastwänden Nebukadnezars II. in Babylon und am Ischtartor dort nur sehr dürftige Nachahmungen assyrischen Wandschmucks. Die Relieffolgen in den Großbauten der Achämeniden zeigen in der Gestaltung von Hofszenen vor allem in Persepolis ein Hinauswachsen über die assyrischen Lehrmeister, die unmittelbar wohl die uns nicht bekannte medische Kunst beeinflußt hatten. Von der Motivvielfalt auf den neuassyrischen Schlacht- und Jagdbildern findet sich allerdings in der uns bekannten achämenidischen Hofkunst nur wenig. Von einer auch nur entfernt vergleichbaren Palastausgestaltung in Syrien ist bisher nichts bekannt.[5]

Da keiner der großen assyrischen Paläste vollständig ausgegraben wurde, sind wir über die architektonische Gesamtplanung und die Außenfassaden nur unzureichend informiert. Daß die Planung aber nicht nur durch praktische Gesichtspunkte und das Streben nach überdimensionaler Größe bestimmt war, darf als sicher gelten. Die Paläste der Chaldäerkönige, die in ihren Ausmaßen alle älteren babylonischen Paläste weit hinter sich ließen, weichen in der Grundrißgestaltung von den assyrischen Palästen stark ab und waren wie andere Bauten in Babylonien fast ganz aus Ziegeln errichtet. Eine umfassende Geschichte der altorientalischen Palastarchitektur gibt es noch nicht (vgl. S. 222, Anm. 1).

Von den Tempeln in Babylonien war im Zusammenhang mit der Besprechung der Kulte auf S. 179 ff. schon mehrfach die Rede, vor allem auch von dem Unterschied zwischen den Tempeln zu ebener Erde und den auf Hochterrassen (bab. *ziqqurratu*) gelegenen. Die für die Fassaden charakteristische Nischenarchitektur ahmt alte

---

[4] Nach erhaltenen Resten zu schließen, waren mindestens viele Reliefs ursprünglich farbig angelegt; ob so lebhafte Farben wie auf den Wandgemälden aufgetragen waren, wissen wir nicht.
[5] Vgl. R. Ghirshman, Iran: Protoiraner, Meder, Achämeniden, München 1964 (Universum der Kunst V); E. Porada – R. H. Dyson jr. – Ch. K. Wilkinson, The Art of Ancient Iran, New York 1965.

Holzbauten nach und hebt auch bei Großtempeln die Senkrechte als die in die Höhe weisende Dimension hervor. Die Zella wurde außer bei sehr kleinen Tempeln über einen Hof erreicht; dabei konnte die Kultachse gerade sein, so daß der Blick vom Haupteingang auf das Gottesbild fallen konnte. Wir finden aber auch oft Knickachsen, bei denen man sich um 90° nach links oder rechts umwenden mußte, und kompliziertere Grundrißgestaltungen. Bei der Vorzella und Zella überwogen in Babylonien die Breiträume, weiter im Norden aber schmalere Langräume. Links von der Zella lag oft ein nur durch sie zugänglicher Raum, der den Tempelschatz beherbergte. Nicht selten gab es auch eine zweite Zella z. B. für die Gemahlin des Gottes oder eine weitere Gottheit. Oft wohl nur dürftig erhellt wurde die Zella durch die Tür oder von oben, aber manchmal auch durch kleinere Fenster, wie wir Abbildungen von Tempeln entnehmen können. In Zella und Vorzella wurden manchmal noch weitere Bilder wohl nicht immer nur von Göttern aufgestellt; für die frühdynastischen Beterstatuetten vgl. S. 181. Die Wände der Kulträume waren hell oder manchmal auch in mehreren Farben verputzt; leider wissen wir darüber kaum etwas, weil in der Regel nur noch niedrige Mauerstümpfe anstehen und geringe Farbreste bei Ausgrabungen nicht immer beachtet wurden.

Die Wände der Hochterrassen (s. oben) waren gebäscht und meistens wohl auch senkrecht gegliedert. Die Freitreppen, oft drei, waren in verschiedener Weise angeordnet; auf die oberste der bis zu fünf Stufen führte wohl immer nur eine Treppe. Die Hochterrasse mit dem Hochtempel war wohl in jeder Stadt das höchste Gebäude und wies auch dadurch auf die besondere Würde des Gottes hin. Es gab wie auch sonst die Anbetung nicht nur im Wort.

In Syrien, wo der Steinbau eine besondere Rolle spielt, weicht die Gestaltung der Tempel in vielem von der in Babylonien und Assyrien ab. Kleine Tempel, die oft nur Vorzella und Zella aufweisen, überwiegen. Die Zella kann ein Breit- und ein Langraum sein, die Kultachse gerade oder geknickt. Ähnlich wie bei dortigen Palästen findet sich sehr oft eine offene Vorhalle, die die Assyrer *bīt ḫilāni* nannten. Über die Ausstattung der Kulträume ist nur wenig bekannt.[6]

---

[6] Vgl. H. Lenzen (s. S. 183, Anm. 30) und den Artikel ›Tempel‹ mit vielen Grundrissen und Literatur von A. Kuschke bei K. Galling, Biblisches Reallexikon, Tübingen ²1977, 333 ff.

2. Plastik, Einlegearbeiten und Kleinkunst

Man kann die nicht oder nur teilweise architekturgebundene Plastik und die mosaikartigen Einlegearbeiten unter verschiedenen Gesichtspunkten gliedern. Wir können von den Werkstoffen ausgehen, die die Künstler und Kunsthandwerker vor sehr ungleiche Anforderungen stellen. Im Kapitel VIII über das Handwerk war von den technischen Problemen die Rede, die der Umgang mit Steinen verschiedener Härte, mit Metallen, dem Ton und anderen Mineralien sowie den organischen Stoffen wie Knochen und Holz stellt. Kunstwerke aus Holz sind in Vorderasien fast nie erhalten geblieben; Elfenbein war wohl nur für Kleinkunst verwendbar. Aus Stein mußte jedes Werk einzeln oft sehr mühsam hergestellt werden; kleinere Plastiken aus Ton und Metall konnten mit Hilfe von Tonmodeln oft in vielen gleichen Exemplaren geformt werden. Die Maße von Plastiken, die von monumentalen Übergrößen bis zu Kleinstfigürchen reichen, sind für die Thematik der Kunstwerke manchmal von großer Bedeutung; sehr oft aber finden wir die gleichen Bildgedanken auf Werken der Groß- und der Kleinkunst dargestellt. Schließlich muß zwischen den großen und kleinen Rundplastiken und den Flach- und Hochreliefs unterschieden werden. Figurengruppen in Rundplastik hat es allerdings wohl nur sehr selten gegeben.[7]

Die Rundplastik bevorzugt bei Standbildern anders als in Ägypten zylindrische Grundformen.[8] Dargestellt werden überwiegend Fürsten, manchmal als Beter, sowie, sehr oft auch in der Kleinkunst, Götter zumeist in ziemlich starrer Haltung. Einen Sonderfall stellen die vielen Beterfiguren der Mitte des dritten Jahrtausends dar, die weit unter halber Lebensgröße bleiben und auf S. 181 kurz besprochen wurden. Sitzbilder begegnen ziemlich selten und zeigen in Babylonien auch abgerundete Formen, während in Syrien wie in Ägypten die Beine mit dem Thron einen Quader bilden können. Sehr schlanke Bronzestatuetten von Göttern kennen wir vor allem aus Syrien. Durch besondere Ausdrucksstärke zeichnen sich einige

---

[7] Das Unterteil einer Bronzestatue eines wohl zusammengebrochenen Kriegers mit Inschrift des Naramsin von Akkade (s. Sumer 32 [1976], Tafel nach arab. S. 58) halten einige für ein Stück aus einer großen Figurengruppe.

[8] Vgl. A. Scharf, Wesensunterschiede ägyptischer und vorderasiatischer Kunst, Der Alte Orient 42, Leipzig 1943.

Bildwerke des dritten Jahrtausends aus Babylonien aus, wie der dreiviertel plastische frühsumerische Frauenkopf aus Uruk, einige Statuen Gudeas von Lagasch und vor allem leider nur fragmentarisch erhaltene Plastiken aus Stein und Bronze aus der Akkade-Zeit; außerdem gibt es aus allen Zeiten Terrakotten, die mehr sind als nur Erzeugnisse des Kunsthandwerks.

Rundplastiken von Tieren wurden als Terrakotten mindestens seit dem vierten Jahrtausend in großer Zahl hergestellt, als Metall- und Steinfigürchen seit der frühsumerischen Zeit. Rinder und Schafe als heilige Tiere (s. S. 168) sind besonders oft bezeugt; doch kommen noch andere Säugetiere, darunter auch Löwen, Vögel und Fische vor, merkwürdigerweise allerdings kaum Equiden. Die Vierfüßer werden stehend oder mit sehr oft nur angedeuteten Beinen liegend dargestellt. Besonders anmutig sehen liegende Gazellen oder Kühe mit zurückgewandtem Kopf aus. Von ganz anderer Art sind die gewaltigen Stierkolosse mit Männerköpfen als Torwächter an assyrischen Palästen; die auf einer Seite an eine Mauer angelehnten Leiber haben oft fünf Beine, damit von vorn zwei und von der Seite vier zu sehen sind. Neben diesen Kolossen gibt es vor allem in Syrien auch Torlöwen mit aufgerissenem Rachen.

Ungleich reicher entwickelt war im Alten Orient die Plastik und bei weitgehend gleicher Bildthematik die uns nur in viel geringeren Resten erhaltene Malerei. Die Reliefs sind normalerweise verschieden stark herausgearbeitete Flachbilder; doch gibt es auch Hochreliefs, auf denen die Figuren schon fast vollplastisch gestaltet sind. Spiegelbildlich eingetieft wurden die Figuren nur auf den Zehntausenden von Rollsiegeln, die, auf weichem Ton abgerollt, die Figuren in normalem, manchmal winzig kleinem Relief zeigen. Neben den Steinreliefs stehen (selten) bei den Sumerern und im ersten Jahrtausend in Assyrien getriebene Bronzereliefs und größere und kleine Terrakottareliefs, für die Tonmodeln hergestellt wurden. Dazu kamen in späterer Zeit noch Reliefs, oft Ziegelreliefs, mit mehrfarbigen Glasuren. Soweit diese an den Gebäuden fest angebracht waren, wurde auf sie ebenso wie auf die Wandmalerei schon auf S. 224f. hingewiesen. Viele kleinere Reliefplatten vor allem des dritten Jahrtausends waren wohl ebenfalls für die Tempel bestimmt, wurden an den Wänden aber oft nicht befestigt, sondern an schweren Pflöcken an ihnen aufgehängt; sie waren dann austauschbar. Neben den Rollsiegeln wurden die viel älteren Stempelsiegel auch nach 3000 immer weiter vor allem für Tonplomben verwendet. Gegenstände des Kunsthandwerks waren sie in älterer Zeit in Babylonien und Assyrien nur selten; erst im ersten Jahrtausend finden sich auch auf ihnen oft primitive Bildszenen, weil sie seit der neubabylonischen Zeit zunehmend die Rollsiegel verdrängten. Als Bildträger waren die Rollsiegel insofern einzigartig, als auf ihnen nach den Seiten unbegrenzte Bilder wie z. B. Tierreihen angebracht werden konnten. Die Bildthematik der Reliefs und Siegel ist sehr mannigfaltig und nur teilweise sicher zu interpretieren (s. S. 166); religiöse und andere Motive sind nicht immer unterscheidbar. Nur wenige Hinweise sind hier möglich.[9]

In der frühsumerischen Zeit konnten, da es literarische Texte noch nicht gab, wichtige Themen nur in Bildern gestaltet werden. Dabei spielten Jagd und Krieg eine untergeordnete Rolle. Kultszenen und der Schutz der heiligen Herde standen im Vordergrund; ein großes Kultgefäß aus Uruk kombiniert eine Opferszene mit einem Aufriß der Stufen des Lebens von den Pflanzen bis zu Mensch und Gottheit. In der frühdynastischen Zeit wird die kultische und, vor allem auf Rollsiegeln, die uns nur teilweise verständliche mythologische Thematik noch mannigfaltiger. Schutz und Fütterung der heiligen Herde werden wie andere Themen auch auf Muscheleinlagebildern verschiedener Art gestaltet. Auf ihnen wie auf den Weihplatten wird die Bildfläche großzügig genutzt. Demgegenüber sind viele Siegelbilder mit Göttern, Menschen und aufgerichteten Tieren überfüllt; vielleicht soll das die gegenseitigen Abhängigkeiten aller Lebewesen in den Blick rücken. Ein neues Thema ist das heilige Mahl in der sogenannten Trinkszene.[10] Bei der Darstellung von Schlachten ergänzen sich Flachbilder wie die auf der sogenannten Geierstele aus Lagasch und die Königsinschriften von dort.

Ein Übermaß an abstrahierender Bildkonstruktion überwindet dann die Akkade-Zeit durch eine sehr lebendige Gestaltung der Kampfbilder z. B. auf der berühmten Siegesstele des Naramsin, die alle Figuren auf den erstürmten Berg ausrichtet. Die Siegelbilder bezeugen eine reiche Mythologie, in der der Sonnengott eine besondere Rolle spielt (s. S. 170f.). Das ganz neue Motiv der Einführung des Beters vor den höheren Gott sollte jedoch erst in der neusumerischen und altbabylonischen Zeit das Hauptthema einer in-

---

[9] Vgl. A. Moortgat (s. S. 180, Anm. 24); P. Amiet, La glyptique mésopotamienne archaique, Paris 1961; R. M. Boehmer bei W. Orthmann (s. S. 223, Anm. 1), S. 213ff. und 336ff.
[10] Vgl. S. 180 mit Anm. 24. Einzelheiten der Deutung dieser Szene sind noch strittig.

haltlich nicht sehr reichen Flachbild- und Siegelkunst werden (s. dazu S. 167 mit Anm. 4), die die mythologischen Themen zumeist an die Literatur abgegeben hatte. Ein neues Thema in Wort und Bild wurde nach 2000 die Investition des Königs durch einen Gott auch auf Gemälden.

Ein Eigengepräge in der Gestaltung und in der mythologischen und kultischen Thematik zeigt die Bildkunst im altbabylonischen Syrien, für die Bildszenen auf Kultbecken aus Ebla ein eindrucksvolles Zeugnis ablegen.[11] Neben den Flachbildern aus Stein stehen Werke der Metallkunst in getriebener Arbeit aus der gleichen Zeit und dem 14. Jahrhundert. Ein Meisterwerk ist eine Goldschale aus Ugarit mit einer Jagdszene.

Etwa die gleichen Bildthemen wie auf den Flachbildern finden wir vor allem in der frühdynastischen Zeit auf Einlegearbeiten, oft Muschel in Bitumen, darunter der „Standarte" und den Bildern auf den Klangkästen von Leiern aus Ur. Manches ist hier und bei kleinen Mosaiken eher dem Kunsthandwerk zuzurechnen.

Nach 1500 waren in Babylonien vor allem die Grenzsteine Träger von Flachbildern, allerdings nur vereinzelt mit mehr als einer Gestalt. Im ersten Jahrtausend finden sich dort nur noch wenige Bildwerke von Rang, am ehesten noch unter den Terrakotten.

Das neunte Jahrhundert bringt dann den großen Aufschwung der Bildkunst in Assyrien, mit Vorrang an den Wänden der Paläste (s. S. 224f.). Von Assurbelkala (um 1060) über Tiglatpilesar II. bis hin zu Salmanassar III. waren auch große Obelisken sowie ein Thronsockel Träger von Flachbildfolgen vorwiegend mit Kampfbildern. Uralte Motive aus dem Themenkreis „heilige Herde" wurden nicht nur monumental auf Wandreliefs gestaltet, sondern auch im kleinen auf farbig glasierten Tongefäßen, die von dem Wiederaufleben der zwischendurch fast erloschenen alten Gefäßmalerei Zeugnis ablegen.[12] Bisweilen gelangen hier kleine Kunstwerke. Das gleiche gilt für die meist primitive Massenware der Amulette gegen die Lamaschtu (s. S. 190); ein kleines Bronzerelief aus der Zeit Sanheribs ergänzt im Bild sehr eindrucksvoll die Schilderung der Abwehrriten in den Beschwörungen.[13] Die Aussagemöglichkeiten der

---

[11] Vgl. G. Castellino u. a., Missione Archeologica Italiana in Siria..., Campagna 1965, S. 103ff.: P. Matthiae, Le sculture in pietra, und Tf. XLIIIff., Rom 1966.

[12] Vgl. W. Andrae, Farbige Keramik aus Assur, Berlin 1923.

[13] Vgl. RlAss. VI (1983) 442; P. Amiet (s. S. 222, Anm. 1), Abb. 568, 574.

assyrischen Großreichskunst waren auch außerhalb der Hofkunst vielfältig.

Reiche Anregungen nicht zuletzt bei der Gestaltung von Thronen mit Figurenschmuck verdanken die späten Assyrer den Urartäern, die seit etwa 800 in der Bau- und Bildkunst Werke schufen, die über Medien auch noch die Hofkunst der Achämeniden beeinflußten. Aus den Hochgebirgsländern Anatoliens wie Westirans übernahmen die Assyrer auch das Felsrelief; ein Thema war hier der König vor Göttern, die auf ihren heiligen Tieren stehen. In Iran führte später der Achämenide Dareios I. diese Tradition fort. Westiran war übrigens auch durch lange Jahrhunderte ein Zentrum des Metall-Kunsthandwerks. Die als Luristan-Bronzen bekannten Stücke von Pferdezäumen und andere Gegenstände, die durch den Antikenhandel in sehr großer Zahl in Museen und Sammlungen kamen, aber noch nicht bei Grabungen gefunden wurden, sind teilweise bereits in das zweite Jahrtausend zu datieren.[14]

Etwas ganz Besonderes sind in der Kleinkunst schließlich die Elfenbeinschnitzereien, die wir aus ganz Syrien bereits seit etwa 1400 kennen. Die große Masse der Schnitzereien ist nur dem Kunsthandwerk zuzurechnen; doch gibt es schon früh Werke von hohem künstlerischem Rang aus Ugarit und Megiddo. Dargestellt sind Gottheiten und Mischwesen, Menschen und Tiere, in einigen Fällen im Todeskampf, Einzelfiguren und mannigfache Bildkompositionen. Als die Assyrer nach 900 nach Syrien kamen, erbeuteten sie viele Stücke, zwangen aber auch Elfenbeinschnitzer zur Übersiedlung nach Assyrien, wo nach 850 eigene Werkstätten entstanden, vor allem in Kalach. Nicht immer sind die assyrischen Arbeiten von den phönizischen Beutestücken zu unterscheiden. Ein Spitzenwerk zeigt einen Löwen im Dickicht, der einen Jungen tötet.[15] Merkwürdigerweise wurde die künstlerische Elfenbeinschnitzerei nach unserer Kenntnis in Babylonien nicht heimisch und überlebte daher im Osten den Untergang des Assyrerreichs nicht.

Werke der Kleinkunst wie Terrakotten und kleine Bronzen mögen sich in vielen Händen befunden haben. Wieweit Menschen, die nicht zum Tempelpersonal und zu den Palastfunktionären gehörten, auch Zugang zu Werken der Großkunst gehabt haben, entzieht

---

[14] Vgl. P. Calmeyer, Datierbare Bronzen aus Luristan und Kirmanshah, Berlin 1969.
[15] Vgl. E. Strommenger – M. Hirmer (s. S. 80, Anm. 32), Tf. XLII; s. ferner R. D. Barnett, A Catalogue of the Nimrud Ivories, London 1957.

sich unserer Kenntnis. Die großen Bildfolgen an den Wänden der Paläste in Assyrien sollten vermutlich an bestimmten Tagen von vielen gesehen werden. In ähnlicher Weise von vielen gehört wurden bei Tempelfesten wohl nur wenige religiöse Dichtungen.

3. Musik und Musikinstrumente

Die für das Ohr bestimmte Musik war vor der Erfindung richtiger Notenschriften die vergänglichste aller Künste. Daß im Alten Orient nicht zuletzt auch zur Arbeit viel gesungen wurde, geht aus den Texten deutlich hervor; Sänger und Sängerinnen gab es in den Tempeln, teilweise als Priester, und an den Höfen; sie hatten fröhliche Lieder wie Klagelieder vorzutragen, oft unter Begleitung von Instrumenten (vgl. S. 186). Für den musikalischen Vortrag von Literaturwerken s. S. 196. Bezeichnungen für die Stimmhöhen bei Männern, Frauen und Kindern in den Sprachen des Alten Orients sind bisher nicht bekannt.

Über die Musikinstrumente wissen wir leidlich gut Bescheid, weil wir neben Angaben in Texten viele Abbildungen vor allem auf Reliefs kennen und z. B. in Gräbern auch Instrumente gefunden wurden. Die Saiteninstrumente sind Zupfinstrumente. Am ältesten und wichtigsten sind die Leiern mit viereckiger Grundform und die Harfen, bei denen die Saiten schräg zum Klangkörper verlaufen, beide mit mehreren Unterformen. Vom Königsfriedhof in Ur (um 2500) kennen wir nicht nur Abbildungen beider, sondern auch gut erhaltene Beispiele mit Goldbeschlag und reichem Bildschmuck auf dem Klangkörper. Harfen und Leiern wurden auch später und in weiten Teilen Vorderasiens gespielt, während die erst im zweiten Jahrtausend aus den Bergländern eingeführte Laute weniger oft bezeugt ist. Ob es auch Zithern gegeben hat, ist ganz fraglich.[16]

Das wichtigste Blasinstrument war die Rohrpfeife, die auch als Doppelpfeife bezeugt ist; in Übersetzungen nennt man sie meistens Flöte. Trompeten und, vor allem in Israel, Hörner waren wohl mehr Signal- als Musikinstrumente. An Schlaginstrumenten gab es verschiedene Trommeln, Pauken und Becken, auch Zimbeln ge-

---

[16] Vgl. den Artikel ›Harfe‹ von W. Stauder, RlAss. IV (1973) 114 ff. mit Nennung weiterer Werke des Verfassers zur babylonischen Musik und den anderen Musikinstrumenten; Artikel ›Laute‹ und ›Leier‹ von A. D. Kilmer und D. Collon, ebd. VI (1983) 515 ff. und 571 ff. mit viel Literatur und Hinweisen auf die „Notenschrift".

nannt, mit und ohne Stiel. Auch kleinere Bronzeglocken wurden wohl benutzt.

Sehr wesentlich ist nun, daß auf den Denkmälern manchmal mehrere Musiker mit Harfen oder Leiern, aber auch mit verschiedenen Instrumenten erscheinen; auch in Texten werden oft mehrere Instrumente erwähnt. Es muß also als eine Vorstufe zur Orchestermusik auch Musik auf mehreren Instrumenten mit einem besonders vollen und differenzierten Klang gegeben haben, die Gesänge verschiedenen Inhalts untermalen konnte, aber vermutlich auch ohne Gesang bei Tempelfesten und am Königshof vorgetragen wurde.

Über die Art der Musik konnte man lange nur aufgrund von musikgeschichtlichen Vergleichen einige Vermutungen anstellen. Vor 60 Jahren glaubte man, einen Text mit Notenschrift gefunden zu haben; die Deutung der Keilschriftzeichen war aber falsch. Seit 1960 wissen wir nun, daß es im zweiten Jahrtausend sowohl in Babylonien und Assyrien als auch in Nordsyrien (Ugarit) Texte gab, die in verschiedener Reihenfolge die Saiten einer bis zu neunsaitigen Harfe und die bei ihrer Stimmung möglichen Intervalle nennen; die babylonischen Termini kennen wir auch in hurritisierten Wortformen. Die schwer zu interpretierenden Texte, die, wie es scheint, auch Doppelgriffe fordern, aber sich nicht ohne weiteres in unsere Notenschrift umsetzen lassen, werden von Philologen und Musikhistorikern nach langen Auseinandersetzungen noch immer sehr verschieden ausgedeutet. Gesichert scheint, daß die babylonische Musik heptatonisch aufgebaut war auf der Basis der Oktave wie bei uns und nicht pentatonisch wie die frühe Musik in Griechenland. Aufgrund bestimmter Ausdeutungen der Texte wurden übrigens schon Schallplatten hergestellt. Ohne die Auffindung neuer Quellen für die Musiknotation wird ein Konsens über den Klang der Musik im Alten Orient kaum herzustellen sein.[17]

Die Götter erwarteten, von den Menschen vielfältig besungen zu werden; wir hören aber nur vereinzelt davon, daß eine Göttin selbst singen kann. In Ugarit ist einmal ein Leiergott Kinnāru bezeugt; das Wort *kinnāru*, hebr. *kinnōr*, gr. *kinyra* ist ein Wanderwort, das zuerst in Ebla begegnet. Für Israel bezeugt das Alte Testament die bedeutsame Rolle der Musik im Tempelkult in Jerusalem, läßt für uns aber wesentliche Fragen offen.

[17] Vgl. A. D. Kilmer, RlAss. VI (1983) 574 ff. mit einigen Literaturhinweisen. Andere Auffassungen vertritt M. Duchesne-Guillemin, zuletzt in Revue de Musicologie 66 (1980) S. 5 ff. (Sur la restitution de la musique hourrite). [Vgl. noch Kilmer, Iraq 46 (1984), 69 ff.]

XV. SCHLUSSBEMERKUNGEN UND AUSBLICK

Aus der unüberschaubaren Fülle dessen, was uns die schriftlichen Quellen, Architektur und Bildkunst sowie die materielle Hinterlassenschaft über den Alten Orient lehren, aber auch an oft noch nicht lösbaren Problemen aufgeben, konnte hier nur ein kleiner Ausschnitt vorgeführt und erörtert werden. Aus der begrenzten Zeit, die für die Vorbereitung einer solchen Kurzdarstellung zur Verfügung steht, ergaben sich sehr viele Unzulänglichkeiten und auch Zufälligkeiten in der Stoffauswahl. Subjektive Wertungen im Bereich des Geistigen im weitesten Sinn des Wortes waren wie in anderen Werken ähnlicher Art nicht überall vermeidbar und manchmal notwendig; eine Darstellung ganz ohne eigene Wertungen kann ihrer Aufgabe nie gerecht werden. Ein im wesentlichen gesichertes Wissen kann der Altorientalist allenfalls für einige Teilgebiete vortragen; um so wichtiger ist es, immer wieder auf Aufgaben hinzuweisen, die der weiteren Forschung in naher oder fernerer Zukunft aufgegeben sind. Auch das konnte hier nur eklektisch geschehen.

Man kann die frühen Hochkulturen weltgeschichtlich unter verschiedenen Gesichtspunkten betrachten. Sie stellen je nach der Länge ihrer Dauer eine größere oder kleinere Folge von Schritten von den vorgeschichtlich genannten noch älteren, schriftlosen Kulturen zu den auf sie folgenden, in vielem noch höher entwickelten Kulturen dar und können daher als Vorstufen zu diesen angesehen werden. Eine solche Betrachtungsweise ist durchaus legitim, sofern sie nicht die einzige bleibt. Die ältesten Schriftkulturen haben durch viele hundert Jahre die Möglichkeiten des Umgangs mit der Schrift erprobt und damit ermöglicht, daß die jüngeren Hochkulturen schon mit besseren Schriftsystemen beginnen und diese dann weiter ausbauen konnten. Die Anfänge einer arbeitsteiligen Wirtschaft liegen gewiß lange vor der Entstehung der frühen Hochkulturen, doch haben diese nicht zuletzt mit Hilfe der Schrift Wirtschaftsformen entwickelt, die einen regelmäßigen Güteraustausch auch in Großräumen ermöglichten und, wo notwendig, auch eine Massenproduktion neben der Herstellung höherwertiger Werkzeuge, Verkehrsmittel und Großbauten. Große Fortschritte konnten auch in den Bereichen gehobener Technologien erzielt werden, obwohl nicht wenige von diesen vor allem infolge politischer Katastrophen wieder verlorengingen. Wie zu allen Zeiten dienten etliche dieser Technologien mit Vorrang der Kriegführung. Weitaus seltener kann man von wirklichen Fortschritten im Bereich des menschlichen Zusammenlebens und der Gesellschaft reden. Hier brachten die Katastrophen oft auch schwere Rückschritte und den Verlust von Freiheiten kleinerer Gruppen und einzelner. Ähnliche familienrechtliche Ordnungen müssen nicht immer auf Abhängigkeiten deuten; eher schon wurden trotz sprachlicher Verständigungsschwierigkeiten Verwaltungspraktiken vor allem der Großstaaten übernommen. Im einzelnen wird sich hier nur selten etwas beweisen lassen.

Die Hochkulturen des Alten Orients stellen aber nicht nur Entwicklungsphasen dar von den noch schriftlosen Kulturen zur hellenistischen Oikumene als der Zusammenfassung der antiken Kulturen, sondern repräsentieren in manchem auch einmalige und unwiederholbare Verwirklichungen menschlicher Möglichkeiten vor allem im religiösen, geistigen und künstlerischen Bereich. Diese oft nicht ausreichend gewürdigten Verwirklichungen sind es, die das Studium der Kulturen über antiquarisches Interesse hinaus so lohnend machen. Ich denke hier etwa an den religiös gegründeten patriarchalen Absolutismus eines Hammurabi und, im einzelnen anders, des Schamschi-Adad I. von Assyrien, der das spätere Königtum dort freilich kaum noch bestimmt hat. In der Religion ist das besonders geprägte Ordnungsdenken der Sumerer etwas Einmaliges, ohne das die Entstehung einer Wissenschaft nicht denkbar gewesen wäre. Die den zunächst überdimensionalen Polytheismus umdeutende Gleichsetzungstheologie führte dann in Verbindung mit der Ethisierung des Gottesbildes bei den Babyloniern zur Relativierung des im Kult nie aufgegebenen Polytheismus durch den Monotheiotetismus als die – nie formulierte – Lehre von der einen Göttlichkeit in vielen Gestalten und zum ersten Aufbrechen des Theodizeeproblems. Ein Weg zum Monotheismus der Offenbarungsreligionen führte von dort freilich nicht. Einmalig ist sodann die babylonische Wissenschaft, die ohne formulierte Erkenntnisse vor allem in der Mathematik und Astronomie zu erstaunlichen Leistungen gelangte. Letztendlich führte der Weg dieser Wissenschaft freilich in eine Sackgasse, aus der nur die Astronomie dank der Zusammenarbeit von Babyloniern und Griechen in der Spätzeit herausfand.

Nicht so leicht auf kurze Formeln bringen läßt sich das Zeitlos-

Einmalige an bestimmten Spitzenwerken der Dichtung und der Bildkunst im Alten Orient wie etwa dem Gilgameschepos oder assyrischen Tierdarstellungen auf Palastreliefs sowie Gebeten und Werken der Rundplastik von besonderem Rang. Hier wie bei manchen anderen Werken zeigten einzelne ein ganz besonderes Können und eine immer nur von wenigen erreichte Fähigkeit, sich in Menschen und ihre Nöte sowie in Tiere einzufühlen.

Als letztes stellt sich die Frage des Weiterwirkens der altorientalischen Kulturen über ihre Zeit hinaus. Hier ist zunächst zu sagen, daß in der Literatur auch sehr auffällige Ähnlichkeiten nicht unbedingt aus der Beeinflussung jüngerer Werke durch ältere erklärt werden müssen. Wenn wir etwa in babylonischen Gebeten und biblischen Psalmen manchmal recht nah verwandte Gedanken über das Verhältnis des Menschen zur Gottheit sprachlich sehr ähnlich gestaltet finden, so kann der Grund dafür oft der sein, daß ein sehr altes religiöses Erbe semitischer Völker trotz aller Verschiedenheiten, die sich aus der Geschichte ergaben, in gleicher Richtung weiterentwickelt wurde. Einige babylonische Einflüsse haben wir wahrscheinlich im Buch Hiob zu erkennen, obwohl dieses die so eindrucksvollen babylonischen Dichtungen ähnlicher Thematik (s. S. 178) weit hinter sich läßt, und in der Spruchdichtung, deren Wirkung auch sonst oft die Grenzen überschreitet. Der Einfluß babylonischer Mythen auf die israelitischen ist oft überschätzt worden. Er ist insbesondere bei den Schöpfungsmythen sicher nicht sehr groß gewesen. Immerhin verbindet den Atramchasis-Mythos mit der Sündenfallgeschichte der Gedanke, daß die Menschen sich schon sehr früh mit der Rolle nicht beschieden, die die Gottheit ihnen zunächst zugedacht hatte.[1] In der Sintflutgeschichte hingegen, die auch die Bibel in Mesopotamien lokalisiert, sind die Motiventsprechungen etwa bei der Aussendung der drei Vögel während des Absinkens des Wassers so eindeutig, daß Zusammenhänge bestehen müssen, mindestens zwischen Vorstufen der uns überlieferten Erzählungen. In der Motivation und in vielen Einzelzügen sind die

---

[1] Vgl. W. von Soden, Der Mensch bescheidet sich nicht. Überlegungen zu Schöpfungserzählungen in Babylonien und in Israel, Symbolae biblicae et mesopotamicae F. M. Th. de Liagre Böhl dedicatae, Leiden 1973, S. 349ff.; ferner M. Eliade, Die Schöpfungsmythen: Ägypter, Sumerer, Hurriter, Hethiter, Kanaaniter und Israeliten, Zürich–Köln 1964; M. Schretter, Alter Orient und Hellas. Fragen der Beeinflussung griechischen Gedankengutes aus altorientalischen Quellen, dargestellt an den Göttern Nergal, Rescheph, Apollon, Innsbruck 1974.

Geschichten in Babylonien und Israel hingegen sehr verschieden; den Gedanken der Entrückung des geretteten Menschenpaars in ein Leben ohne Tod konnte die Bibel nicht übernehmen. Auch die griechische Sintflutsage ist von der babylonischen kaum ganz unabhängig, aber wiederum auch sehr verschieden.

Die Wirkung der babylonischen Kultur auf Griechenland war angesichts der großen räumlichen Entfernung, wenn wir von der o. S. 161 ff. besprochenen Astronomie und dem Kalenderwesen absehen, wohl nicht sehr stark; manche Gedanken z. B. in der Mythologie gelangten über Kleinasien nach Griechenland, blieben aber ohne Bedeutung für die wesentlichen Konzeptionen dort. Einzelfragen wie mögliche Entlehnungen von Technologien in die Mittelmeerwelt müssen noch genauer untersucht werden.[2] Babylonische Maßeinheiten wie Mine und Talent gelangten gewiß über Syrien nach Griechenland.

Weitaus größer als für das alte Griechenland war die Bedeutung Babyloniens für die Welt des Hellenismus auch in der Gestalt, die sich neben dem iranischen Erbe im Partherreich manifestiert. Auch hier steht die Forschung erst am Anfang. Nur wenn die Zusammenarbeit benachbarter Disziplinen, die derzeit viel zu wünschen übrig läßt, verstärkt wird, sind Ergebnisse zu erhoffen, die unser Geschichtsbild befruchten. Für die Altorientalistik ist notwendig, daß sie sich, ohne die Erforschung von Wirtschaft und Gesellschaft zu vernachlässigen, der geistesgeschichtlichen Problematik wieder mehr öffnet. Tut sie das, so wird sich sehr bald zeigen, wie lohnend das ist.

---

[2] Vg. R. J. Forbes, Studies in Ancient Technology, Vol. I–IX, z. T. in durchgesehener Neuauflage, Leiden 1955–72.

REGISTER

1. Namen

Abba 170
abzu s. Apsû
Achämeniden, achämenidisch 32. 39. 57. 67. 75. 77. 103. 114. 116. 119. 162. 174. 198. 225. 231
Achetaton 52
Achlamu 21
Adad, Addu, Hadad/Hadda 55. 169ff. 174f. 184. 187. 210
Adad-na/erari I. III. 51. 53
Adapa 84. 209
Addu s. Adad
Aguschaja 217
Ägypten, Ägypter, ägyptisch z. B. 17. 30ff. 37. 41f. 53ff. 74. 103. 116. 123. 137 Anm. 24. 142. 154. 167. 178. 193 Anm. 52. 227
Aḥirom 37
Ahuramazda 39
Ajja 170f.
Akka 206
Akkad, Akkader, akkadisch z. B. 18. 25. 42. 45ff. 60. 64. 75. 78f. 82. 118f. 121. 140ff. 151. 170. 197. 217. 229
Alalach 49. 52. 133
Alarodier 24
Alaschia 52
Aleppo/Halab 48. 52f. 116
Alexander der Große 29. 58
Allatu 172
Amarna(zeit) 50ff. 73f. 133. 209 Anm. 29
Amaʾušumgalanna 181
Amenophis IV./Echnaton 52
Ammiṣaduqa 41. 129

Ammoniter 27
Amoriter, Amurriter, Amurru 19f. 47ff. 73. 129
An, Annum s. Anu
Annunītu(m) 170. 172
Anu, An, Annum 144. 161. 167. 170f. 174. 184. 190. 202. 207. 209f.
Anunnaku 201
Anzu 203. 205
Apollon 236 Anm. 1
Apsû/abzu 167. 202
Araber, (nord)arabisch z. B. 22f. 38. 80. 88. 123
Arabien passim
Aramäer, aramäisch, Aramu 21f. 28. 35ff. 50ff. 57. 73. 75f. 98. 143. 198
Aratta 205
Arbela/Urbillu 14. 55. 187
ardat lilî 190
Arrapcha 51. 76. 133
Asag/*asakku* 204f. 220
Asalluchi 171. 190
Asarhaddon(Aschschur-ach-iddin) 55f. 61. 185. 187
Aschschur-etel-ilāni 56
ᶜAschtar(t) 169
Assur (Gott) 173f. 198. 203; (Stadt) oft
Assurbanipal 54. 56. 62f. 211
Assurbelkala 230
Assurnassirpal II. 53. 223
Assuruballiṭ I. 51. 130
Assyrien, Assyrer, assyrisch passim
Äthiopien, Äthiopier 22. 37

Atramchasis 200ff. 236
ᶜAṯṯar 169

Babylon (Babillu, Babili) 14 und passim
Babyloniaka 203
Babylonien, Babylonier, babylonisch passim
Badtibira 168
Bahrein (Tilmun) 15. 116
Bawa 167
Bēl 173
Belili 181
Bēl-ussur/Berossos 163. 203
bildluwisch s. Luwier
Bilgamesch 205
Borsippa 58. 171. 182
Burušḫattum/Burušḫanta 14
Byblos/Gubla 36f. 52. 116

Chaldäer(könige, -reich usw.) 21. 26. 29. 46. 56f. 77. 119. 196. 225
Chumbaba/Chuwawa 206f.

Daduscha 127
Dagan 169f. 187
Damaskus 21. 53f.
Damkina 202
Dareios I. 39. 57. 231
David 38. 53
Der 172 Anm. 13
dimme 190
Dravida 15. 32 Anm. 3
Dschemdet-Nasr-Zeit 17. 44. 108
Dscherwan 55
Dumuzi/Tammuz 63. 69. 168. 181f. 204. 213. 217
Dur-Kurigalzu 224
Dur-Scharrukin 55. 110. 162. 223

Ea/Enki 161. 167. 170f. 174. 190. 200ff. 209. 217. 219
Eanna 135 Anm. 19. 186 Anm. 36
Eannatum 44. 78 Anm. 27. 197
Ebla, eblaitisch 17f. 33f. 45. 47f. 61. 89f. 95. 99. 111f. 121. 123. 134. 139ff. 151. 158. 169f. 230. 233
Echnaton 52
Edomiter 27
Ekbatana 26
Elam, Elamier, elamisch 2. 11. 24. 26. 32. 46. 50. 54ff. 69. 79 Anm. 28. 81. 105. 116. 126. 131. 133. 139. 144. 151. 198. 200. 210
Ellil s. Enlil
Emar 51
Enki s. Ea
Enkidu 178. 193. 206ff.
Enlil/Ellil 60. 161. 167f. 170ff. 201. 203
Enlilbani 184
Enmerkar 44. 63. 205
Entemena 44
Ereschkigal 137 Anm. 24. 172. 204
Erība-Marduk 186 Anm. 36
Eridu 44. 167. 171. 190
Erra 170. 186 Anm. 36. 204. 209f.
Erra-imitti 184
Esangila 183 Anm. 30. 202
Eschnunna 48f. 79 Anm. 28. 126f. 172 Anm. 13
Etana 44. 208f.
Etemenanki 183 Anm. 30
eṭemmu/gidim 190

Failaka 15. 116

gidim s. eṭemmu
Gilgamesch(epos) 44. 63. 150. 178. 193. 195. 201. 204ff. 236; s. Bilgamesch
Gimillu 135 Anm. 19
Gimil-Ninurta 214f.
Girsu 168; s. Ningirsu
Griechen(land), griechisch z. B. 26. 38. 57. 63. 67. 81. 105. 116. 140f. 145. 157. 161. 163. 168 Anm. 6. 174. 235. 237; s. Hellenismus

Gubla s. Byblos
Gudea 46. 181. 197. 205. 228
Gula 172. 218
Gutium 25. 42. 46. 61. 75; s. Qutû

Hadad/Hadda s. Adad
Hadda-ḫoppe 197
Hadramautisch 22
Halab s. Aleppo
Hamiten, hamitisch 16f.
Hammurabi 19. 25. 34. 41. 48ff. 60. 62ff. 82. 119. 122. 125ff. 160. 171ff. 193 Anm. 52. 216. 235
Ḫapiru 74
Harran 56f.
Hatti 35. 52; s. Hethiter, Protohattier
Hattusas 9. 27. 34f. 52. 142. 207 Anm. 25
Hattusilis I. 48
Hebräer, hebräisch 20. 27. 38. 57. 73f. 168 Anm. 6
Hellenismus, hellenistisch 58. 147. 237
Hethiter, hethitisch 12. 21. 23. 26ff. 34f. 41. 48. 50ff. Kap. VI passim; 88. 112. 116f. 119. 130f. 142f. 146. 193. 198. 206f.
Himmelsstier 206f.
Hiob 178. 217. 220. 236
Hurriter, hurritisch 20. 23ff. 33f. 50ff. 66. 68. 76. 80. 133f. 142. 166. 174. 206f.

Ibbi-Sin 46
Igigu 201
ilum 170
Iluschumma 47. 121
Inanna/Ischtar 55. 63. 90. 135 Anm. 19. 167ff. 174f. 182. 186f. 204f. 207. 218. 225
Inder, Indien 37. 91
Indogermanen, indogermanisch, indoeuropäisch 2. 12. 16. 26ff.
Indus(kultur, -schrift) 15. 32. 116

Iran, Iranier, iranisch z. B. 67. 77. 80. 88. 237; s. Kimmerier, Meder, Perser; Achämeniden
Irīschum 47
Ischme-Dagan I. 49. 121
Ischtar s. Inanna
Ischtaran/Satran 172 Anm. 13
Ischum 210
Isin 42. 48ff. 60. 126. 172. 184. 216 Anm. 45
Israel 1. 13. 20ff. 52ff. 88 Anm. 13. 81. 177. 187. 232. 236f.

Jachdunlim 42. 48f.
Jasmach-Adad 49. 82 Anm. 34
Jatrib 23
Jemen 2. 6. 22
Jerusalem 52. 57. 233
Juda, Juden 57. 74. 164. 187
Jupiter 171

Kabt-ilāni-Marduk 209
Kalach 53ff. 162. 175. 223. 231
Kambyses II. 57
Kami/osch 169
Kanaan, Kanaanäer, kanaanäisch 18ff. 33. 46ff. 52. 101 (zu *kinaḫḫu*) 171. 187
Kanisch (Kültepe) 47. 121
Kaphtor/Kaptaru 20 Anm. 12; s. Kreta
Karatepe 35
Karkemisch 35
Kassiten(zeit), kassitisch, Kossäer 25. 28. 48ff. 76. 119. 123. 144. 173. 200. 217. 224
Katabanisch 22
Kedorlaomer (Genesis 14) 200 Anm. 8
Kengi(r) 15
Kesch 167
Kidinnu/Kidenas 163
Kilikien oft, z. B. 123
Kimmerier 26. 55
Kingu 202

Kinnāru/*kinnōr* 233
Kirmanshah (Iran) 231 Anm. 14
Kisch 17. 60. 62. 193. 206. 208
kisikil-lilla 190
Kleinasien passim
Kossäer s. Kassiten
Kreta, Kreter 20. 35. 115f.
Kubaba 62
Kültepe s. Kanisch
Kummā 211
Kurruchanni 51 Anm. 22
Kyaxares 56
Kyros II. 26. 29. 57

Lagasch 44. 46. 62. 75. 78 Anm. 27. 134. 167. 176. 181. 197. 205. 228
Lamaschtu 190. 202 Anm. 12. 230
Larsam 42. 44 Anm. 9. 48f. 60. 167
lil/*lilû* 190
Lim 170
Lipit-Ischtar 126f.
Lugalbanda 44. 63. 205
Lugal-u(d)-melam-bi-nergal 204
Lugalzaggesi 45. 62. 176
Lullubäer/Lullumu 25
Luristan 25. 231
Luwier, (bild) luwisch 26f. 34f. 53
Lydien, Lyder 26. 40. 66. 118

Madānu 134. 172 Anm. 13
Malatya 35
Mama 170
Manischtuschu 45. 75 Anm. 22
Man, Mannäer 25
Maqlû 189 Anm. 42. 191
Marduk 171. 173ff. 182f. 188 Anm. 39. 190. 202f. 210. 219
Mari 19. 22. 34. 43. 48f. 54. 60. 62. 78f. 85. 87. 94. 101. 124. 170. 182. 187. 197. 223
Mars 172. 204
Martu 73
Meder, medisch 25f. 29. 40. 55ff. 119. 225. 231

Meerland 48. 50
Megiddo 231
Merkur 172
Merodachbaladan II. 186 Anm. 36
Mesopotamien passim
Minäisch 22
Minoisch A 20. 35
Mitanni 23. 26. 51f. 108. 174
Moab, Moabiter 27. 38. 169
Mullissu 187 (statt Ninlil)
Muraschû 75 Anm. 20. 77
Mursilis I. 50

Nabatäer 38
Nabonid 57. 135f. 174. 186 Anm. 36. 197
Nabû 100 Anm. 3. 171ff. 182. 218
Nabù-kudurrru-ussur 57
Nabupolassar 56
Nabû-rimanni/Naburianos 163
Nahum 187
nam-tar/*namtaru* 190
Nanâ 172
Nanna s. Sin
Naqija/Zakūtu 62
Naramsin 34. 45f. 63. 151. 197. 229
Nasier 27
Nebukadnezar I. II. 50. 57. 74. 107. 225
Nergal 170. 172. 175. 204. 211
Nibru s. Nippur
Nidaba 167. 176
Nimrod 85; Nimrud = Kalach 231 Anm. 15
Ninchursanga 167
Ningal 171
Ningirsu 168
Ninive (ass. Ninua) passim
Ninkarrak 170
Ninlil 203; s. Mullissu
Ninmach 200
Ninos 63 Anm. 3
Ninschubur 204
Nintu 201

Namen

Ninurta 85. 168. 172. 175. 203 ff.
Nippur/Nibru 15. 58. 60. 75. 77. 138. 167f. 203ff. 214f. 218
Nissir 201
Nudimmud 202
Nur-Ajja 200
Nusku 175
Nuzi 51. 69. 74. 96. 99. 101. 133. 136

Oman 6. 15. 109. 116
Osiris 137 Anm. 24

Palaer 27. 34
Palästina z. B. 2ff. 28f. 96
Parther 39. 58. 162. 237
Paschittu 202 Anm. 12
Persepolis 225
Perser, Persien, persisch 57f.
Philister 28
Philo von Byblos 221 Anm. 57
Phönizier, phönizisch 2. 20f. 35ff. 52ff. 57. 101. 112. 116. 198. 221 Anm. 57
Protoeuphratisch 14
Protohattier 27. 35
Prototigridisch 14
Ptolemaios 162
Punisch 20f. 38
Puzrisch-Dagan 77
Pythagoras, pythagoräisch 159

Qutû 25, s. Gutium

rābiṣu 190
Raschap/Rescheph 169. 236 Anm. 1
Reichsaramäisch 21
Rescheph s. Raschap
Rim-Sin 48. 64
Rimusch 45

Sabäisch 22
Salmanassar I. III. V. 26. 51ff. 79. 230
Ṣaltum 217
Samaria 54
Samarra-Keramik 12. 108
Sammuramat/Semiramis 63
Samsuditana 48
Samsuiluna 48. 129. 216
Sanchunjathon 221 Anm. 57
Sanherib (= Sin-achche-riba) 55. 62. 81. 94. 96. 105. 198. 203. 210f. 224. 230
Sargon (= Scharrukin) I. II. 45f. 54f. 79. 151. 197
Sargoniden 49. 54ff. 174. 185 Anm. 33. 198
Satran s. Ischtaran
Sauschtatar 51
Schamasch/Utu 55. 125. 167. 170f. 174f. 184. 186. 206ff. 218f. 229 (Sonnengott)
Schamasch-reschu-ussur 83 Anm. 3
Schamaschschumukin 56
Schamschi-Adad I. 47ff. 60. 82. 235
Schara 168
Scharkalischarri 63
Scharrukin s. Sargon
Schar-ur 205
Schauschka 175
Schibtum 62
Schilhak-Inschuschinak 50
Schimalija 173
Schubartum s. Subartu
Schulgi 46. 60. 63f. 188 Anm. 39. 193 Anm. 52. 216 Anm. 45
Schuqamuna 173
šēdu 189
Seevölkersturm 28. 52
Seleukiden 58. 67. 77. 149. 162f. 174. 217
Semiramis s. Sammuramat
Semiten, semitisch z. B. 16ff. 78. 165ff.
Siduri 208
„Sieben" 190. 210

Simyra s. Şumur
Sin/Suʾen/Nanna 167. 170f. 174. 184. 192. 203. 210
Sin-achche-riba s. Sanherib
Sinai 36
Sin-leqe-unnini 204 Anm. 18. 207
Sinscharrischkun 56
Sippar 75 Anm. 22. 100 Anm. 3. 186
Skorpionmensch 208
Skythen 26. 55
Subartu/Schubartum, subaräisch 14
Südaraber, Südarabien 22f. 37. 62. 88. 169. 175
Su'en s. Sin
Šumer, Sumerer, sumerisch 15 und passim
Sumulaʾel 48
Şumur/Simyra 52
Šurpu 177. 189 Anm. 42
Susa 56. 127. 133
Syrien, Nordsyrien passim

Tammuz s. Dumuzi
Taschmētu 171
Tell-Halaf-Keramik 12. 108
Tema 23
Tepe-Gaura 15
Terqa 48
Teschup 175
Thales 40. 162
Tiamat 202
Tiglatpilesar (Tukulti-apal-Escharra) I. II. III. 51. 54. 85. 97. 130f. 230
Til-Barsip 223
Tilmun 116
Tischpak 172 Anm. 13
Toprak Kale 106 Anm. 15
Tukulti-apal-Escharra s. Tiglatpilesar
Tukulti-Ninurta I. 51f. 200. 218
Tuschratta 51

udug/*utukku* 189. 220
Ugarit, ugaritisch 2. 14. 20. 34. 38f. 52. 74. 76. 133. 142. 230. 233
Umma 45. 62. 167f.
Unug s. Uruk
Ur, 3. Dynastie von Ur 19. 42. 46f. 60. 63f. 73. 77. 110–121 oft; 126. 136. 138. 167. 193. 216f. 230. 232
Urad-Nanâ 156
Urartu, Urartäer, urartäisch 2. 23ff. 35f. 54f. 94. 104–112 oft; 117. 131. 175 Anm. 18. 198. 231
Urbillu s. Arbela
Urnammu 46. 63. 126. 136
Urschanabi 208
Uruinimgina 44. 62. 75 Anm. 21
Uruk/Unug 15 (-kultur). 36. 44 Anm. 9. 46. 58. 65. 77 Anm. 25. 107. 110. 135 Anm. 19. 167. 172. 180. 182f. 186f. 204ff. 223
Utnapischti 201. 208
Utu s. Schamasch
Utuchengal 46
utukku s. udug

Venus(göttin) 167. 169f.

(w)*ardat lilî* 190
Wassukkanni 51

Xerxes 57

Yazilikaya 35

Zababa 170. 203
Zabalam 167
Zakūtu s. Naqīja
Zarpanītu 171
Zeus 174
Zimrilim 42. 49. 62. 78f. Anm. 28
Ziqqurrat 103. 183f. 225
[Zû] lies Anzu
Zypern 52. 115. 123

2. Wichtige Begriffe

abarakku 66
Absolutismus, patriarchaler 49.
   60. 235
Ackerbau(kulturen) 5. 72. 83.
   91 ff.
Adoption 69
agglutinierend 27
agrig 66
akītu s. Neujahrsfest
Akkadogramm 34 f.
aladlammû 110
alandimmû 154 Anm. 27
Älteste 60
Altes Testament 41. 43. 45 Anm.
   11. 52. 55. 57. 67. 72. 88. 91. 96.
   170. 186 f. 233
Analogiezauber 190
Anatomie 154
andurāru 61
annu s. *arnu*
Anonymität 199
āpil(t)um 187
Aquädukt 55. 94
Archiv z. B. 17. 49 ff. 77. 140
arnu/annu 177
Arsenlegierung 111
Arzt 155 ff.
Asphalt, asphaltieren 107. 123
Assyrogramm 35
Astralreligion 169
Astrologie 149 f. 161
Astronomie 58. 161 ff. 237

Bann 177. 190
bārû 147
Beduinen 21. 72. 88
Beschwörungen 155 ff. 189 ff.
   220 f.
Beterstatuetten, -figuren 181
   Anm. 25. 226 f.
Bibel, biblisch z. B. 1. 114. 237
Bibliothek 56
Bienen 83

Bier 95. 123. 157
billuda 168
bīt ḫilāni 226
bīt mēseri, rimki 188
Bodenbesitz 75 ff.
Briefe z. B. 43 ff.
Brücken 80 f. 114 f.
Buntkeramikkulturen 13
Bürger, bürgerlich 73. 76
Bürgermeister 65 f. 214 f.
Bürokratisierung 67
Bußriten 182
bustrophedon 37

Chemie 153 f.
Chirurgie 154 f.
Chroniken 43. 51 ff. 151

dam-gàr s. *tamkāru*
Datenformeln, -listen 42 ff.
Deportation s. Verschleppung
Determinative 31. 138
dezimal 158 ff.
Diagnose, diagnostisch 147 f.
   155 ff.
Differenzierung 200 ff.
dub-sar s. *ṭupšarr(ūt)u*

é-gal s. *ekallu*
Ehe 67 ff. 127 ff.
Eichamt 117
Eid 135
eindimensional 139
Einführungsszene 167. 229 f.
Einlegearbeiten 230
ekallu/é-gal 65
Ekstatiker 187
Elfenbeinschnitzereien 231
Emesal 217
en-Priesterin 63
ensi/*iššiakkum/iššakku* 59 f.
Ephemeriden 163 Anm. 41
Epilepsie 71

246 Register

Eponymen(listen) 40ff. 51. 133
Erbteilung 160
Ergativsprache 23
er-šà-ḫun-gá 217 Anm. 47
Ersatzkönig 184f.
eršemma 217
Erzväter 72
èš-èš/eššešu 181
Ethik 149. 154. 176f.
Etymologien, etymologisch 141. 150. 202

Familie 67ff. 127
Feldmessung 157f.
Fellrock 101
Feste 180ff.
Festung(smauern) 81
Feudalismus 75ff.
Finsternisse 40. 162ff.
flektierend 16
Flußgott 136
Fratriarchat 69
Frau 68f. 127ff.; s. Königin
Frondienst 130
Furten 114. 120

gala s. kalû
Gans 91
garza 168
Gebet 190. 209. 215ff.
Geburtshilfe, -omina 69. 89. 146ff. 192
Gegenstandslisten 138ff.
Geisteskrankheiten 178
Genesis 88 Anm. 13
Gerechtigkeit 61. 125f. 178
giš-ḫur 168
glasiert, Glasur 107ff. 154. 223. 225ff.
Gleichsetzungstheorie 144. 171ff. 235
(Gleichungen) 160
Gold 112. 118
Götter passim
Götterlisten 138. 150. 166ff.

Göttersymbole 135. 179. 182
Gottkönig 64
Grab 183. 193. 222
grammatische Listen 144
Grenzstein (kudurru) 50
Großminister 61
Grundbesitz 75ff.
Grundwasser 167. 202
gudapsû 186

Halbbeduinen, -nomaden 72
Handelskolonien 121f.
Harem 68
Harfen 232f.
ḫarrānu 120
Hausgemeinschaft 69f.
Hebelgesetze 153
heilige Herde 64. 229
Heilige Hochzeit 63. 183. 186
Heilkräuter 83. 98
Heilsorakel 187
heptatonisch 233
Hexe(r) 191
Hieroglyphen 1. 35f.
Hirte 90. 213
Hochtempel, -terrasse 162. 183. 225f.
Homonyme 141
Hörnerkrone 89. 168
Horoskop 149, Anm. 17
Huhn 91
Humor, humoristisch 209. 213ff.
Hypostasen 144. 172

ikribu 218
ilku 76 Anm. 23
Infinitiv 140f. Anm. 2
Integration 201f.
išib/išippu 186. 188
iššiakkum s. ensi

Kadertruppe 79
Kalender 147. 163f.
kalû/gala 183. 186
ka-luḫ-ù-da/mīs pî 188

Wichtige Begriffe

Kamel 21f. 72. 80. 88. 120
Kampfwagen 80
Kanal 66. 92. 94. 115
Karawane 119ff.
kārum 121
kaskal 120
kaššap(t)u 191
Kasuistik, kasuistisch 125ff. 177
Kināden 186
kinaḫḫu s. Kanaan
Kinderopfer 184
kittu/ nì-gi-na 125
Klassen 52. 73ff.
Koalition 78
Kommentare 142ff.
Kondottieri 46. 72
König 59ff. 125ff.
Königin 62f.
Königsfriedhof, Königsgräber 64. 110. 113. 193. 232
Königshymnen 64. 216
Königslisten 40ff. 139f. 150f.
Kultachse 226
Kultkommentare 150. 180. 183

lá/šaqālu 117
Landschenkung 50
Leberschau 146ff.
Legierung 111f.
Lehre, Lehrer 99ff. 214
(Lehrsätze) 159ff.
Leier 230. 232f.
Lexikographie 140ff.
limmu 151
Listen 138ff.
lugal 59

Magie, magisch z. B. 110. 155ff. 189ff.
maḫḫûm, maḫḫūtum 187
māmītu 177
mašmaššu 191
Massenherstellung 107
me 168. 204
Meister 99ff.

mīšaru/ nì-si-sá 125f.
mīs pî, qātē 188
Mond(gott) 89. 162f. 168ff.
Monotheiotetismus, -istisch 173. 235
Moral, moralistisch 149. 177f. 211ff.
MUL. APIN 161
Mundöffnung, Mundwaschung 188
Münzen 66. 118
muškēnum 73. 128

nadītum 186
nam/šīmtu 168
nam-dingir, -lugal 168
nam-tag 176
nār(t)u 186
Neujahrsfest 182f. 210
nì-gi-na, nì-si-sá s. kittu, mīšaru
nišūtu 69

Obelisk 230
Oberminister 66
Obermundschenk 65 Anm. 7
Observatorien 162
Öl(baum) 96f. 123. 146f.
Omina, Vorzeichen 43. 146ff. 157. 184ff.
Opferschau 146ff. 218
Ordal 131ff.
Ordnung(skräfte) 139. 168. 199. 235; s. Weltordnung
Ordnungswissenschaft 138ff.
Orthostaten 110. 224

Palast 65. 222ff.
Panbabylonisten 149 Anm. 19. 169 Anm. 8
Parallelismus 195
Park 97f.
pašīšu 186
Pferd 78. 80. 86ff. 124
Pfründen 132

physiognomisch 147. 154
pūt pî 188
Polygone 158
Polyphonie 31 ff.
Polytheismus 144. 178. 235
positionell 158 f.
Potenzen 159
Propaganda 53. 80
Prophetie, Prophezeiungen 185 ff.
Prostitution 186
Psalmen 219. 236
Psychologie 149. 154
psychosomatisch 155
Purpur 101

rabiānum 65 f.
rab šāqê 65 Anm. 7
raggim(t)u 187
Randgruppen 74 f.
Rechentabellen 159 f.
Reformgesetze 125 ff.
Regenfeldbau 7. 13. 92. 94
Rezepte 154 ff.
Richter(in) 134 ff. 178
Ringkampf 181
Ritualfachmann 191
Rohrpfeife 232
Rollsiegel 109 f. 228 f.
Rufer(in) 187

Saatpflug 93
šakkanakku, šaknu 66. 136 Anm. 22
salātu 69. 71
Salz 124
Sandsturm 8
sanga/šangû 14. 185
šaqālu 117
Sarkophage 193
šar pūḫi 184
sartennu 134 Anm. 17
Schadenzauber 189
Schaltung 163 f.
Schicksal(stafeln) 168. 190. 203
Schiff(ahrt) 105 f. 115 f. 120

Schöpfungsmythen 200 ff. 236
Schreiber z. B. 66. 99 f. 136. 167. 172. 200. 214
Schule 99 f. 214
Schutzgeister, Schutzgötter 166 ff. 189. 219
šērtu 177
Sexagesimalsystem 158 ff.
Sicherheitszonen 82
šigû 218
šiknu 153
ṣimdatum 126
šīmtu s. nam
Sippe 69 f.
širku „Oblat" 135 Anm. 19
Sklaven z. B. 70 ff. 116. 122 ff. 127 ff. 214
Spione 80
Sprachen 16 ff.
sprachfreies Denken 161
Stadtgötter 166 ff.
Stellenwert 158
Stempelsiegel 228
Stiftmosaiken 180. 223
Strafen 126 ff.
Substrat 12. 14. 18. 33
sukal/šukkallum/sukkallu 61. 66
šu-luḫ 168
Sumerogramm 32 ff.
Sünde 176 ff. 190. 217 ff.
Sündhaftigkeit 177
Superstrat 12. 20. 33
šurinnu 182
Symbol s. Göttersymbol
Synkretismus 166. 169
Synonyme(nlisten) 141 f.

Tafelserien 141. 194
tamkāru/dam-gàr 121 f.
tar 168
tēliltu 188
Tempelämter, -personal 77. 185 f.
Tempelklage 181. 186
Tempelweihfest 181
Teppich 101

Wichtige Begriffe

Terrakotten 109. 228. 230f.
tertenn- s. *turtānu*
Theodizee 178. 235
Theogonie 202
titennūtu 133
Todesstrafe 126ff.
Tonformen, -modeln 109. 227f.
Totengeister 178
Träume 147. 149. 207. 219
treifeln, Treidler 115
Trinkszene 180. 229
ṭupšarr(ūt)u/dub-sar 66. 99f.
tu/artānu 66

ukkin 60
ummia, *ummiānum/ummânu, ummânūtu* 99. 121
Unbestimmtheitsrelation 141
Unterwanderung 28
Unterwelt 172. 178. 181f. 190ff. 204ff.
Urchaos 199. 202
urra = *ḫubullu* 143

Verbalinspiration 209
Vergebung 176f. 219
Verhalten 148f. 153
Versalzung 92
Versammlung (ukkin) 60
Versbau 194f.
Verschleppung, Deportation, umsiedeln 21. 28. 52ff. 74f.
Vogelstimmen, -rufe 84. 153
Vorzeichen s. Omina

Wagen 106; s. Kampfwagen
Währung 117f.
waklum 122
Wald 8f. 83. 92. 97. 103f.
(w)āšipu(m) 191
Wein 122ff. 157
Weltordnung 139. 203
Weltschöpfungsepos 173. 182. 202f.
Wettergott 169ff.
Wissen 145
Wissenschaft(en) 138ff.
Witwen und Waisen 61
Wortlisten 138ff. 152

Zahlen 158f.
Zählsteine 30
Zahlung 117f.
Zahlzeichen 30. 158f.
zammeru 186
Zeichenlisten 138ff.
Zölle 118ff.
Zwiegespräch 178. 190. 213